Urs Schwarz
Abkehr von der Gewalt

Urs Schwarz

ABKEHR VON DER GEWALT

Konfrontation und Intervention in der modernen Welt

Econon Verlag GmbH
Düsseldorf · Wien

1. Auflage 1971

Gesetzt aus der 10/12 Punkt Linotype-Garamond der Stempel AG.
Gesamtherstellung: Ebner, Ulm
Printed in Germany
ISBN 3 430 18213 1

Nichts widerspricht wohl der Natur und der Vernunft mehr als der Versuch,
ferne Länder und fremde Völker
im Gegensatz zu ihren Neigungen
und Interessen zum Gehorsam zu zwingen.

Edward Gibbon

INHALT

KAPITEL I

ABKEHR VON DER GEWALT IM ZWISCHENSTAATLICHEN BEREICH

Moralische und strategische Beweggründe

Streit in der menschlichen Gesellschaft und Kriege zwischen organisierten Verbänden waren in vergangenen Jahrhunderten, und wohl durch die Jahrtausende, auf natürliche Weise begrenzt, ähnlich wie sich im Tierreich Auseinandersetzungen zwischen Angehörigen der gleichen Art nach begrenzenden Regeln abspielen. Die der Gewalt Schranken setzenden Gründe lagen vor allem in der Kleinheit der organisierten politischen Gesellschaften – Familien, Stämme, feudale Strukturen, Städte –, wirksam waren ferner die nur losen Bindungen zwischen Verbündeten, die geringe Wirkung und Reichweite der Waffen, das Fehlen schneller Nachrichtenübermittlung, die Langsamkeit der Fortbewegung von Streitkräften jeder Art. Dazu kam, daß der Instinkt der Selbsterhaltung auch im Reiche der Menschen eine durchaus lebendige Kraft war. Er fand oft in überlieferten Verhaltensregeln für Kämpfende Ausdruck, manchmal in Geboten der Religion, in solchen der Ritterlichkeit, der Sitte, in Vorschriften für den diplomatischen und politischen Verkehr. Ein Teil dieser Regeln verbot die unbegrenzte Anwendung vorhandener Gewaltmittel. Wo solche Regeln nicht spielten, war es immerhin die Beschränktheit der vorhandenen Mittel, die, auch wenn die Waffen bis zum Ende ihrer Möglichkeiten rücksichtslos angewendet wurden, einen Konflikt in Schranken hielt.

So war es dem neunzehnten Jahrhundert vorbehalten, die freiwillig übernommenen oder durch Tradition und den Stand der Kriegstechnik auferlegten Begrenzungen zu beseitigen. Die schon vor seinem Beginn erfundene Zusammenfassung der Macht selbst großer Staaten in wenigen Händen, die allerdings erst im neunzehnten Jahrhundert und mit dessen Mitteln tatsächlich verwirklicht werden sollte, die einander jagenden technischen Erfindungen und Revolutionen machten eine grundlegende Wendung auf dem Gebiet der Strategie möglich. In Europa bezeichnen die Napoleonischen Kriege und die Kriege zur Einigung Italiens den Übergang. Die neue Vorstellung und auch Fähigkeit des unbegrenzten, des totalen Gebrauchs von Gewalt triumphierte zum erstenmal im amerikanischen Bürgerkrieg von 1861 bis 1865. Auch die Kolonialkriege des ausgehenden achtzehnten und des neunzehnten Jahrhunderts, in denen ja moralische Hemmungen gegenüber den »unzivilisierten« Völkern nicht bestanden, die man unter europäische (einschließlich russische) oder amerikanische Herrschaft bringen wollte, mögen ein weiteres Element gewesen sein, das den Übergang zum »totalen Krieg« begünstigte. Von nun an waren die einzigen Schranken der Gewalt die Grenzen der militärischen Fähigkeiten, die dann innerhalb dieser Grenzen voll ausgenützt wurden.

Über den Begriff des »totalen Krieges«, über die unbeschränkte Anwendung von Gewalt in den beiden Weltkonflikten von 1914 bis 1918 und von 1939 bis 1945 ist viel geschrieben und gesprochen worden. Sie haften schmerzlich in der Erinnerung der Völker. Aber aus den Trümmern, die diese unbegrenzt geführten Kriege hinterlassen hatten, schienen ältere Bilder emporzusteigen, Erinnerungen an die beschränkte Anwendung von Gewalt, an die Gesetze der Selbsterhaltung, die früher geherrscht hatten. Neue Kräfte waren aufgetreten. Die technische Umwälzung, die durch die Erfindung von nuklearen und thermonuklearen Waffen und von weltumkreisenden interkontinentalen Waffenträgern herbeigeführt worden war, begleitet von der politischen Umwälzung im Weltsystem durch die Entkolonialisierung, verliehen der alten Auffassung neues Leben, daß das Austragen von Konflikten freiwillig eingeschränkt werden muß. Diese Auffassung gewann beherrschende Bedeutung. Der Instinkt der Selbsterhaltung wurde, nachdem er in der ersten Hälfte des zwanzigsten Jahrhunderts untergegangen schien, wieder zu einer treibenden Kraft. Er zwingt Regierungen und Völker, zu rationalem Verhalten zurückzukehren. So hat denn auch die sich seit 1946 breit entfaltende strategische Forschung die Aufgabe, Konflikte zu vermeiden oder wenigstens zu begrenzen, als ihr beherrschendes Thema gewählt.

Neue Begriffe und Regeln des Völkerrechts haben sich zugleich ergeben, und sie haben in bedeutsamer Weise zu dem Streben beigetragen, internationale Konflikte zu begrenzen. Es ist aber keineswegs nur die Entwicklung des Völkerrechts von seinem Stand vor dem Ersten Weltkrieg durch das Übergangsstadium des Sicherheitssystems des Völkerbunds hindurch zu den in den Vereinten Nationen verkörperten Vorstellungen, nach denen der Krieg als ein Instrument der Politik ausgeschlossen sein soll, welche den grundlegenden Wandel herbeigeführt hat, dessen Zeuge wir sind. So wichtig juristische Motive bei den Entschlüssen von Regierungen sein mögen, so stammen die wirklich entscheidenden Einflüsse doch immer aus den politischen, sozialen, strategischen, wirtschaftlichen und technischen Bereichen.

Unter den aus diesen Bereichen stammenden Triebfedern für Entschlüsse ist gewiß vor allem die Tatsache maßgebend geworden, daß wir mit zwei Weltmächten zu rechnen haben, von denen jede über eine Fülle konzentrierter Macht verfügt, über ein Arsenal von Zerstörungskräften, die sowohl in ihrer Art wie in ihrem Umfang so neuartig sind, daß ihre Gegenwart und ihr Antagonismus völlig neue Bedingungen schafft. Diese beiden Weltmächte haben den technischen Fortschritt als Sprungbrett benützt, wirtschaftliches Streben als Motor und die von ihnen entwickelten Ideologien als Leitstern, um eine Situation ins Leben zu rufen, die, weil die beiden in ihrer Auffassung über die wünschbare Weltordnung tief verschieden sind, zu einer dauernden Konfliktsituation wurde – zu der Lage, die man während langen Jahren mit dem Schlagwort »kalter Krieg« zu bezeichnen pflegte.

Dieser Wettbewerb zwischen zwei Mächten, die einander in ihren politischen Grundauffassungen diametral gegenüberstehen, ist für die Welt gefährlich, unwillkommen und sogar für die beiden großen Antagonisten schädlich. Es bestehen deshalb starke Beweggründe für beide, ihre Gegensätze zu vermindern oder wenigstens den Formen, in denen sie zum Ausdruck kommen, die Schärfe zu nehmen.

Was immer der Ausgang dieser Bemühungen, Spannungen zu vermindern, schließlich sein wird, so steht für heute die Tatsache im Vordergrund, daß auf die gegenseitigen Beziehungen der beiden Weltmächte der dunkle Schatten ihrer Fähigkeit fällt, sich gegenseitig zu zerstören.

Diese phantastische und katastrophale Möglichkeit, wie sie in der Geschichte nur selten oder nie die Beziehungen zwischen zwei Gegnern geprägt hat, und nie in dem Ausmaß wie heute, ist die Quelle des so ganz einzigartigen Kräftegleichgewichts, das die Welt nun während zwanzig Jahren beherrscht und tief beeinflußt hat. Seine wichtigste Folge ist, daß die Weltmächte versuchen, sich von offenen Konflikten fernzuhalten, die sich zum thermonuklearen Krieg steigern könnten. Auf der anderen Seite haben kleinere, kleine und kleinste Staaten eine gewisse Bewegungsfreiheit gewonnen, die für sie früher nicht bestand. Die so gewonnene Fähigkeit zum strategischen Manövrieren beruht auf der Tatsache, daß die Weltmächte sich gegenseitig daran hindern, gegen aggressive oder sonstwie allzu aktive Mitglieder der Völkerfamilie einzuschreiten. Der Bewegungsfreiheit der Kleinen setzen die Weltmächte allerdings meist dort Schranken, wo die Gefahr beginnt, daß sie zu entscheidenden Kriegen führen könnte, und besonders wenn sie fürchten, ein solcher Konflikt könnte sich so ausweiten, daß sie selber mit hineingezogen würden.

Politische Erfahrungen und die Ergebnisse der strategischen Forschung haben in den letzten Jahren zu dem Schluß geführt, daß das strategische Gleichgewicht nicht unbedingt stabil ist. Zwar hat es sich als weniger »delikat« erwiesen, als zeitweise angenommen wurde, sondern – auch im Angesicht ernster Konflikte – als außerordentlich robust. Aber die Stabilität ist dennoch nicht über jeden Zweifel erhaben. Solange sich der technische Fortschritt auf dem Gebiet der Entwicklung von Waffen in dem gegenwärtig zu beobachtenden Zeitmaß fortsetzt, und solange die Weltmächte nicht darauf verzichten, sich gegenseitig durch das Mittel technischer Erneuerungen zu überholen, kann man sich nicht mit Sicherheit auf das Gleichgewicht verlassen. Solange die Weltmächte – paradoxerweise – Sicherheit und Stabilität anstreben, indem sie die Stabilität immer wieder in Frage stellen, kann das Kräftegleichgewicht nicht als eine sichere Friedensgarantie betrachtet werden. Die Gefahr, daß kleine

Konflikte durch Eskalation, durch ihr Aufsteigen auf höhere Ebenen das Bemühen, sie zu begrenzen, zunichte machen, liegt deshalb als ein dunkler Schatten auf der Welt.

Die Gefahr, daß ein thermonuklearer Krieg wirklich ausbreche, wurde gewiß lange Zeit überschätzt. Es herrschte die primitive Ansicht, jedes feindselige Zusammentreffen zwischen den beiden Weltmächten müsse sich fast automatisch zu einem allgemeinen und damit thermonuklearen Krieg ausweiten. Solche Anschauungen kann man noch immer bei sowjetischen Theoretikern finden, die zweifellos offizielle Anschauungen wiedergeben. Die gleiche Anschauung beherrschte indessen auch das Denken weiter Kreise im Westen, sogar innerster, zur Entscheidung berufener Kreise. Es ist unverkennbar, daß diese Kreise zum Beispiel während der Kubakrise des Jahres 1962 stark unter dem Einfluß der irrationalen Befürchtungen der Völker standen.

Solche Anschauungen entsprechen der strategischen Wirklichkeit nicht mehr. Der dringende Wunsch, den nuklearen Weltuntergang zu vermeiden, ist natürlich so beherrschend, daß man mit Sicherheit annehmen kann, die verantwortlichen Führungspersönlichkeiten würden, in vollem Bewußtsein ihrer schrecklichen Verantwortung, die Spirale der Eskalation unterbrechen, lange bevor ein nicht mehr gutzumachender Entschluß gefallen ist.

Die bloße Vorstellung der Eskalation eines Konflikts zum thermonuklearen Krieg hat indessen einen tiefen Eindruck auf die Menschheit gemacht. Und das mit Recht. Denn wenn auch die Wahrscheinlichkeit als gering erscheint, so ist in Anbetracht der entsetzlichen Möglichkeiten und Folgen auch die geringste Wahrscheinlichkeit schon zuviel.

So ist es weniger die Entfaltung des Völkerrechts im Sinne der Kriegsverhinderung, die oft vor allem einer Übung in Semantik gleichkommt, indem einfach das Wort »Krieg« in allen seinen Zusammensetzungen aus dem Vokabular der Völkerrechtswissenschaft, der internationalen Verträge und der politischen Diskussion ausgeschaltet wird, als die strategische Realität, welche die Welt zur Abkehr von der Gewalt wenigstens im zwischenstaatlichen Bereich führt.

Neue Gesetze für Krieg und Frieden

Die Veränderungen im völkerrechtlichen Bereich, die seit dem Ende des Zweiten Weltkriegs eingetreten sind, dürfen trotzdem nicht geringgeschätzt werden. Parallel zu den sozialen, politischen und strategischen Veränderungen in der modernen Welt vollzieht sich eine tiefgreifende Wandlung in den hergebrachten Lehren des internationalen öffentlichen Rechts. Die klare und formelle Unterscheidung zwischen Frieden und Krieg, zwischen erklärtem Krieg und anderen Formen von Konflikten unter Nationen, zeigt deutliche Neigung, zu verblassen, ja zu verschwinden.

Es ist bezeichnend, daß seit dem Ende des Zweiten Weltkriegs kein einziger internationaler Konflikt in der Form einer Kriegserklärung im Rechtssinn eröffnet worden ist. In einer 1968 erschienenen Studie, welche die Konflikte des zwanzigsten Jahrhunderts aufzählt[1]), figurieren achtzig Kriege oder kleinere bewaffnete Konflikte allein in der kurzen Periode zwischen dem ersten Krieg in Vietnam von 1945 und dem Bürgerkrieg in Nigeria von 1967, aber keine Kriegserklärungen.

Der Verteidigungsminister der Vereinigten Staaten von Amerika während der Ära Kennedy und Johnson, Robert McNamara, erwähnte in einer 1966 in Montreal gehaltenen Rede die Zahl von 164 international ins Gewicht fallenden Ausbrüchen von Gewalt in der kurzen Zeitspanne von 1958 bis 1966, unter denen fünfzehn militärische Auseinandersetzungen zwischen zwei oder mehr Staaten waren. Nur in zweien von diesen Fällen wurde das Bestehen eines Kriegszustandes im Sinne des Völkerrechts anerkannt, und zwar in dem Konflikt zwischen den arabischen Staaten und Israel und in dem Krieg von 1965 zwischen Indien und Pakistan[2]). Seit 1948, als nach der Errichtung des Staates Israel zwischen dem neuen Staat und seinen arabischen Nachbarn Feindseligkeiten ausbrachen, die ja nur vorübergehend durch Waffenstillstandsabmachungen von 1949, 1956, 1967 und 1970 unterbrochen wurden, legten die arabischen Regierungen großes Gewicht auf die Feststellung, daß ein Kriegszustand bestehe. 1965 beharrte Pakistan aus juristischen Gründen darauf, es bestehe ein Kriegszustand mit Indien, obwohl von keiner Seite eine Kriegserklärung ergangen war.

Die juristische Grundlage der neueren Auffassungen des Völkerrechts ist der Allgemeine Vertrag zum Verzicht auf den Krieg als ein Instrument nationaler Politik (Kellogg-Briand-Pakt) vom 27. August 1928. Er stellt fest, daß die den Kriegsächtungsvertrag unterzeichnenden Regierungen im Namen ihrer Völker erklären, »daß sie den Krieg als Mittel für die Lösung internationaler Streitfälle verurteilen und auf ihn als Werkzeug nationaler Politik in ihren gegenseitigen Beziehungen verzichten«. Der Kriegsächtungsvertrag ist nie gekündigt worden. Im Gegenteil. Sein Grundgedanke feierte in der Satzung der Vereinten Nationen Auferstehung. In der am 26. Juni 1945 in San Francisco unterzeichneten Satzung erscheint das Wort »Krieg« nur zweimal, und zwar in der ersten Zeile der Präambel, in der die Entschlossenheit der Unterzeichner verkündet wird, »kommenden Generationen die Geißel des Krieges zu ersparen«, und wieder gegen Ende in dem Übergangsartikel 107. Im übrigen aber gebraucht die Satzung Ausdrücke wie »Drohung mit Gewalt«, »Anwendung von Gewalt«, »Bedrohung des Friedens, Friedensbruch oder Angriffshandlung«, um die möglichen Verletzungen der friedenswahrenden Satzung zu bezeichnen. Bei der Aufzählung der dem Sicherheitsrat zur Verfügung stehenden Mittel zur Verwirklichung seiner im Sinne der Aufrechterhaltung von Frieden und Sicherheit erlassenen Verfügungen werden »Operationen durch Luft-, See- oder Landstreitkräfte« oder »internationale Vollstreckungsmaßnahmen« genannt, »militärische Maßnahmen«, »Anwendung von Waffengewalt«. In dem auf das Recht der Selbstverteidigung bezüglichen Artikel 51 wird das Wort »Angriff« gebraucht, und in Artikel 107, der auf die Feinde im Zweiten Weltkrieg Bezug nimmt, der Ausdruck »Maßnahmen«.

Diese Terminologie steht in starkem Gegensatz zum Völkerbundspakt vom 28. Juni 1919. Dort übernahmen die Unterzeichnerstaaten die Verpflichtung, nicht zum Krieg Zuflucht zu nehmen. Die Verpflichtung bestand jedoch nur unter der Voraussetzung, daß das vom Völkerbund durchzuführende Verfahren zur Friedensbewahrung gemäß Artikel 11 bis 16 des Paktes erfolgreich war. Die Mitglieder verpflichteten sich, nicht vor Ablauf von drei Monaten nach dem Spruch eines Schiedsgerichts oder einer gerichtlichen Entscheidung oder einem Bericht des Völkerbundrates zum Krieg zu schreiten. Wenn eine Regierung einen Krieg auslöst, so wird das als kriegerischer Akt gewertet, der gegen alle Mitglieder des Völkerbunds gerichtet ist, was natürlich nichts anderes bedeutete, als daß sie sich im Rechtssinn als im Kriegszustand mit dem Friedensbrecher betrachten durften.

Das System des Völkerbunds litt offensichtlich an inneren Widersprüchen. Seine grundlegende Idee aber war, daß nach Erschöpfung aller Mittel der Friedenswahrung einem das Völkerrecht brechenden Staate im Namen der kollektiven Sicherheit der Krieg erklärt werden könne.

Stabilität und Flüssigkeit

Das Gesamtergebnis der neu die internationalen Beziehungen bestimmenden Faktoren ist, daß das zwischenstaatliche Geschehen sowohl verfestigt wie auch verflüssigt wird. Es ist insofern stabilisiert, als es außerordentlich schwierig geworden ist, den *status quo* zu ändern, der ja, historisch betrachtet, nur in den wenigsten Fällen je durch friedliche Mittel erneuert werden konnte. Wenn der offene Machtgebrauch vermieden werden soll, verringern sich die Aussichten auf jede Änderung des *status quo* in hohem Maße. Die daraus sich ergebende Schwierigkeit internationaler Veränderung kann sogar das Beilegen und Erledigen kleiner lokaler Konflikte verhindern. Der amerikanische Forscher Robert S. Osgood sagt dazu treffend:

> »Obwohl es paradox klingt, ist doch einer der Hauptgründe für das Fortleben solcher Konflikte, daß eine der Weltmächte, und gelegentlich beide, in ihrem Bestreben zu verhindern, daß lokale Konflikte zu einer unmittelbaren Konfrontation zwischen ihnen führen, zu verhindern suchen, daß sie in Form von Kriegen ausbrechen (oder wenigstens von Entscheidungskriegen), die im historischen Sinne eines der wichtigsten Mittel zur Beendigung solcher Konflikte sind[3]).«

Auf der anderen Seite ist durch den seither allen Spielern auf dem internationalen Schachbrett auferlegten Zwang, sich verborgener, weniger klar erkennbarer Züge zu bedienen, eine Verflüssigung eingetreten. Es ist heute eine alltägliche Erscheinung, daß revolutionäre oder bloß oppositionelle Kräfte innerhalb der Staaten von außen durch andere Staaten mit politischen, propagandistischen, finanziellen oder militärischen Mitteln unterstützt werden. Solche Bewegungen werden von kommunistischer Seite »nationale Befreiungskriege« genannt, wenn sie den führenden kommunistischen Mächten zuneigen und demnach von ihnen gefördert werden. In der nichtkommunistischen Welt nennt man sie »indirekte Aggression«, »Subversion«. Wenn sie sich aber gegen ein kommunistisches Regime richten, werden sie eher als »Widerstandsbewegungen« oder »Freiheitsbewegungen« charakterisiert. Dabei sind die Beweggründe solcher Bewegungen meist eher lokaler oder nationaler Art als solche, die aus der großen Auseinandersetzung zwischen Kommunismus und freiheitlicher Demokratie abgeleitet werden können. Was immer aber die eigentlichen Beweggründe und Abhängigkeiten sein mögen, so ist Drohung mit Gewalt oder die tatsächliche Anwendung von Gewalt innerhalb der Völkerfamilie heute in einem kaum je dagewesenen Maße zugelassen, solange nur die Weltmächte nicht unmittelbar betroffen werden. Wie Karl Jaspers einmal schrieb:

> »Antriebe und politischer Wille sind wie von jeher, aber sie sind zugleich unter Druck gehalten. Daher gerät die Welt mit kurzen Zwischenräumen in Situationen, die in früheren Zeiten unmittelbar zum Krieg führten, während heute Drohungen, Demütigungen, Einschüchterungen wie kaum jemals geduldet werden[4]).«

Verflüssigung der internationalen Beziehungen bedeutet auch, daß die Anwendung begrenzter Gewalt es den Antagonisten leichter macht, sich aus ihrer Verstrickung wieder zu lösen, wenn das nötig wird. Wie Albert und Roberta Wohlstetter in einer Studie über die Kubakrise von 1962 darlegen, ist es keineswegs unvermeidlich, »daß die Drohung mit Gewalt oder Gewaltanwendung auf einer tieferen Ebene ... unaufhaltsam zur Gewaltanwendung auf einer höheren Ebene führt[5])«. Sie weisen nach, daß das Gegenteil eintreten kann; die Gewaltanwendung kann schrittweise vermindert werden, bis schließlich eine Einigung oder sonstige Lösung erzielt wird.

Wenn eine indirekte Aggression nicht die erhofften Früchte trägt und es zu einer offenen bewaffneten Auseinandersetzung kommt, dann darf man in unserer modernen Welt den Konflikt auf keinen Fall »Krieg« nennen. Und er muß, vom ersten Augenblick an und in seinem ganzen Verlauf, begrenzt werden, damit er sich nicht in ungewollter Richtung entwickle und schließlich zu einem großen Konflikt werde, den man nicht wünscht und den man fürchten muß. Demgemäß ist die Kunst der Konfliktbegrenzung Gegenstand eingehender Untersuchung und Forschung geworden. Auch wird diese Kunst fast täglich von politischen Führern in aller Welt geübt. Nationale Streitkräfte sind gebildet oder umorganisiert worden, um besser in der Lage zu sein, begrenzte Operationen zu führen, damit die Gefahren der Eskalation gebannt bleiben. Das gilt sowohl für die Westmächte wie für die führenden kommunistischen Nationen, obwohl die kommunistische strategische Doktrin immer noch zögert, die Möglichkeit zuzugeben, daß ein internationaler Konflikt begrenzt werden und in diesen Grenzen zurückgehalten werden kann.

Oft wird aus dieser neuartigen Lage geschlossen, in den internationalen Beziehungen vermöge Machtentfaltung keine nützliche Rolle mehr zu spielen. Ein solcher Schluß geht aber zu weit oder eilt wenigstens dem Stande der Entwicklung weit voraus. Krieg als rechtlich umschriebene und gesicherte Einrichtung kann durch das Völkerrecht geächtet und aus dem Vokabular gestrichen werden. Krieg zwischen Weltmächten mag höchst unwahrscheinlich geworden sein angesichts seiner unabsehbaren Folgen und der Möglichkeit, daß er bis zum nationalen Selbstmord führt. Krieg zwischen Großmächten und kleineren Staaten mag immer unwahrscheinlicher werden, weil auch ihm die Gefahr der Eskalation innewohnt. Der Krieg an sich hat vielleicht auch die primitive Faszination verloren, die er auf die Menschheit ausübt, und das in dem Maße, in dem die Menschen vieler Nationen sich der sie verbindenden Gemeinsamkeiten bewußt werden; der Mensch wird in Zukunft vielleicht auch einsehen, daß es besser ist, die Früchte der modernen Zivilisation zu genießen, als die in ihr miteingeschlossenen Mächte der Zerstörung zu entfesseln. Zur Stunde aber, in der der Kriegsgott Mars sein Haupt verhüllt, enthüllen sich vor unseren Augen Hunderte von kleineren martialischen Göttern.

Macht und Gewalt ist auch heute noch das einzige Werkzeug, mit dem im zwischenstaatlichen Bereich wirkliche Änderungen herbeigeführt werden können. Macht ist die letzte Zuflucht einer Nation, die ihre Interessen, ihre Rechte oder ihre Existenz gegen einen feindselig gesinnten Nachbarn verteidigen muß[6]).

Gewalt ist auch, aus Gründen, die noch erforscht werden müssen, eines der wichtigeren Werkzeuge zur Veränderung der Verhältnisse im Innern von Staaten geworden. Solche gewaltsam herbeigeführten inneren Veränderungen werden sich auch international auswirken. Daß Gewalttätigkeit im Innern, insbesondere auch Gewalttaten Jugendlicher, in den letzten Jahren überhand genommen haben, und das auch in gutorganisierten und stabilen Gesellschaften wie etwa Japan, Vereinigte Staaten, Bundesrepublik Deutschland, Frankreich, Italien, ist nicht zu trennen von der allgemeinen strategischen Entwicklung. Das Ausbrechen von Kriegen in ihrer früheren durch das Völkerrecht umschriebenen legalen Form – *ultima ratio regis* – ist in den letzten zwanzig Jahren erfolgreich verhindert worden. An ihre Stelle sind, wie wir nur allzugut wissen, eine bestürzende Reihe von Methoden getreten, die nicht als »Krieg« bezeichnet werden können, die aber bestimmt sind, gewaltsam anderen den Willen einer Regierung, einer Partei, eines Klüngels oder einer Gruppe aufzuzwingen. Diese Methoden und ihr eventueller Gebrauch werden natürlicherweise in ihren Einzelheiten durch die Mittel des Massenberichts in aller Welt dargestellt. Die Werkzeuge für jede Art der Gewaltanwendung, jede Art des unterirdischen Krieges und Anleitungen zu ihrem Gebrauch sind seit dem Zweiten Weltkrieg, in dem es darum ging, Widerstandsorganisationen zu bewaffnen, fortwährend und in rasch sich steigerndem Maße sowohl in der entwickelten wie in der Entwicklungswelt verteilt worden. Es kann deshalb nicht überraschen, daß der

Wunsch, Gewalt statt Überredung oder anderen zivilisierten Formen des politischen Verkehrs zu gebrauchen, und die Mittel, ihn zu verwirklichen, rasch bei der Hand sind, wenn im Bereich der innerpolitischen Auseinandersetzung die Gemüter sich erhitzen, der Druck steigt und Angst sich breitmacht.

Begrenzte Gewaltanwendung

Gewalt entfaltet sich nicht nur in der Schlacht und läßt nicht immer Blut fließen. Soweit wir in der Geschichte zurückblicken, finden wir Fälle, in der sie schon als bloße Drohung wirkte, ohne tatsächlich angewendet zu werden. Was wir heute beobachten, ist nicht das Verschwinden der Gewalt, sondern eine Abkehr von ihr, ein zunehmendes Streben, sie in veränderter, begrenzter Form zu gebrauchen.

In den zwischenstaatlichen Beziehungen beginnt das Spektrum der veränderten, begrenzten Gewaltanwendung dort, wo die Mittel der psychologischen Kriegführung gegen einen Feind oder ein Opfer losgelassen werden. Es reicht dann in aufsteigender Linie von Unterwühlung zum bewaffneten Umsturz und bis zur begrenzten Kriegführung nach dem Muster von Vietnam. Wenn wir nun die vielen Fälle und Formen beschränkter Gewaltentfaltung überblicken, welche uns die Geschichte unserer Tage bietet, so stoßen wir auf zwei Formen der begrenzten Gewaltanwendung, die besondere Aufmerksamkeit verdienen – Konfrontation und Intervention.

Konfrontation und Intervention, zwei Formen des begrenzten Gebrauchs von Gewalt, die dem Kriege nahekommen, ohne zum Krieg zu werden, und die der Gegenstand dieser Studie sind, waren selbstverständlich wohlbekannte Mittel der Außenpolitik lange vor unserer Zeit und lange vor dem Beginn des Atomzeitalters. Aber sie haben in der modernen Welt neue Dimensionen angenommen und die beiden Wörter neue Bedeutungen. Sie sind Formen des Machtgebrauchs zum Erreichen nationaler Ziele. Der Gebrauch der Macht wird dabei mit mehr oder weniger Sorgfalt und Umsicht den Verhältnissen angepaßt, so daß er sich nach der herrschenden Lage, wie sie den Beteiligten erscheint, nicht zu einem unerwünschten bewaffneten Konflikt auswachsen wird.

Beide Formen des Manövrierens auf der internationalen Bühne, Konfrontation und Intervention, haben vieles gemeinsam, sind aber in mancher Beziehung voneinander verschieden. Ihre große Bedeutung und die ihnen innewohnenden Möglichkeiten beruhen auf der Tatsache, daß sie – ganz im Gegensatz zu dem, was manche oberflächliche Beobachter annehmen – dazu bestimmt sind, höhere und gefährlichere Ebenen der Gewaltanwendung zu meiden, obwohl die Führer einer Nation es für nötig halten, ihre Machtmittel zu gebrauchen.

Diese beiden Formen der begrenzten Gewaltanwendung sind nicht nur begrifflich miteinander verbunden, weil sie beide Methoden zum Ändern bestehender Verhältnisse sind – oder wenigstens zur versuchten Änderung –, Methoden, die Krieg oder ernstliche Kriegsgefahr umgehen. Konfrontation kann in vielen Fällen nur ein erster Schritt sein. Wenn sie dann nicht die Ergebnisse bringt, die eine sich des Instruments bedienende Macht erhofft hat, so kann diese Macht die Konfrontation in einem Maße steigern, in dem sie schließlich zur Intervention wird – immer vorausgesetzt, daß die Beziehung zwischen den beiden Gegnern derart ist, daß von Intervention überhaupt die Rede sein darf. Als Beispiel einer solchen Steigerung der Konfrontation zur Intervention kann man den Zwischenfall im Golf von Tonkin vom 4. August 1964 nennen. Er war ein Schritt auf der Leiter zur umfassenden Intervention in Vietnam. In solchen Fällen kann Intervention als eine Fortsetzung der Konfrontation, als ihre Eskalation betrachtet werden.

Selbstverständlich kann Intervention vorkommen, ohne daß ihr eine Konfrontation vorangegangen ist. Dann wird die Abfolge der Ereignisse eine umgekehrte sein. Aus einer Intervention, in der sich in der Regel eine kleine und eine viel mächtigere Nation als Beteiligte begegnen, kann sich eine Konfrontation entwickeln. Das wird der Fall sein, wenn eine zweite Großmacht versucht, ihrerseits zu intervenieren, oder wenn sie es unternimmt, das Opfer einer Intervention zu beschützen. Dann werden wir Zeuge einer Konfrontation, die in eine Intervention eingebaut ist, wie das zum Beispiel im Kongo im Jahre 1960 der

Fall war. Oder es ist denkbar, daß sich eine internationale kollektive Intervention an die Stelle einer individuellen Intervention schiebt, hauptsächlich in der Absicht, eine drohende Konfrontation abzuwenden, wie es im Jahre 1965 in der Dominikanischen Republik der Fall war.

Im Verlaufe dieses Buches, das sich mit der Abkehr von der Gewalt, das heißt mit dem beschränkten, begrenzten Gebrauch der Macht großer und kleiner Nationen befaßt, werden wir uns natürlicherweise vor allem mit den beiden Weltmächten, den Vereinigten Staaten von Amerika und der Sowjetunion, zu befassen haben. Wir werden beobachten, wie sie gleiche Instrumente der Machtpolitik gebrauchen, nämlich Diplomatie, Propaganda, Verhandlungen, Auslandshilfe, Bündnispolitik, Drohung, Verlockung, Unterwühlung. Trotz der Gleichheit der Instrumente aber, der Ähnlichkeit der Taktik und Technik ihres Gebrauchs kann man die beiden Opponenten nicht einfach als symmetrische Machtkomplexe betrachten, die im Streben übereinstimmen, die beherrschende Stellung in der Welt zu erlangen oder zu behaupten. Ihre Beweggründe, ihre sozialen Strukturen, ihr Machtapparat, ihr Weltbild sind zu verschieden. Ohne ein Urteil über die eine oder die andere Macht und ihre Beweggründe, ihre Ideologien abzugeben, kann man mit Sicherheit feststellen, daß sie nicht vergleichbar sind.

In den Vereinigten Staaten ist der Friede stets als der Normalzustand betrachtet worden, internationaler Konflikt aber eine Ausnahme vom Normalen, der möglichst schnell beseitigt und überwunden werden muß. Das gleiche gilt von Konflikten im Inneren. Die Sowjetunion hält es anders. Für sie ist Konflikt – Klassenkampf, die säkulare Auseinandersetzung zwischen Kapitalismus und Sozialismus, nationaler Befreiungskrieg, Revolution – der normale, wünschbare und dauernde Zustand. Das kann immer wieder staats- und parteioffiziellen Verlautbarungen entnommen werden. Auch der Begriff der »friedlichen Koexistenz« weist auf die Tatsache und Notwendigkeit dauernden Konfliktes hin. Er bedeutet nichts anderes als die These, daß zwei gegensätzliche Weltsysteme einander gegenüberstehen, zwischen denen eine Versöhnung unmöglich ist, und die, da Versöhnung weder möglich noch wünschbar ist, aus taktischen

Gründen und vorübergehend versuchen können, den entscheidenden Zusammenstoß, der schließlich unvermeidlich ist, hinauszuschieben.

Diese grundlegend verschiedene Betrachtungsweise der Weltbühne beeinflußt zutiefst die gegenseitigen Beziehungen der Supermächte und ihre Beziehungen zu den kleineren Nationen. Das darf nie aus dem Auge verloren werden, selbst wenn man in der historisch-politischen Betrachtung aus praktischen Erwägungen die beiden Mächte als symmetrische, vergleichbare Machtkomplexe behandelt.

KAPITEL II

KONFRONTATION ALS BEGRENZTER KONFLIKT

Die Terminologie

Das Wort »Konfrontation« in Anspruch zu nehmen, um eine besondere strategische Lage innerhalb des weiten Spektrums der Wege zu begrenztem Machtgebrauch zu bezeichnen, kommt in gewissem Sinne einer semantischen Usurpation gleich. »Konfrontation« ist ein altes Wort mit manchen Bedeutungen. Im mittelalterlichen Latein, wo es zuerst auftaucht, bezeichnet es eine Lage, in der zwei Gegner oder zwei gegensätzliche Thesen in feindseliger Haltung einander gegenüberstehen, *adversis frontibus,* wie es im klassischen Latein hieß. Im 16. Jahrhundert bedeutete der nun aufkommende Terminus »konfrontieren«, sich in herausfordernder oder feindseliger Haltung gegenüberstehen, dem anderen unerschrocken ins Auge blicken. Nach und nach nahm der Ausdruck weitere und weniger scharf begrenzte Bedeutungen an. Heute scheint er jede Lage zu bezeichnen, in der gegnerische Kräfte sich begegnen, jede Lage sozusagen, wo man anhält, sich umschaut, umherhört, um zu einer sich nun aufdrängenden Entscheidung zu kommen. Wir werden mit einer Frage konfrontiert, mit einer Drohung, einem Hindernis, einer Wahl, einer Tatsache. Wir »konfrontieren« auch zwei Auffassungen oder Behauptungen, um sie miteinander zu vergleichen.

Die moderne politische Terminologie, wie sie sich seit dem Zweiten Weltkrieg entwickelt hat, verleiht dem Ausdruck »Konfrontation« einen engeren, genauer bestimmten Inhalt. Das schließt allerdings nicht aus, daß wir den Ausdruck auch in einem allgemeinen und weiten Sinne gebrauchen, wie er oben erwähnt wird. Niemand wird dagegen etwas einwenden.

Zugleich hat der Ausdruck aber eine viel engere, besondere Bedeutung angenommen, seit er so häufig im Zusammenhang mit Studien über die Machtbeziehungen zwischen den Weltmächten und über den kalten Krieg gebraucht werden mußte. So gebraucht zum Beispiel der berühmte amerikanische Theoretiker der Macht Herman Kahn das Wort, um eine Lage zu bezeichnen, in der große amerikanische und sowjetische strategische Streitkräfte einander gegenüberstehen. Er schreibt:

»Die immer im Alarmzustand stehenden strategischen Streitkräfte der Vereinigten Staaten und der Sowjetunion begründen eine fast ununterbrochene globale Konfrontation.«

Er skizziert dann verschiedene Szenarien möglicher Konfrontation wie folgt:

»Die Spannungen können sich erhöhen, und es können begrenzte, aber dramatische militärische Konfrontationen auftreten, sowohl örtlich begrenzt (wie zum Beispiel am Brandenburger Tor) wie weltweit. Solche Konfrontationen sind ein direkter Wettbewerb von Entschlossenheit, Verpflichtung, Willenskraft und Waghalsigkeit. Sie sind auch so dramatisch, daß alle Beteiligten und alle Beobachter voll begreifen, was sich ereignet hat ... Das Hauptziel solcher Konfrontation ist indessen, zusätzlich zur Demonstration von Entschlossenheit und Willenskraft wie oben erwähnt, eine klare Demonstration der Tatsache, daß ziemlich beträchtliche Gewaltakte möglich sind ...[1]).«

Präsident John F. Kennedy gebrauchte den Ausdruck in einem ähnlich weiten, indessen bestimmten Sinne, um in treffender Weise eine damals bestehende internationale Lage zu charakterisieren. In seiner Fernsehrede über Berlin vom 25. Juli 1961 sagte er:

»West-Berlin ... ist jetzt wie nie zuvor der große Prüfstein für den Westen, für seinen Willen und seinen Mut geworden, ein Brennpunkt, an dem unsere feierlich übernommenen Verpflichtungen ... und das Machtstreben der Sowjetunion einander in grundlegender Konfrontation begegnen[2]).«

Präsident Richard M. Nixon gebrauchte das Wort »Konfrontation« in einem engeren Sinn, fast als gleichbedeutend mit dem

Ausdruck »kalter Krieg« zur Bezeichnung der Rivalitäten und der gegenseitigen Anwendung von Druckmitteln zwischen Weltmächten. In seiner Rede vor dem Nordatlantikrat in Brüssel vom 25. Februar 1969 äußerte er, daß »wir nun eine Periode der Konfrontation beenden, um eine Periode der Verhandlungen (Negotiation) zu betreten«.

In einer Studie über Krisenauflösung – oder mit dem allgemein gebräuchlichen englischen Ausdruck bezeichnet *crisis management* – nennt Alastair Buchan, der langjährige Direktor des Institute for Strategic Studies und Kommandant des Imperial War College in London, eine »Konfrontation« eine Phase des kalten Krieges, in dem der Konflikt sich einer Krise nähert oder in der er durch eine Reihe von Krisen von wechselnder Heftigkeit hindurchgeht[3]). In ähnlicher Weise bezeichnet der in Genf tätige amerikanische Professor Louis J. Halle in seinem monumentalen Werk »Der kalte Krieg, Ursachen, Verlauf, Abschluß« die Berliner Blockade von 1948 bis 1949 als die erste Konfrontation des kalten Krieges, dem andere folgen sollten.

So nimmt denn das Wort »Konfrontation« deutliche Umrisse an. Wenn es im Zusammenhang mit der Darstellung von Ereignissen angewendet wird, die sich in der Geschichtsperiode zwischen 1947 und 1970 ereigneten, so bezeichnet es regelmäßig die Beziehung zwischen der Sowjetunion und den Vereinigten Staaten an den Punkten und in den Augenblicken, in denen sie sich einem kritischen Zustand näherte und wenn Entschlüsse von großer Tragweite auf der einen oder der anderen Seite oder auf beiden Seiten zu fassen waren. Zugleich wird das Wort »Konfrontation« weiterhin in einem viel allgemeineren Sinne gebraucht. Typisch dafür ist die Diskussion, die sich am 24. Juli 1959 zwischen dem damaligen Vizepräsidenten der Vereinigten Staaten, Richard M. Nixon, und dem sowjetischen Ministerpräsidenten Chruschtschow bei der Eröffnung einer amerikanischen Industrieausstellung in Moskau entspann; man nennt sie gewöhnlich die »Küchen-Konfrontation«.

In diesem Buche wird der Ausdruck in einer Weise verwendet werden, die etwa in der Mitte zwischen den beiden Extremen liegt. Wir betrachten Konfrontation als eine Lage, in der begrenzter Gebrauch von Macht oder Drohung mit Gewalt in internationalen Beziehungen durch einen Gegner mit dem symmetrischen Mittel beantwortet wird. Beide Gegner sehen sich im Verlauf der Begegnung gezwungen, einzuhalten, zu überlegen und einen Entschluß zu fassen. Es gehört zu dem Begriff, daß er auf etwas Neues und Ungewöhnliches hinweist, das sich einmischt, auf eine wesentliche Änderung in der bisherigen Beziehung. Eine Zäsur im bisherigen Verhalten ist, wie im Falle der Intervention, ein entscheidendes Element, das den Vorgang mitbezeichnet. Die Entschlüsse, die aus der Konfrontation hervorgehen, werden bestimmt durch die Einschätzung der Entschlossenheit des Gegners, seiner Willenskraft und Zielstrebigkeit, seiner Bereitschaft, ein hohes Risiko einzugehen, seiner physischen Macht, die er in dem konkreten Fall anwenden kann, seiner allgemeinen Machtlage, durch die Wahrscheinlichkeit einer Eskalation des Konflikts, seine Wirkungen auf Dritte und ihre möglichen Reaktionen, sowohl günstiger wie gefährlicher Art, und schließlich durch die Möglichkeit, die Konfrontation wieder zu beenden und zum Normalzustand oder beinahe normalen Zustand zurückzukehren.

Eine treffende Definition der Konfrontation wurde von Charles W. Koburger in einem Artikel in der amerikanischen Zeitschrift »Military Review« vorgeschlagen. Er schreibt:

> »Im strengsten Sinn ist eine Konfrontation das Entgegenstellen von einem oder mehreren Machtfaktoren gegen andere Machtfaktoren, wobei in der Regel militärische Macht beteiligt ist, mit dem Ziel, die erste Seite davon abzuhalten, das zu vollenden, was sie unternommen hat, ohne dabei Gewalt zu üben. Der Zweck einer Konfrontation ist, eine unerwünschte Handlung durch Drohungen zu verhindern[5]).«

Im Grunde genommen ist Konfrontation eine Form der Abschreckung, der Abhaltung, der *deterrence*. Eine Partei, die begonnen hat, Druck auszuüben, um ein bestimmtes Ziel zu erreichen, trifft auf Widerstand, der sie davon abhalten oder abschrecken will, auf dem von ihr eingeschlagenen Wege weiterzuschreiten und die dem Druck zugrundeliegende Drohung wahrzumachen. Die Nachteile und Verluste, welche die erste

Seite in Kauf zu nehmen hat, oder die ihr wenigstens als eine Möglichkeit drohen, sofern sie ihren Druckversuch fortsetzt und ihre Drohungen wahrmacht, werden ihr von der anderen Seite vor Augen geführt. Diese zweite Seite mag ihrerseits in ihrer Gegenaktion weitergehen und ihren Gegendruck bis zu einem Punkt erhöhen, an dem sich nun die erste Seite selber bedroht fühlt und ihre eigenen Mittel der Abschreckung zu entfalten beginnt. Beide Parteien befinden sich nun in der Doppelstellung des Abschreckenden und des Abgeschreckten: Sie müssen feststellen, was ihren wahren Interessen am ehesten entspricht, den Entschluß fassen, ob sie auf dem eingeschlagenen Wege weitergehen wollen trotz allen nun sichtbar gewordenen Gefahren und Risiken, oder aber sich zurückzuziehen und sich nach Mitteln und Wegen umzusehen, die es ihnen erlauben, sich aus einer schwierigen und gefährlich gewordenen Verwicklung zu befreien, welche zu gefährlich zu werden droht – und die schließlich zu einem Kriege führen könnte.

Was über Abschreckung gesagt werden kann, ist auch wahr für die Konfrontation: Wenn die Abschreckung wirksam ist und ein bewaffneter Konflikt ausbleibt, so werden wir nie mit Sicherheit wissen, was eigentlich vermieden worden ist und wie groß in Wirklichkeit die Kriegsgefahr gewesen war. So ist es im Falle einer Konfrontation sehr schwer zu entscheiden – wenn beide Parteien sich zurückziehen und sich aus der Lage herauszuwinden beginnen, in die sie sich selber gebracht haben –, was in Wirklichkeit die Absicht war und wie stark der Wunsch und die Entschlossenheit, sie zu verwirklichen.

Konfrontation kann auch als eine Form des Verhandelns betrachtet werden – stillschweigenden oder ausdrücklichen Handelns oder Feilschens um Vorteile in der internationalen Welt. Sie ist dann der Höhepunkt eines Prozesses der diplomatischen Auseinandersetzung, in der formelle Mitteilungen, Signale, Gesten, Machtdemonstrationen, Vermittlungsbemühungen oder andere gute Dienste Dritter ihre Rolle gespielt oder ausgespielt haben und nicht mehr weiterführen. Thomas C. Schelling, Professor in Harvard und einer der umsichtigsten amerikanischen Analytiker strategischer Probleme, weist auf diesen entscheidenden Punkt mit den Worten hin:

> »Das Endergebnis muß einem Punkt entsprechen, von dem keine der Parteien annehmen kann, daß die andere sich zurückziehen wird; die wichtigste Grundlage dieser Annahme aber ist, was der eine vermutet mit Bezug auf dessen Annahme, was er selber annehmen wird . . .«[6])

In den folgenden Kapiteln werden verschiedene Formen und Arten von Konfrontationen erscheinen. Sie können unterschieden und eingeordnet werden nach den Machtwerkzeugen, die vorgeschoben werden, oder von denen eine oder beide Parteien wenigstens annehmen, daß sie ins Spiel gebracht werden sollen. Sie können aber auch nach der Art und der Größe der Nationen, die an dem Vorgang beteiligt sind, klassifiziert werden, oder auch nach dem Grad der Heftigkeit des Zusammenstoßes.

Wir werden von der Betrachtung als Konfrontationen alle jene Konflikte im Felde der internationalen Beziehungen ausschließen, bei denen das Gegeneinander nicht unterstrichen wird durch eine militärische Drohung oder wenigstens durch eine große Wahrscheinlichkeit, daß es zu einer militärischen Auseinandersetzung führen könnte. Für diese weniger heftige oder drohende Form der Auseinandersetzung kann man verschiedene Bezeichnungen wählen. Unter ihnen steht im Vordergrund das Wort *Containment. Containment* wurde ein fester Begriff in der als kalter Krieg bezeichneten Geschichtsphase, nachdem der amerikanische Diplomat und Historiker George Kennan ihn in einer im Januar 1947 vorbereiteten Studie verwendet hatte.

Diese Studie erlangte Berühmtheit, als sie in der Zeitschrift »Foreign Affairs« im Juli 1947 als der Artikel von »Mr. X« veröffentlicht wurde. So wie Kennan selber den Ausdruck später interpretierte, bezeichnete er lediglich eine Methode, einen Konflikt mit begrenzter Machtentfaltung zu führen, wobei Krieg als vermeidbar betrachtet wird, eine Methode, bei der einseitiges Nachgeben ersetzt wird durch konstruktive Schritte. Die Ausführungen Kennans bezogen sich auf den Machtkampf zwischen Moskau und Washington, der an die Stelle der Kriegsallianz getreten war. Er befürwortete dabei eine Haltung, durch die der Widerstand gegen die Versuche des Kreml ermutigt wurde, seine Machtsphäre auszudehnen, und eine Form des

Widerstandes, die es erlauben würde, den Tag abzuwarten, an dem die innere Schwäche des Sowjetreichs seine Aggressivität und sein Machtstreben von selber dämpfen würde[7]). Man sieht also, daß *Containment* mit Konfrontation eng verwandt ist in dem Sinne, daß es auch eine Methode ist, in einem politischen Wettkampf zu bestehen, ohne Gewalt anzuwenden. Weil hier aber das militärische Element fehlt, ist *Containment* doch verschieden von Konfrontation.

Werkzeuge und Teilnehmer

Teilt man die Konfrontationen nach den Machtinstrumenten ein, den Werkzeugen, die dabei verwendet werden, hebt sich eine erste Gruppe deutlich und düster von dem eher verschwommenen Hintergrund der anderen Konfrontationen ab, die andere Instrumente gebrauchen. Es ist die thermonukleare Konfrontation. Sofern wir uns nicht dem Vorschlag von Herman Kahn anschließen, nach dem die Tatsache, daß sowjetische Missile ständig auf amerikanische Ziele gerichtet sind und amerikanische Missile ständig auf sowjetische Ziele, eine fortwährende weltweite Konfrontation bedeute, dann können wir feststellen, daß es höchst fraglich ist, ob eine thermonukleare Konfrontation im Laufe des kalten Krieges überhaupt je vorgekommen ist.

Man ist einer solchen dramatischen Lage aber gewiß nahegekommen. Niemals näher wohl als während des U-2-Zwischenfalles im Mai 1960. Man kann nämlich annehmen, daß damals die Vereinigten Staaten ihre sonst routinemäßig ausgeführten Aufklärungsflüge über Rußland verdoppelt hatten, und zwar im Hinblick auf die Gipfelkonferenz, die auf den 15. Mai 1960 nach Paris einberufen worden war. Man verglich naheliegenderweise die bevorstehenden Verhandlungen mit denjenigen, welche die Japaner im Jahre 1941 geführt hatten, um ihren Plan eines Überraschungsangriffs zu tarnen. Das Trauma des Überfalls auf Pearl Harbor am 7. Dezember 1941 ist in Amerika so stark, oder war es wenigstens in Regierungskreisen noch vor zehn Jahren, daß es für jedermann unerläßlich schien, am Vorabend so wichtiger Verhandlungen höchste Wachsamkeit zu üben. Von dem U-2-Zwischenfall an sich wird später die Rede sein. Als die von Chruschtschow für diesen Zwischenfall geforderten Entschuldigungen von Präsident Eisenhower nicht geboten wurden und er es ablehnte, die von den Sowjets geforderten Versprechungen guten Verhaltens abzugeben, drohte der Ministerpräsident der Sowjetunion bei einer Pressekonferenz in Paris am 18. Mai mit vernichtenden Schlägen gegen die Flugbasen in fremden Ländern, von denen aus die U-2-Flugzeuge ihre Spionageflüge unternahmen.

Man schien einer thermonuklearen Konfrontation nahe. Daß dem so war, wird unterstrichen durch die Alarmbefehle, die den strategischen Luftstreitkräften (Strategic Air Command) der Vereinigten Staaten erteilt wurden. Die Gefahr wurde verschärft durch die Tatsache, daß die amerikanische Regierung, die sich plötzlich von den Nachrichten über eventuelle Vorbereitungen in sowjetischen Lenkwaffenstellungen abgeschnitten sah, die bisher von den U-2 geliefert worden waren, äußerst beunruhigt war. Die Beunruhigung wurde noch gesteigert durch die von Chruschtschow ausgestoßenen Drohungen, die später durch Marschall Malinowski in Moskau wiederholt wurden. Amerika war entschlossen, sich nicht überraschen zu lassen, so daß die Gefahr wuchs, daß vielleicht auf Grund einer falsch interpretierten Nachricht ein Nuklearschlag hätte ausgelöst werden können.

Ein anderes Beispiel nuklearer Konfrontation oder Fast-Konfrontation waren die sowjetischen Explosionsexperimente mit Sprengköpfen von mehreren Megatonnen Sprengkraft, die im Sommer 1961 unternommen wurden. Sie unterstrichen die damals schwebenden Drohungen gegen Berlin. Die Vereinigten Staaten antworteten, indem sie ihre eigenen Explosionsexperimente mit Nuklearsprengkörpern in der Atmosphäre wiederaufnahmen.

Als Beispiele für das, was wir konventionelle Konfrontation nennen, sind die Blockade von Berlin von 1948 bis 1949 zu erwähnen, die Errichtung der Mauer in Berlin im Jahre 1961, die Kubakrise von 1962, der Zwischenfall im Golf von Tonking von 1964, der »Pueblo«-Zwischenfall von 1968. Alle diese Fälle werden später im einzelnen dargestellt. Man muß sie als

Konfrontationen konventioneller Art bezeichnen trotz der Tatsache, daß jeweils mindestens einer, manchmal beide der Beteiligten über eine vollwertige nukleare Bewaffnung verfügten, weil die Entscheidung ohne jede Drohung mit Nuklearwaffen herbeigeführt wurde.

Wenn wir Konfrontationen nach der Art und Größe der daran beteiligten Nationen unterscheiden, so nennen wir als die erste Gruppe selbstverständlich die Machtproben zwischen Weltmächten, den Vereinigten Staaten, der Sowjetunion und China. In diesem Zusammenhang ist es gewiß richtig, die Volksrepublik China zur Gruppe der Weltmächte zu rechnen, obwohl sie erst im Begriffe ist, zur eigentlichen Nuklearmacht zu werden und obwohl ihr Potential noch keineswegs in dem Maße ausgeschöpft ist, daß ihre anwendbare Macht sich der einer Weltmacht annähern würde. Die Konfrontationen zwischen Weltmächten können nuklear oder konventionell sein. Sie unterscheiden sich von Konfrontationen zwischen Paaren von kleineren Staaten oder zwischen kleineren Staaten und Großmächten vor allem durch die besondere Besorgnis, die sie überall auslösen.

Da diese Mächte über nukleare Waffen verfügen, erscheint den meisten Beobachtern die Gefahr viel größer als in allen Fällen, in denen nur Nationen ohne eine derartige Bewaffnung beteiligt sind. Diese Annahme hält allerdings einer genaueren Prüfung nicht stand. In die gegenseitigen Beziehungen zwischen Nuklearmächten sind nämlich Sicherungen eingebaut, die hoffen lassen, daß die Ereignisse sich nicht selbständig machen und zu ungewollter Größe aufsteigen. Die stärkste Sicherung ist natürlich die Gefahr der Eskalation des Konflikts zu einem allgemeinen Austausch von Schlägen mit Thermonuklearwaffen, den zu vermeiden alle Beteiligten im allerhöchsten Maße interessiert sind. Die gegenseitige Machtbeziehung wird mit so großer Sorgfalt überwacht und gepflegt, und die Furcht vor den Folgen eines unbedachten Schrittes ist derart groß, daß es im Falle von Großmächten oder Weltmächten weniger wahrscheinlich ist als im Falle kleinerer Nationen, daß ein Konflikt auch nur zum Stadium der Konfrontation gelangt.

Es ist deshalb eher anzunehmen, daß Konfliktslagen, die sich zwischen kleineren Staaten einstellen – seien sie annähernd gleich oder völlig ungleich –, sich so verschärfen, daß eine Situation entsteht, die in vollem Wortsinn als Konfrontation bezeichnet werden kann. Beispiele solcher Konfrontationen sind diejenigen zwischen Indonesien und Malaysia, zwischen den Philippinen und Malaysia, zwischen Indien und Pakistan, zwischen Rhodesien und Großbritannien, zwischen arabischen Regierungen und arabischen Guerillas, zwischen Algerien und Marokko, zwischen Honduras und El Salvador, zwischen Portugal und seinen afrikanischen Nachbarn. Solche Konflikte drohen eher in Kriege auszuarten als Konfrontationen zwischen Großmächten, weil die sehr eng begrenzten Machtmittel der Beteiligten beide zu dem Glauben verleiten können, in einem kurzen Krieg vielleicht einen leichten Sieg zu erringen. Solcher Glauben hat sich allerdings in den meisten Fällen als unrichtig erwiesen. In diesen Auseinandersetzungen fehlt das stabilisierende Element, das die Beziehungen zwischen fest organisierten, stabilen und zugleich schwerbewaffneten Gesellschaften bezeichnet, so daß eine Konfrontation zwischen kleineren und weniger stabilen Staaten fast unmerklich in Krieg übergehen kann.

Ein solcher Krieg wird, wenn er ausbricht, auf natürliche Weise begrenzt sein – begrenzt im Sinne der territorialen Ausdehnung und der in ihm angewendeten Kriegstechnik, aber nicht notwendigerweise begrenzt im Sinne der Verluste, des Leidens und der Zerstörungen, die verursacht werden. Der Krieg zwischen Nigeria und Biafra ist ein sprechendes Beispiel für die in dieser Richtung unbegrenzte Natur selbst kleinerer Kriege. Und im Hintergrund lauert auch in diesen Fällen immer die Gefahr, daß Großmächte in den Konflikt hineingezogen werden, womit er auf eine Ebene gehoben wird, die ihm weltweite Bedeutung geben.

Sowjetische Anschauungen

Es wäre schwierig, in den Schriften über die strategischen Doktrinen der Sowjetunion ein symmetrisches Bild des Begriffs der Konfrontation zu finden. Das erklärt sich aus den Grundprinzipien des strategischen Denkens in Rußland. Der Begriff der Konfrontation nimmt eine Interessenverwandtschaft zwischen den beteiligten Mächten an. Diese Symmetrie erlaubt das Austragen eines Konfliktes auf Grund eines vorübergehend geltenden stillschweigenden Übereinkommens, das zu einer besonderen Form der begrenzten Machtanwendung führt. Jede Annahme des Vorhandenseins eines gemeinsamen Interesses zwischen der kapitalistischen und der kommunistischen Welt, und sei es auch nur das gemeinsame Interesse am Vermeiden eines Krieges, ist aber dem kommunistischen Denken fremd. Die Schwierigkeiten der *Strategic arms limitations talks* (SALT) illustrieren diese Denkweise aufs deutlichste[8]). Die kommunistische Ideologie kann die Politik der Weltmacht Rußland nicht anders betrachten als im Lichte der Verpflichtung, die Ziele dieser Ideologie schließlich zu verwirklichen. Die kommunistische Strategie sieht sich daher ständig im Angriff und im Fortschreiten, während sich »Imperialismus« und »Kapitalismus« zurückziehen müssen. Daraus ergibt sich die totale Unmöglichkeit, eine Ähnlichkeit oder Symmetrie zwischen der eigenen Stellung und derjenigen eines Gegners anzuerkennen. Zudem würde Konfrontation als eine strategische Lage, in der beide Parteien innehalten, in unmittelbaren Widerspruch gelangen zu der durchaus dynamischen Auffassung sowjetischer Strategie.

Auch ist die Vorstellung gegenseitiger Abschreckung von Moskau nie voll anerkannt worden. Da die Sowjetunion, wie in Moskau versichert wird, friedliebend ist und niemals einen Angriff oder eine sonstige Aggression plant, braucht sie von niemandem abgeschreckt zu werden. Das imperialistische Lager dagegen, gemäß geltender sowjetischer Doktrin, ist ununterbrochen darauf bedacht, das Vaterland des Sozialimus zu zerstören. Es wird nur abgehalten, seine finsteren Pläne zu verwirklichen, durch die überlegene Wachsamkeit und das überlegene Geschick der sowjetischen Politik, die selbstverständlich durch ihre überlegene Militärmacht unterstützt wird, und ferner durch den Willen aller Völker, auch im Westen, keinen Angriff gegen das sozialistische Vaterland zuzulassen. Nach sowjetischer Doktrin sind »Waffen die materiellen Werkzeuge, um Krieg zu führen, und sie werden beschafft und entwickelt, um gebraucht zu werden«[9]). Demnach werden die im Westen entwickelten Theorien über die stabilisierende Wirkung der gegenseitigen thermonuklearen Drohung nicht als richtig betrachtet, und ein allgemeiner Krieg zwischen Imperialismus und Sozialismus einschließlich eines Austauschs von Schlägen mit thermonuklearen Waffen wird dem Volke als eine Möglichkeit, ja eine Wahrscheinlichkeit dargestellt. Eine Lage, die wir als eine Konfrontation bezeichnen würden, müßte nach russischer Auffassung fast unaufhaltsam zu dem allgemeinen Krieg führen, in dem der Kapitalismus untergeht und der Sozialismus siegt.

Krieg zu vermeiden liegt nach sowjetischer Auffassung im Interesse der Völker, und »friedliche Koexistenz« ist der einzige Weg, ihn zu vermeiden. Anerkennung des Grundsatzes der friedlichen Koexistenz ist gleichbedeutend nicht nur mit einem grundsätzlichen Verzicht auf den Krieg als Machtgebrauch gegen einen anderen Staat, sondern auch mit einem Verzicht auf jede Politik, die zum Kriege führen könnte. Aus diesem Grund fordert die Sowjetunion allgemeine und vollständige Abrüstung, unter der stillschweigenden Annahme, daß die nachher in der Welt noch verbliebenen Machtmittel nach historischen Gesetzen automatisch die Verwirklichung der letzten Ziele Moskaus herbeiführen werden.

Friedliche Koexistenz ist nach sowjetischer theoretischer Auffassung eine Möglichkeit, den Gebrauch von Macht und die Kriegsgefahr zu vermindern, während der bestehende Konflikt zwischen entgegengesetzten politischen Systemen weitergeht. Der Begriff kommt demnach unserer Vorstellung ziemlich nahe, daß Konflikte heute notwendigerweise begrenzt werden müssen, und er umfaßt gewissermaßen auch den Begriff der Konfrontation.

Die moderne Welt

Um die Periode neuester Geschichte zu begrenzen, in deren Rahmen wir Konfrontation und Intervention betrachten wollen, und die das geschaffen hat, was wir als die »moderne Welt« betrachten, wählen wir unter den vielen Daten, die in Betracht gezogen werden können, 1947 als das Jahr des Beginns. Jenes Jahr ist bezeichnet durch Ereignisse, die dauernden Einfluß auf die künftigen Entwicklungen hatten: Unabhängigkeit Indiens und Indonesiens, Beginn des Wiederaufbaus Europas unter dem Marshall-Plan, Mißerfolg der amerikanischen Bemühungen, China vor der Alleinherrschaft der Kommunisten zu retten, Truman-Doktrin, Beginn einer Politik, die von der Wiedervereinigung Deutschlands wegführte.

Die Zahl der Ereignisse, auf die unsere Definition der Konfrontation zutrifft, ist im Laufe der dreiundzwanzig Jahre, die seit 1947 verflossen sind, merkwürdigerweise gleich dieser Zahl von Jahren – dreiundzwanzig Konfrontationen in dreiundzwanzig Jahren. Es kann natürlich Meinungsverschiedenheit darüber bestehen, welche Ereignisse oder Situationen wirklich genau der Definition der Konfrontation entsprechen und welche unter den unzählbaren Kontroversen, Meinungsverschiedenheiten und Interessenkonflikten, die notwendigerweise den Weg von souveränen Nationen und die Beziehungen zwischen Regierungen bezeichnen, wichtig genug sind, um als Konfrontationen betrachtet zu werden. Auf der anderen Seite stellt sich die Frage, welche unter diesen Auseinandersetzungen zu wichtig – oder, besser, zu heftig – waren, um noch als Konfrontationen gelten zu dürfen und die deshalb Kriege zu nennen sind. In einigen Fällen werden wir finden, daß Elemente einer Konfrontation in einem Krieg miteingeschlossen sind.

Eine summarische Liste von Konfrontationen in der modernen Zeit würde etwa folgende Ereignisse einschließen: Die Blockade von Berlin 1948–1949, den Konflikt zwischen der Volksrepublik China und der Republik China (Formosa) nach 1949, die Suezkrise 1956, den Konflikt zwischen Honduras und Nicaragua 1957, den Konflikt zwischen Spanien und Marokko 1957–1958, die Ladak-Zwischenfälle zwischen China und Indien 1959, das Ultimatum über Berlin 1959, den U-2-Zwischenfall 1960, die Kongokrise mit Beginn 1960, den Versuch zur Zerstörung der Vereinten Nationen 1960, die Grenzzwischenfälle zwischen Äthiopien und Somalia 1960–1964, den Mauerbau in Berlin 1961, die Kubakrise 1962, die Annexion von Neuguinea durch Indonesien 1962, den chinesischen Angriff gegen Indien 1962, den Konflikt zwischen Indonesien und Malaysia 1963–1965, den Konflikt zwischen Marokko und

Algerien 1963, die Angriffe gegen Portugiesisch-Guinea 1963 bis 1968 und die Infiltration in Mozambique und Angola seit etwa 1960, die Zusammenstöße zwischen Kenia und Somalia 1963 bis 1967, die Krisen um Zypern 1964 und 1967, die Kämpfe zwischen Indien und Pakistan 1965, die Aktionen Spaniens gegen Gibraltar, die Zusammenstöße zwischen China und der Sowjetunion 1969.

Ein erster Blick auf diese summarische Liste weist schon auf eine bemerkenswerte Tatsache hin: Nur in sieben von den dreiundzwanzig Ereignissen, die aufgezählt wurden, waren beide Weltmächte als Konfrontanten unmittelbar beteiligt. In fünf von diesen sieben wurden keine militärischen Mittel gebraucht. (Militärische Mittel spielten eine Rolle in der Berlinkrise 1962 und natürlich in der Kubakrise.) In allen übrigen Fällen aber, außer einem – Gibraltar –, wurde tatsächlich geschossen, und mehrere verschärften sich in einem Maße, daß eigentlich von Krieg gesprochen werden müßte.

KAPITEL III

KONFRONTATION: BERLIN, SUEZ, KONGO

Berlin I – die Blockade

Die erste Konfrontation in der modernen Welt erstand aus der tiefen Meinungsverschiedenheit zwischen den Großmächten über die Zukunft des besiegten Deutschland. Die Vereinigten Staaten legten den Kurs ihrer Politik auf weite Sicht fest, als sie den Marshall-Plan vorschlugen, der von Westeuropa enthusiastisch aufgegriffen wurde. Die Wirtschaft Europas, die durch den Krieg weitgehend zerstört worden war, sollte wiederaufgebaut werden; Not und Elend, die, wie man fürchtete, dem Kommunismus in den Sattel helfen würden, mußten verschwinden. In die Bemühungen um den Wiederaufbau sollten die früheren Feinde miteinbezogen werden. Indem sie gegen den Marshall-Plan auftrat und ihren Satelliten die Teilnahme verbot, sagte die Sowjetunion der Wiederaufbaupolitik den Kampf an.

Die Westmächte aber begannen sich von 1947 an von der Politik der dauernden militärischen Besetzung, der Abtrennung und Isolierung der verschiedenen Teile Deutschlands, der Industriedemontage, der Verewigung des wirtschaftlichen Chaos abzuwenden. Die britische und die amerikanische Besetzungszone in Deutschland wurden durch ein Abkommen vom 2. Dezember 1946 zusammengelegt, um eine Wirtschaftseinheit, die Bi-Zone, zu bilden. In einem Abkommen vom 3. Juni 1948 erklärte sich Frankreich einverstanden, seine eigene Besetzungszone der Bi-Zone hinzuzufügen. Eine Außenministerkonferenz der Vereinigten Staaten, der Sowjetunion, Großbritanniens und Frankreichs, die vom 25. November bis 15. Dezember 1947 in London tagte, bemühte sich um die Grundlagen eines Friedensvertrags mit Deutschland. Eine Einigung konnte nicht erzielt werden, vor allem, weil sich die Sowjetunion und Frankreich nicht von völlig unsinnigen territorialen und wirtschaftlichen Forderungen gegen Deutschland abbringen ließen.

Die Westmächte entschieden nun, auf eigene Faust vorzugehen. Sie beriefen eine Konferenz nach London ein, zu der sie auch die Niederlande, Belgien und Luxemburg einluden, nicht aber die Sowjetunion. Die Konferenz trat am 3. Februar 1948 in London zusammen. Als Zeichen des Protestes gegen die Nichteinladung zog die Sowjetunion am 20. März 1948 ihren Vertreter aus dem Alliierten Kontrollrat in Berlin zurück, der bisher die höchste Autorität der Besetzungsmächte für ganz Deutschland gewesen war. Als eine der ersten Maßnahmen, die gemeinsam für die drei westlichen Zonen und unabhängig von den Sowjets getroffen wurden, führten die Westmächte am 21. Juni 1948 eine Währungsreform durch. Gleichzeitig wurden die Deutschen aufgefordert, eigene Regierungsorgane in den drei westlichen Besetzungszonen zu errichten, die nun eine Einheit bildeten. Ein Parlamentarischer Rat wurde einberufen.

Nachdem die Sowjetunion, indem sie den Kontrollrat verließ, die Viermächteverwaltung für ganz Deutschland aufgehoben hatte, erklärte sie, die Teilung Deutschlands sei jetzt eine vollendete Tatsache. Deshalb müsse der Verkehr zwischen der sowjetischen Besetzungszone und den westlichen Zonen und zwischen Berlin und dem Westen radikal eingeschränkt werden. Als der Westen die Währungsreform unbeirrt verwirklichte, benützte sie das als einen Vorwand, um zu behaupten, die Westmächte hätten damit ihr Recht aufgegeben, ihre Sektoren in Berlin weiter besetzt zu halten. Diese Sektoren seien von nun an ein Teil der sowjetischen Besetzungszone. Um diese Forderung zu unterstreichen, verschärfte Moskau die Blockade, die am 1. April 1948 verhängt worden war, und am 25. Juni schnitt es alle Zufuhren von Lebensmitteln, Kohle und anderen Gütern, einschließlich elektrischem Strom, aus den von der Sowjetunion besetzten Sektoren ab. Sämtliche Verkehrsverbindungen, außer dem Luftweg, wurden unterbunden. Aus technischen Gründen wurde die Wasserversorgung nicht unterbrochen. Gleichzeitig führten die Sowjets ihrerseits eine Währungsreform in ihrer Zone ein und verboten die Einfuhr und den Besitz der neuen Währung der westlichen Besetzungszonen. Als Antwort erklärte der Westen die Deutsche Mark (DM) als die einzige gesetzliche Währung in West-Berlin.

Plötzlich fanden sich die beteiligten Regierungen inmitten

einer Konfrontation von Willen und Entschlossenheit. Am 21. Juni 1948 begannen die drei Westmächte die Bevölkerung in den von ihnen besetzten Sektoren der Stadt auf dem Luftweg mit den nötigen Gütern zu versorgen. Sie organisierten eine eigentliche Luftbrücke mit Transportflugzeugen, die monatelang bei Tag und bei Nacht verkehrten, bis die Blockade wieder aufgehoben war. Während der zehn Monate der Blockade wurden anderthalb Millionen Tonnen Güter von 380 Flugzeugen in fast 200 000 Flügen nach West-Berlin geflogen. Am 30. Juni 1948 erklärten der amerikanische Staatssekretär George Marshall und der britische Außenminister Ernest Bevin gemeinsam, der Westen sei entschlossen, auf seinen aus dem Abkommen von Potsdam hervorgehenden Rechten zu beharren und in Berlin zu bleiben.

Um was es in diesem Kräftemessen zwischen Ost und West ging, war weit mehr als das Recht, ein paar Dutzend Quadratkilometer in Berlin besetzt zu halten. Es ging um die Zukunft Deutschlands: Ob sich in Deutschland eine freie und lebensfähige Gesellschaft entwickeln solle, oder ob das Land unter einer Art Polizei- und Militärregime gehalten werden solle und in dauernder Not und dauerndem Elend wie die Völker der Sowjetunion und der Länder unter ihrer Herrschaft. Der Ausgang des Kräftemessens würde zudem entscheiden, ob Westeuropa wiederaufgebaut werden könne unter dem Schirm annähernder Sicherheit, den ihm die militärische Macht der Vereinigten Staaten von Amerika bot, oder ob es einem unsicheren Schicksal überlassen werden solle.

In dieser Konfrontation von wahrhaft historischem Ausmaß und historischer Bedeutung schien sich die Waage des strategischen Gleichgewichts anfänglich deutlich auf die Seite der Sowjetunion zu neigen. Berlin war von den westlichen Besetzungszonen durch eine Entfernung von 150 Kilometern getrennt und das Berlin umgebende Gebiet von den sowjetischen Armeen fest besetzt. Die britischen und amerikanischen Besetzungstruppen in Deutschland waren als eine Art Sicherheitspolizei weit über die Zonen verstreut und in keiner Weise kampfbereit. Es dauerte fast ein Jahr, bis die ersten Ergebnisse des Entschlusses, diese Truppen zusammenzufassen und auszurüsten, aus ihnen kampfkräftige Verbände zu bilden, sichtbar wurden. Die amerikanische, britische und französische Garnison in West-Berlin hatte nicht viel mehr als symbolischen Wert.

Der amerikanische Oberbefehlshaber, General Lucius Clay, und der Regierende Bürgermeister von Berlin, Ernst Reuter, waren der Meinung, die Unterbindung der Landverbindungen durch die Sowjets sei nur ein Bluff, dazu bestimmt, die Entschlossenheit der Westmächte zu prüfen. Sie hatten schon im März 1948 empfohlen, den Bluffer zu entlarven, indem man die Autobahn mit einem bewaffneten Geleitzug öffnete. Angesichts der geradezu tragischen Schwäche der amerikanischen Truppen in Deutschland entschied Präsident Truman, allerdings nur widerwillig, auf die Machtprobe zu verzichten, die zu einem bewaffneten Zusammenstoß führen konnte[1]). Eine Drohung mit Kernwaffen, die unter Umständen die begrenzte Bodenoperation auf der Autobahn hätte begleiten können, wurde als unmöglich abgelehnt. Das Risiko, daß die Drohung mit solchen Waffen oder gar ihr Gebrauch einen allgemeinen Krieg auslösen würde, schien zu groß und in keinem annehmbaren Verhältnis zum Wert der Position, die gehalten werden sollte.

So wurde der teure Ausweg der Luftbrücke vorgeschlagen, dessen Erfolg am Anfang höchst ungewiß schien. Keine andere Möglichkeit schien in Reichweite zu liegen. Das war nun der erste Fall – und viele ähnliche Fälle sollten folgen –, in dem die zur Entscheidung berufenen Behörden in Amerika sich vor der Tatsache sahen, daß ungenügende konventionelle militärische Macht an Ort und Stelle einer Krise es sogar einer Weltmacht, die zudem über das Monopol der Atombombe verfügte, untersagen konnte, ihre Interessen und Positionen auch gegen eine nur unbedeutende Bedrohung kraftvoll zu verteidigen.

Warum machte die Sowjetunion von dieser ihr so günstigen Lage keinen Gebrauch? Mußte Stalin nicht eigentlich annehmen, daß die gewaltsame militärische Besetzung der westlichen Sektoren von Berlin durch sowjetische Truppen die Westmächte zwingen würde, schließlich zuzugeben, daß ganz Berlin ein Teil der sowjetischen Besetzungszone in Deutschland sei? Mußte er nicht annehmen, daß nach diesem Rückschlag der Westen bereit sein werde, auch anderen Konzessionen zugunsten Rußlands zuzustimmen?

Einige der Gründe für die Mäßigung, die Stalin in jenem Augenblick zeigte, mögen politischer Art gewesen sein, andere strategischer Art. Man kann der Vermutung Raum geben, obwohl sie der Politik der Sowjetunion eine Feinheit und Subtilität zuerkennen würde, die nicht gerade charakteristisch für sie ist, daß Stalin überhaupt gar nicht wünschte, ganz Berlin zu besetzen. Er mochte es als günstiger betrachten, diesen schwachen und verletzlichen Außenposten des Westens weiter zu dulden, der leicht unter Druck gesetzt werden und sich so als ein Instrument nützlich erweisen konnte, mit dem die westlichen Alliierten entmutigt und entzweit würden – und mit dem auch die Deutschen entzweit werden konnten.

Ein auf der Hand liegender strategischer Grund für Stalins Zurückhaltung war die Tatsache, daß die Vereinigten Staaten die Atombombe besaßen, während die Sowjetunion ihre erste Probeexplosion erst mehr als ein Jahr später, im September 1949, verwirklichte[2]). Als Träger für die Atombombe besaßen die Amerikaner nur den schon veralteten Bomber vom Typ B-29, der im Zweiten Weltkrieg eine der wirksamsten Waffen gewesen war. Im Augenblick des Ausbrechens der Krise um Berlin wurden sofort sechzig dieser Bomber nach Großbritannien geflogen. Trotz ihrer verhältnismäßig geringen Reichweite konnten sie von East Anglia aus die Sowjetunion bis Moskau überfliegen und auf ihren Ausgangspunkt oder auf einen anderen Stützpunkt außerhalb Rußlands zurückkehren. Als eine Folge der Krise wurde die Treibstoffversorgung in der Luft für diese Bomber eingeführt[3]). Die vom Westen an den Tag gelegte Entschlossenheit, die nie offen ausgesprochene, aber doch vorhandene Drohung mit der Atombombe schreckte die Sowjetunion offenbar von einem so aggressiven Schritt ab, wie es die Besetzung der westlichen Sektoren von Berlin gewesen wäre.

Die Frage liegt nahe, was geschehen wäre, wenn diese erste große Konfrontation des kalten Krieges zwei Jahre später stattgefunden hätte, als der Beherrscher Rußlands im Besitze einiger Atombomben und von Flugzeugen war, die imstande waren, sie nach Westeuropa hineinzutragen. Die Antwort lautet, daß der Westen sich dann noch weniger leicht entschlossen hätte, seine schwachen Erdstreitkräfte selbst in der begrenztesten Operation einzusetzen, und daß die Sowjets ihre Atombomben nicht gebraucht hätten, selbst nicht als bloße Drohung. Die Lage wäre also ungefähr gleich gewesen. Wie spätere Konfrontationen zeigen, hat der Besitz von Nuklearwaffen auf seiten beider Beteiligten bis jetzt fast immer den Gebrauch von konventioneller militärischer Macht verhindert.

Wir erkennen in dieser Konfrontation um Berlin einen bezeichnenden Fall stillschweigenden Feilschens, vermischt mit einigen ausdrücklichen Erklärungen und eigentlichen Verhandlungen. Wie Thomas C. Schelling in seinem Buche »Strategy of Conflict« darlegt, erfordern stillschweigende Übereinkünfte »Bedingungen, die qualitativ von den Alternativbedingungen unterschieden werden können«. Die Beteiligten müssen bereit sein, »es der Sachlage selber zu überlassen, einen fühlbaren Zwang auszuüben, und sich der zwingenden Wirkung der Sache selbst zu beugen«[4]). Das stillschweigende Übereinkommen über Berlin lautete, daß von westlicher Seite kein Versuch unternommen werde, die Zugänge nach Berlin auf dem Boden gewaltsam zu öffnen, und daß dafür die Sowjetunion nichts gegen die Luftstraßen, die nach Berlin führten, unternehmen werde. Sowohl die eine wie die andere Gewaltmaßnahme gegen die Rechte der anderen Seite wäre technisch wie taktisch möglich gewesen, und es ist fraglich, ob eine solche Gewaltmaßnahme einen größeren militärischen Konflikt ausgelöst hätte. Die Lage hatte aber nicht erlaubt, abgestufte, angemessene Gegenmaßnahmen zu treffen. Boden gesperrt, Luft offen: das war eine klare Lage. Jede andere Kombination wäre zweideutig gewesen und hätte deshalb die Lage flüssig oder allzu flüssig gemacht.

Dazu kommt, daß die Aufmerksamkeit der Welt so sehr auf die seltsame Insel Berlin gelenkt worden war, die so weithin sichtbar in einem roten Meer lag, daß auf beiden Seiten die Überzeugung entstanden sein mußte, ihre Beseitigung würde im tiefsten Grunde entstabilisierend wirken und die Tür zu unüberblickbaren und wahrscheinlich unerwünschten Entwicklungen öffnen. Schelling charakterisiert eine solche Lage:

> »Wenn sich die Beteiligten einmal mitten in der Krise sehen, beginnen ihre Interessen, die ursprünglich im Spiel von Dro-

hung und abschreckender Gegendrohung weit auseinandergingen, sich einander ähnlich zu werden, und zwar in dem verzweifelten Wunsche, die Möglichkeit einer Verständigung zu entdecken[5]).«

Am 12. Mai 1949 wurde in New York in einer Konferenz der vier an der Berliner Konfrontation beteiligten Mächte ein Übereinkommen erzielt. Die Sowjetunion beseitigte die Hindernisse gegen den Verkehr und den Güteraustausch zwischen West-Berlin und der von der Sowjetarmee besetzten Zone und zwischen dieser Zone und dem Gebiet, das zwei Wochen später die Bundesrepublik Deutschland werden sollte. Die Westmächte hoben ihrerseits die von ihnen eingeführten Gegenmaßnahmen auf. Die Konfrontation endete mit der Niederlage der Partei, die sie eingeleitet hatte: der Sowjetunion.

Obwohl die Konfrontation über Berlin beendet war, blieben die Probleme, welche die Mächte voneinander trennten, bestehen. Die gleiche Konfrontation sollte neun Jahre später, wenn auch in anderen Formen und an anderer Stelle, wiederbelebt werden. Sie sollte dann bis nach Paris, bis nach Kuba und bis nach der Arktis ausgreifen.

Suez 1956

Die nächste Konfrontation, welche die Welt erschütterte, war ganz anderer Art. In ihr sollten sich die beiden Weltmächte und zwei europäische Großmächte in einer Aufstellung gegenüberstehen, in der die übliche Frontlinie des kalten Krieges gänzlich verändert und verwischt wurde. Als sich der Staub vom Kampfplatz verzogen hatte, erkannte man, daß die Beziehungen zwischen den beteiligten Nationen nie mehr die gleichen sein würden. Es war die Suezkrise.

Das Ganze begann mit dem Vertrag vom 19. Oktober 1954 zwischen Großbritannien und Ägypten, in dem Großbritannien auf seine vertraglichen Rechte verzichtete, die ihm eine Militärbasis am Suezkanal eingeräumt und das Recht zu ihrer Verteidigung übertragen hatten. Ägypten kam dadurch in den vollen

Besitz des internationalen Wasserwegs und war fest entschlossen, ihn als ein Handelsobjekt zu gebrauchen in seinen Verhandlungen mit Ost und West über die Unterstützung, die ihm für die Ausführung des monumentalen Projekts eines Hochdammes bei Assuan nötig war. Der Erfolg dieses gigantischen Entwicklungsplans, der auf einem ebenso gigantischen Bauwerk beruhte, sollte die führende Stellung Ägyptens in der arabischen Welt besiegeln und die Herrschaft seines Diktators, Oberst Gamal Abdel Nasser, endgültig befestigen.

Ägypten hatte sich ursprünglich an Großbritannien und die Vereinigten Staaten von Amerika gewandt, um Unterstützung für das Projekt zu gewinnen. Da die Experten beider Länder aus technischen, wirtschaftlichen und ökologischen Gründen schwere Bedenken gegen den Plan äußerten, suchte Abdel Nasser Hilfe in Moskau. Washington und London erkannten sofort, daß die Sowjetunion im Kielwasser der kolossalen Unternehmung tief in den Mittleren Osten eindringen und bald den bisherigen Einfluß des Westens verdrängen würde. So gab der Westen seine Einwände auf und bot Ägypten am 17. Dezember 1955, unter gewissen Bedingungen, die Unterstützung zum Bau des Assuandammes an. Nach sieben Monaten, die mit hartnäckigen Verhandlungen ausgefüllt waren, nahm Ägypten das Angebot der Westmächte an. Am 20. Juli 1956 wurde es von den Westmächten, in einer jener plötzlichen Wendungen, die bezeichnend waren für die amerikanische Politik unter Eisenhower, wieder zurückgezogen.

Der Widerruf des Hilfsversprechens bedeutete einen schweren Schlag für das Prestige Gamal Abdel Nassers – und war als ein solcher Schlag gedacht. Abdel Nasser aber schlug sofort zurück, indem er die wirksamste Waffe benützte, die er besaß, seine Herrschaft über den Suezkanal. Durch eine Verordnung der ägyptischen Regierung vom 26. Juli 1956 wurde die Compagnie Universelle du Canal de Suez, deren Aktien in britischem und französischem Besitz waren, enteignet und aufgelöst. Der Westen, der sich unglücklicherweise der Führung des amerikanischen Staatssekretärs John Foster Dulles anvertraut hatte, unterließ es, seine vertraglichen Rechte, die sich auf frei ausgehandelte, die Interessen aller Parteien wahrende Verträge von 1854, 1866,

1888 und 1954 gründeten, zu verteidigen. An ihre Stelle wurden ausgeklügelte juristische Formeln und Scheinorganisationen gesetzt, welche die Niederlage der Westmächte verwedeln und die internationale Wasserstraße wenigstens offen und in betriebsfähigem Zustand halten sollten. Die Grundlage für diese Lösung wurde in einer Konferenz in London gelegt. Kurz darauf, vom 13. bis 19. Oktober, trafen sich Vertreter Ägyptens, Großbritanniens und Frankreichs am Sitz des Generalsekretärs der Vereinten Nationen in New York, um endgültige Vereinbarungen zwischen den Meistbeteiligten zu schließen.

Diese Entwicklung, die auf eine Kompromißlösung hoffen ließ, wurde am 29. Oktober 1956 hart unterbrochen durch einen Angriff israelischer Streitkräfte auf der Sinai-Halbinsel. Der Angriff setzte den Schlußstrich unter eine lange Reihe von Zwischenfällen und Zusammenstößen zwischen ägyptischen und israelischen Streitkräften an der Waffenstillstandslinie. Er war aber von Frankreich eifrig gefördert worden. Frankreich unterstützte Israel auch mit seinen Luft- und Seestreitkräften. Es war Frankreich, das von der Enteignung der Suezkanalgesellschaft am empfindlichsten betroffen war, da die Gesellschaft, welcher der Kanal gehörte und die ihn betrieb, ihren Sitz in Paris hatte. Viel wichtiger noch war die Tatsache, daß die Aufstandsbewegung in Algerien, welche die Form eines großen Krieges angenommen hatte, von Kairo aus gesteuert und versorgt wurde.

Schon am 31. Juli 1956 hatte Frankreich Großbritannien vorgeschlagen, gemeinsam militärisch in Ägypten zu intervenieren. Schrittweise gelang es Paris, die britische Regierung unter dem schwächlichen Anthony Eden zu einer Operation im alten imperialistischen Stil zu überreden. London stimmte zu in der Annahme, mit amerikanischer Unterstützung rechnen zu können. Im August begann die gemeinsame militärische Planung einer Operation, die auszuführen oder nicht auszuführen man später entscheiden würde. Im Hinblick auf das Unternehmen wurden verhältnismäßig starke französische und britische amphibische Streitkräfte nach Zypern und Malta verlegt.

Während der Sicherheitsrat der Vereinten Nationen, der auf Grund eines Antrags der Vereinigten Staaten zusammengetreten war, noch tagte, um über die israelische Aggression auf der

Sinai-Halbinsel zu beraten, richteten die Regierungen Frankreichs und Großbritanniens am 30. Oktober ein Ultimatum an Israel und Ägypten. Sie forderten, daß die beiden Gegner ihre Truppen vom Suezkanal zurückziehen sollten – wobei Israel überhaupt keine Truppen in der Nähe des Kanals hatte –, und verlangten von Ägypten, der Stationierung von französischen und britischen Streitkräften an den wichtigsten Punkten entlang des Kanals zuzustimmen. Diese ultimativen Forderungen wurden ignoriert. Darauf erfolgten einige schwache Luftangriffe gegen Ägypten. Am Morgen des 5. November endlich begannen französische und britische Truppen in der Zone von Port Said an Land zu gehen.

Bis jetzt war die Operation nichts anderes gewesen als eine Intervention in die inneren Angelegenheiten eines anderen Landes, Ägyptens, die getarnt war als eine Intervention in einen bereits ausgebrochenen Krieg, mit dem Vorwand, die Kämpfenden voneinander zu trennen und den Frieden wiederherzustellen. Bald sollte die Operation aber zu einer Konfrontation von Willen, Entschlossenheit und Macht im vollen Sinne des Wortes werden.

Die Vereinigten Staaten, deren großes Anliegen es war, die Liebe und Dankbarkeit der Entwicklungsländer zu gewinnen oder zurückzugewinnen, und die zugleich die Interessen der Erdölindustrie wie auch ihre Auffassung einer internationalen Rechtsordnung verteidigen wollten, brachten den Fall sofort vor das Forum der Vereinten Nationen. Als es klar wurde, daß der Sicherheitsrat wegen des Vetos Frankreichs und Großbritanniens zur Untätigkeit verurteilt war, wurde am 31. Oktober 1956 eine außerordentliche Session der Generalversammlung gemäß der 1950 gefaßten Resolution *Uniting for Peace* einberufen.

Nun sahen sich Frankreich und Großbritannien einer breiten Front von Regierungen gegenüber, die entschlossen waren, den Rückzug ihrer Truppen vom Suezkanal zu erzwingen, und die zugleich auch hofften, das ohne Anwendung militärischer Gewalt bewerkstelligen zu können. Aus vielen Gründen befanden sich Frankreich und sein unglücklicher Alliierter in einer schwachen Stellung.

Erstens hatten sie erfolgversprechende Verhandlungen durch

einen einseitigen militärischen Angriff unterbrochen und sich so in die Lage eines Aggressors manövriert. Sie hatten also ihre frühere Position als die Partei, deren Rechte verletzt worden waren, verloren, die darauf hinweisen konnte, daß Ägypten eine ganze Reihe von Verträgen gebrochen hatte. Zweitens wurde ihre militärische Intervention zu langsam ausgeführt und mit Streitkräften, die zu schwach waren, um Ägypten abzuschrecken, das heißt, in einem Maße einzuschüchtern, daß es auf militärischen Widerstand verzichtet hätte. Die Entfaltung überwältigender Macht hätte vielleicht eine Landung erlaubt, der kein Widerstand entgegengesetzt worden wäre, so daß es überhaupt zu keinen Kämpfen gekommen wäre. Drittens wurde militärische Macht erst angewendet, nachdem eine Frist von sieben Tagen seit dem Ultimatum verstrichen und die Generalversammlung der Vereinten Nationen bereits zu ihrer außerordentlichen Session versammelt war. Die militärische Intervention wirkte in diesem Augenblick als eine Herausforderung an die Weltkonferenz und als eine Beleidigung der öffentlichen Meinung in aller Welt. Die Gegner waren bereits versammelt und in der Lage, schnell zu handeln. Viertens fand sich Großbritannien in scharfem Gegensatz zu allen Mitgliedern des damals noch bestehenden Commonwealth und mußte damit rechnen, daß es durch sein Unternehmen den Prozeß der Auflösung entscheidend beschleunigen werde. Die öffentliche Meinung in Großbritannien war tief gespalten und in ihrer großen Mehrheit wohl gegen Edens Abenteuer. Eine schwere politische Krise drohte im Innern. Auch die »spezielle Beziehung« zu den Vereinigten Staaten schien gefährdet. Fünftens befanden sich die sonst verfeindeten Weltmächte plötzlich im selben Lager. Beide waren entschlossen, keine Aggression zu dulden. Die Wirkung dieser einzigartigen Lage wurde gegenüber Frankreich und Großbritannien noch verstärkt durch das Bemühen beider Weltmächte, in den Augen der Entwicklungsländer als die unerschrockenen Verteidiger des Völkerrechts zu glänzen.

Obwohl die Sowjetunion im gleichen Augenblick gerade mit einer gefährlichen Entwicklung im eigenen Machtbereich beschäftigt war, dem Aufstand in Ungarn – oder vielleicht gerade wegen dieser Krise, die sie gezwungen hatte, jede

Zurückhaltung abzuwerfen –, nahm Moskau eine besonders drohende Haltung ein. In einem Brief Nikolaj Bulganins an den damaligen französischen Ministerpräsidenten Guy Mollet erscheinen die folgenden ominösen Worte: »Die Sowjetregierung ist entschlossen, Gewalt anzuwenden, um die Aggressoren zu zerschmettern und den Frieden im Mittleren Osten wiederherzustellen.« In einem Brief an Premierminister Eden schrieb er: »Es gibt Länder, die es nicht nötig haben, eine Flotte oder ihre Luftmacht an die Küsten Britanniens zu senden, sondern die vielmehr andere Mittel anwenden können, wie etwa ihre Raketentechnik[6]).«

Vom technischen Standpunkt aus betrachtet war diese letztere Drohung wahrscheinlich verfrüht, da gerade diese Raketentechnik der Sowjetunion damals noch nicht zur Verfügung stand. Politisch aber war die Drohung wirksam. Sie machte der öffentlichen Meinung in Großbritannien und Frankreich tiefen Eindruck und stärkte den inneren Widerstand gegen die Politik der beiden Regierungen, einen Widerstand, der sich von Anfang an, aus moralischen Gründen, lebhaft geäußert hatte.

Im Lichte der damaligen Raketentechnik erscheint es zweifelhaft, ob Bulganin seine Drohung hätte verwirklichen können. 1955 hatte die Sowjetunion der Öffentlichkeit zwei Typen schwerer Bomber vorgeführt, deren Reichweite auf etwa 1000 Kilometer geschätzt wurde. Seit 1952 war es bekannt, daß in Rußland interkontinentale ballistische Lenkwaffen (ICBM) entwickelt wurden. 1956 waren diese Arbeiten schon weit fortgeschritten, wie die Lancierung des »Sputnik« am 4. Oktober 1957 und bald darauf eines viel schwereren Wiedereintrittskörpers bewiesen. Ein Kurzstreckenmissil mit einer Reichweite von 200 Kilometern wurde 1957 in Dienst gestellt, und eine Mittelstreckenlenkwaffe (IRBM) mit einer Reichweite von 3000 Kilometern war 1959 aktionsbereit. Aber es ist durchaus fraglich, ob im November 1956 schon Lenkwaffen vorhanden waren, die Paris oder London hätten erreichen können, und nicht nur einige Prototypen, die etwa tausend Kilometer zu fliegen vermochten.

Die Drohung aber, verbunden mit dem bereits beschriebenen politischen Druck, erwies sich als wirksam. Am 22. Dezember 1956 hatten die Franzosen und Engländer ihre Truppen aus

Ägypten zurückgezogen. Eine Friedenstruppe der Vereinten Nationen (United Nations Emergency Force, UNEF), die aufzustellen die Generalversammlung am 5. November angeordnet hatte, übernahm den Platz der abgezogenen Streitkräfte. Am 8. März 1957 hatte Israel seine letzten Truppen von ägyptischem Boden zurückgezogen.

Die große Konfrontation war vorüber. Zwei Groß- oder mittlere Mächte waren vor dem Druck der Weltmächte zurückgewichen, die gemeinsam durch Vermittlung der Vereinten Nationen gehandelt hatten, und die von der überwältigenden Mehrheit der Regierungen in aller Welt unterstützt worden waren.

Die entscheidende Kraft war das stillschweigende Übereinkommen der beiden Weltmächte gewesen, die in diesem besonderen Falle einander nicht gegenseitig neutralisierten, sondern ihr vereintes Gewicht in die Waagschale legten.

Berlin II – das Ultimatum

Das Ende der ersten Konfrontation um Berlin im Jahre 1949 bedeutete für die belagerte Stadt noch kein Ende ihrer Nöte. Sie blieb einer der wichtigsten Punkte im internationalen Kräftefeld, und ihre Lage blieb gefährdet. Ja, einer der Beweggründe, die Stalin 1949 zum Zurückweichen veranlaßten, war gewiß gewesen, diese Türe offenzuhalten und sie zu einer günstigeren Zeit zu benützen. Die günstige Zeit schien Stalins Erben und Nachfolgern gekommen, als das Jahr 1958 seinem Ende zuneigte.

Die Sowjetunion zählte jetzt in ihrem Arsenal ein paar interkontinentale ballistische Missile mit einem Wiedereintrittskörper, in dem ein Sprengsatz von Megatonnengröße transportiert werden konnte. Sie verfügte zudem über eine große Zahl von Lenkwaffen, die von russischem Boden aus bis an den Rhein reichten und demnach fast die ganze Bundesrepublik Deutschland mit nuklearer Vernichtung bedrohten. Die konventionelle Bewaffnung und die zur konventionellen Kriegführung zur Verfügung stehenden Armeen waren der noch schwachen NATO weit überlegen. Eine ballistische Mittelstreckenlenkwaffe befand sich in Vorbereitung, die alle Hauptstädte in Westeuropa leicht erreichen konnte.

Die Haltung, die Präsident Eisenhower in einer Konfrontation über Berlin einnehmen würde, wurde als die eines Mannes eingeschätzt, der nichts als den Frieden will, die seiner Umgebung als die von Männern, die ausschließlich an der ungestörten Abwicklung ihrer Geschäfte interessiert waren. Genau gleich wurde die konservative Regierung von Harold Macmillan in Großbritannien beurteilt. In Frankreich hatte General de Gaulle, der überraschend wieder an die Spitze des Staates gelangt war, sich in brüsker Weise aus der Militärorganisation der NATO zurückgezogen und eine betont antiamerikanische Politik eingeschlagen. Das politische Klima schien dem Kreml günstig, die militärische Überlegenheit geradezu überwältigend.

So eröffnete der Ministerpräsident der Sowjetunion, Nikita Chruschtschow, sein Manöver am 27. November 1958 mit einer öffentlichen Erklärung des Inhalts, die Sowjetunion werde innerhalb von sechs Monaten die Aufsicht über die Verbindungen nach Berlin den Behörden der Deutschen Demokratischen Republik, der DDR, übertragen. Damit werde die Viermächteverantwortung für Berlin und für seine Verbindungen zum Westen beendet sein. Die Ankündigung war durch eine in drohendem Ton gehaltene Rede Chruschtschows und einen entsprechenden Artikel der »Prawda« vorbereitet worden. Am 11. Dezember folgte ihr eine Erklärung des Inhalts, sobald diese Kompetenzen übertragen seien, und nicht später als innerhalb von sechs Monaten, werde jeder Versuch der Alliierten, den Zugang nach Berlin durch einen bewaffneten Geleitzug zu erzwingen – die Möglichkeit, die 1948 erwogen worden war und auf die man verzichtet hatte –, als militärischer Angriff auf die DDR betrachtet. Da dieses Gebilde unter dem Schutze der Sowjetunion stand, würde in einem solchen Falle ein allgemeiner Krieg kaum vermieden werden können, einschließlich des Gebrauchs von thermonuklearen Waffen.

Nachdem die Westmächte sich gegenseitig konsultiert und sich auch mit der Bundesrepublik Deutschland besprochen hatten, machten sie am letzten Tag des Jahres 1958 ihre Antwort bekannt. Die Antwort lautete, sie würden eine einseitige Veränderung der Abkommen über Berlin nicht dulden, seien aber bereit, Verhandlungen aufzunehmen, solange sie das gesamte Problem der Teilung Deutschlands umfaßten.

In Moskau waren Zweifel wachgeblieben über die Haltung, welche die Vereinigten Staaten schließlich einnehmen würden, wenn es zur Kraftprobe käme. Einer der stellvertretenden Ministerpräsidenten, Anastasi Mikojan, wurde zu einem »privaten« Besuch nach den Vereinigten Staaten geschickt, begleitet von dem Gerücht, er bringe wichtige Friedensvorschläge in seiner Aktentasche mit. Der Besuch wurde vorbereitet – oder vielleicht fiel er auch nur zufällig mit dem Ereignis zusammen – durch ein neuartiges und eindrucksvolles Experiment im Weltraum: Eine riesige Rakete, die in der Sowjetunion nach dem Mond abgefeuert worden war, näherte sich dem Erdtrabanten auf weniger als siebentausend Kilometer, flog an ihm vorbei und verschwand im Weltraum. Das ereignete sich kurz nachdem zwei amerikanische Versuche, Raketen nach dem Mond abzusenden, mißlungen waren. Die Mission Mikojans in Amerika wurde von der amerikanischen Presse in einer so überschwenglichen Weise kommentiert, daß kein anderer Schluß möglich war, als daß die amerikanische Öffentlichkeit von Angst vor der überlegenen Lenkwaffentechnik der Sowjets erfaßt und von dem überwältigenden Wunsch beherrscht sei, den Frieden um jeden Preis zu bewahren.

Auch eine Bemerkung von Präsident Eisenhower in seiner Pressekonferenz vom 11. März 1959 stimmte den Kreml zuversichtlich. Er sagte, es komme gar nicht in Frage, daß die Vereinigten Staaten einen Landkrieg in Europa führten, da sie mit ihren konventionellen Streitkräften in diesem Gebiet so klar unterlegen seien. Er fügte allerdings bei, ein Krieg, in den der Westen hineingezogen werde, würde ein thermonuklearer Krieg sein, in dem die Städte beider Seiten zerstört würden. Mit diesen Worten sprach er die klassische Drohung mit massiver Vergeltung aus.

Die Drohung mit massiver Vergeltung wurde vernommen. Chruschtschow wünschte offenbar nicht die äußerste Gefahr heraufzubeschwören. Als sich das schicksalhafte Datum des 27. Mai 1959 näherte, an dem sein Ultimatum über Berlin ablaufen sollte, begann der Kreml Andeutungen auszustreuen, nach denen gar kein Ultimatum gestellt worden sei und daß das einst genannte Datum um einen, zwei oder auch mehrere Monate hinausgeschoben werden könnte. Auch wäre ein Treffen der Regierungschefs wünschenswert, in dem man sich über eine Regelung der Fragen Berlins verständigen könnte.

Man muß sich daran erinnern, daß Chruschtschow in diesem Augenblick die absolute Gewalt über die Regierung der Sowjetunion errungen hatte. Nikolaj Bulganin war abgesetzt, und im Dezember war der Polizeichef General Serow, der dem Regierungs- und Parteichef nahegestanden hatte, entlassen worden. Chruschtschow hatte offenbar mit der Unterstützung des Militärs die Alleinherrschaft erlangt. Unklar blieb einzig, wie stark er von den Generälen abhängig war und in welchem Maße diese geneigt waren, unter seiner sprunghaften Führung bis an den Rand des Krieges zu gehen. Auch in Amerika hatte sich etwas geändert. John Foster Dulles, der die Außenpolitik gemacht hatte, war gestorben. An seine Stelle war der farblose Christian Herter getreten.

Statt den Vorschlag eines Treffens der Regierungs- und Staatschefs anzunehmen, erklärten die Westmächte, die Verhandlungen könnten in Form einer Außenministerkonferenz aufgenommen werden. Die Außenminister der Vereinigten Staaten, der Sowjetunion, Großbritanniens und Frankreichs tagten denn auch vom 11. Mai bis zum 5. August 1959 in Genf. Dort wiederholten die Sowjets fast unverändert alle ihre früheren Forderungen, einschließlich des Verlangens an die Westmächte, ihre Garnisonen bis auf kleine symbolische Verbände aus West-Berlin zurückzuziehen. Als eine wertvolle Vorleistung wurde hingestellt, daß die Sowjetunion auf die Erfüllung ihrer Forderungen für ein volles Jahr verzichte ... Der Westen konnte eine derart demütigende Behandlung nicht hinnehmen. Die Konferenz endete ohne Ergebnis. Sie war die letzte der langen Reihe großer Konferenzen, die sich mit den Problemen Deutschlands befaßt hatten. In der nun beginnenden Phase der Konfrontation sollte das Maß und die Heftigkeit der Drohungen so zunehmen, daß es undenkbar wurde, die üblichen Viermächtegespräche weiterzuführen oder wiederaufzunehmen, die im Kriege als Gespräche zwischen Alliierten begonnen hatten und die im ersten Nachkriegsjahrzehnt so naheliegend und natürlich gewesen waren.

Um das Mißlingen seiner Vorstöße bei der Außenministerkonferenz zu tarnen, unternahm der listenreiche Chruschtschow einen neuen Schritt. Er bat um eine Einladung zu einem Besuch bei Präsident Eisenhower in Washington, die er auch sofort erhielt. Der Besuch fand schon im September 1959 statt. Er umschloß auch drei Tage vertraulicher Gespräche mit Eisenhower in Camp David in Maryland, eine der ländlichen Zufluchtsstätten des Präsidenten. Die bittere Stimmung der eben beendeten Auseinandersetzung schien jetzt völlig vergessen, und die amerikanische Öffentlichkeit – und die der Welt – stellte triumphierend fest, daß der kalte Krieg jetzt beendet sei. Der legendäre Geist von Camp David – *the spirit of Camp David* – war geboren. Gute Kenner der russischen Denkweise sind der Meinung, daß Chruschtschow damals aufrichtig wünschte, die Konfrontation zu beenden und sich mit den Vereinigten Staaten zu verständigen. Louis J. Hall bemerkt dazu in seinem Buch »Der kalte Krieg«:

> »All dies ist kein Traum. Das Protokoll dieses Besuches liegt vor. Überdies sollten jene, die wissen, was vor ihm geschah und was nach ihm geschehen sollte, nicht den voreiligen Schluß ziehen, Chruschtschow sei von dem guten Willen, dem er so warmen Ausdruck verlieh, nicht auch selbst bewegt gewesen. Gerade im Herzen eines Russen kann der Haß von einem Augenblick auf den andern in Liebe umschlagen. Es besteht zwischen diesen beiden Emotionen und der Furcht eine Relation, und das macht sie miteinander verwandt[7]).«

Das Ergebnis der zweiseitigen Gespräche in Amerika war, daß Eisenhower eine Einladung in die Sowjetunion annahm und einem Treffen der Staats- und Regierungschefs noch vor Ende des Jahres zustimmte. Das Ultimatum und das Datum des 27. Mai waren vergessen; die Konfrontation war beendet – wieder ohne jedes Ergebnis für die Sowjetunion.

Die beiden hohen Unterhändler konnten aber ihrer Abmachungen nicht recht froh werden. Chruschtschow wurde von Peking scharf kritisiert, das jeden Kompromiß mit dem Westen ablehnte. Eisenhower aber mußte feststellen, daß sich Frankreich und die Bundesrepublik Deutschland weigerten, über Berlin allein, unter Ausschluß der anderen Deutschland betreffenden Fragen, zu verhandeln. Die beiden Regierungen hatten längst erkannt, daß angesichts der Schwäche der Positionen des Westens überhaupt keine Konzession denkbar war, die nicht die Preisgabe West-Berlins schlechthin nach sich gezogen hätte. Nur Großbritannien wünschte dringend Verhandlungen und schien bereit, überhaupt jeden Preis zu bezahlen, wenn es nur zu einer Einigung mit der Sowjetunion kam. Infolge dieser Gegensätze und auch wegen des schleppenden Gangs der diplomatischen Vorbereitungen wurde das Gipfeltreffen verschoben und schließlich auf den 16. Mai 1960 festgesetzt.

Während die Westmächte nach außen weiter mit Festigkeit auf ihren Rechten in Berlin beharrten, was unerläßlich war, wenn sie ihr Prestige wahren und zugleich die Bundesrepublik Deutschland als sicheres Mitglied der Allianz behalten wollten, blieben sie in ihrer Haltung zur Deutschlandpolitik untereinander tief gespalten. Unterdessen hatten sich aber wichtige Ereignisse innerhalb des kommunistischen Bereichs vorbereitet.

Die Beziehungen zwischen Peking und Moskau verschlechterten sich unaufhaltsam. Man machte Chruschtschow dafür verantwortlich. Seine Kritiker konnten darauf hinweisen, daß China mit seiner viel gewagteren Außenpolitik große Erfolge geerntet hatte, während die Sowjetunion immer noch auf dem gleichen Fleck stand. China hatte Tibet besetzt, ohne auf irgendwelchen Widerstand der Großmächte zu stoßen, und konnte nun Indien mit Erfolg entgegentreten. Die Konfrontationspolitik in Berlin dagegen, in der Chruschtschow sogar mit thermonuklearem Krieg gedroht hatte, hatte bis zur Stunde keinerlei greifbare Ergebnisse gebracht. Chruschtschow erkannte, daß er bald einen Erfolg verzeichnen mußte, wollte er nicht die Herrschaft über die drei sich gegenseitig befehdenden Kräfte verlieren, auf die sich seine Macht stützte – Armee, Partei, Polizei. Die Konferenz in Paris mußte unbedingt zu einem Erfolg werden, sei es, daß auf ihr die Gegner voneinander getrennt und damit für Konzessionen gewonnen würden, sei es, daß sie zum Ausgangspunkt für eine neue Konfrontation über Berlin unter günstigeren Bedingungen gemacht werden konnte.

Paris – der U-2-Zwischenfall

Der Beherrscher der Sowjetunion war in eine bedrängte Lage geraten. Während der Tag der Gipfelkonferenz herannahte, wurde es immer deutlicher, daß weder die Vereinigten Staaten noch Frankreich, noch die Bundesrepublik Deutschland leicht dazu gebracht werden könnten, in der Frage Berlins zurückzuweichen. Im Gegenteil schienen sie entschlossen, die Gipfelkonferenz als Plattform zu benützen, um eine allgemeine Aussprache über die Wiedervereinigung Deutschlands in Gang zu setzen und weiter das weltweite Problem einer allgemeinen Abrüstung unter wirkungsvoller internationaler Kontrolle aufzugreifen. Die Gefahr lag nahe, daß auch dieses Treffen ergebnislos enden werde, ein Ausgang, der für die persönliche Stellung Chruschtschows nur nachteilig sein konnte. Und nun kam ihm ein unerwarteter Zwischenfall rettend zu Hilfe. Er beutete die sich ihm bietende Gelegenheit rücksichtslos aus, und zwar so, daß die Welt sich bereits an der Schwelle eines thermonuklearen Krieges glaubte.

Am 1. Mai 1960 wurde ein amerikanisches Aufklärungsflugzeug vom Typ U-2, das in großer Höhe die Sowjetunion überflog, von der sowjetischen Fliegerabwehr abgeschossen. Diese Flugzeuge drangen, von zivilen Piloten gesteuert, im Auftrag der *Central Intelligence Agency* (CIA) regelmäßig weit in den Luftraum der Sowjetunion ein, um mit Hilfe ihrer elektronischen Ausrüstung Lenkwaffenstellungen auszumachen und über ihren Bereitschaftsgrad zu berichten. Die Tatsache des Abschusses der U-2 wurde von Chruschtschow am 5. Mai bekanntgegeben. Er verriet aber nicht, daß der Pilot mit dem Fallschirm abgesprungen war und sich in russischer Gefangenschaft befand und die elektronische Ausrüstung des Flugzeugs gefunden und genau untersucht worden war. Washington veröffentlichte eine Erklärung, wie das so üblich ist, wenn ein Spion auf frischer Tat ertappt wird, die den Fall bagatellisierte und behauptete, es habe sich um ein Wetterflugzeug gehandelt, das längs der türkischen Grenze Beobachtungen anstellte. Jetzt erst gab Moskau bekannt, was es wußte. Präsident Eisenhower, der sehr empfindlich auf die weitverbreitete (und zutreffende) Annahme zu reagieren pflegte, daß er nicht viel über die Tätigkeit der amerikanischen Regierung wußte und sie in Wirklichkeit gar nicht leitete, zögerte deshalb nicht auf Anfragen der Presse zu erklären, er habe die Aufklärungsflüge angeordnet und trage die volle Verantwortung dafür.

Das versetzte Chrustchschow in eine schwierige Lage gegenüber seinen inneren Feinden in den Regierungskreisen und seinen Feinden in Peking. Mit Eisenhower in Paris zusammenzutreffen und dabei seinen derben Humor sprühen zu lassen und freundschaftliche Gefühle zu zeigen, was nach seiner Meinung die richtige Taktik war, um den alten General zu Konzessionen zu verlocken, war jetzt unmöglich. Das wäre von den Feinden Chruschtschows so ausgelegt worden, daß er nicht fähig sei, die Interessen der Sowjetunion gegen einen listigen Feind zu verteidigen, der überführt war, die finsterste und gefährlichste Spionage gegen das Vaterland des Kommunismus zu betreiben. Zugleich aber bot sich Chruschtschow ein Ausweg aus einem Abenteuer – dem Abenteuer einer Gipfelkonferenz –, das nur noch wenig Erfolg zu versprechen schien. Der Diktator konnte von einer Konferenz in Paris einfach nicht zurückkehren, ohne dem Ziel, die Westmächte aus Berlin zu vertreiben, wenigstens einen Schritt nähergekommen zu sein.

Chruschtschow fand sich früher als angekündigt in Paris ein. Er begab sich sofort zu Präsident de Gaulle als dem Gastgeber der Konferenz und schlug ihm vor, daß die erste Sitzung nicht vertraulich sein sollte und daß die dort abgegebenen Erklärungen zu veröffentlichen seien. Der Vorschlag wurde angenommen. Präsident Eisenhower, Premierminister Macmillan, Präsident de Gaulle und Ministerpräsident Chruschtschow versammelten sich am 16. Mai im Palais de l'Elysée. Chruschtschow verlangte, sofort eine Erklärung verlesen zu dürfen. Darin wurde ausgeführt, daß die Konferenz nicht beginnen könne und daß er an ihr nicht teilnehmen werde, bevor die Vereinigten Staaten von Amerika nicht öffentlich ihr Bedauern über die Flüge der U-2 ausgesprochen und das Versprechen abgegeben hätten, die dafür Verantwortlichen zu bestrafen und keine solchen Flüge mehr ausführen zu lassen. Auch widerrief er die Einladung für Eisenhower zu einem Staatsbesuch in Moskau.

Eisenhower, den man natürlich auf eine solche Entwicklung vorbereitet hatte, antwortete mit einer Erklärung des Inhalts, daß die Aufklärungsflüge in Anbetracht der ständigen sowjetischen Drohungen, andere Länder mit Lenkwaffen und Nuklearbomben zu zerstören, bedauerlicherweise eine Notwendigkeit geworden seien. Er sei nach Paris gekommen, um Verhandlungen aufzunehmen, die schließlich jede Spionage überflüssig machen würden. Die Flüge seien indessen bereits eingestellt und würden nicht mehr aufgenommen. Die Bedingungen, an die Chruschtschow die Eröffnung der Konferenz knüpfte, könnte er aber nicht annehmen. Die Regierungschefs vertagten sich nach vier Stunden, und die sowjetischen und amerikanischen Erklärungen wurden veröffentlicht.

Am folgenden Tage lud Präsident de Gaulle, der Gastgeber, zu einer Plenarsitzung der Konferenz ein. Eisenhower antwortete, indem er feststellte, er betrachte die sowjetischen Forderungen und Bedingungen als zurückgezogen, sofern Chruschtschow an der Sitzung teilnehme. Dieser aber erschien nicht und erklärte öffentlich, daß er an seinen Bedingungen festhalte. Daraufhin stellte de Gaulle als Gastgeber fest, daß die Konferenz nicht stattfinden könne.

Chruschtschow berief nun eine Pressekonferenz ein, zu der sich natürlich die zahllosen nach Paris geeilten Journalisten drängten. Es war aufgefallen, daß während der Reise nach Paris und wo immer Chruschtschow sich zeigte, er vom Verteidigungsminister Marschall Malinowski begleitet war. Jedermann wußte, daß Malinowski keineswegs ein Freund Chruschtschows war. Mit finsterem Gesicht hörte er allen Äußerungen seines Herrn und Meisters zu, ohne selber ein Wort zu sagen. In der Pressekonferenz nun griff Chruschtschow mit Ausdrücken von nie gehörter Heftigkeit die Vereinigten Staaten und den amerikanischen Präsidenten an. Er drohte, daß in Zukunft alle Flugzeuge, die über die Sowjetunion geschickt würden, abgeschossen, und daß die Basen, von denen aus die Flugzeuge operierten, vernichtet würden. Die für ihre Errichtung Verantwortlichen – also die Vereinigten Staaten – würden ebenfalls vernichtende Schläge erleiden.

Diese Sprache war offenbar auch dazu bestimmt, die Nationen einzuschüchtern, die den Vereinigten Staaten gestattet hatten, auf ihrem Boden Basen für Mittelstreckenmissile zu errichten, die damals wichtig waren, um den Mangel an weitreichenden Lenkwaffen zu überbrücken. Diese Nationen waren Großbritannien, wo vier Basen für Thor-Missile bestanden, Italien, wo sich zwei Jupiter-Stützpunkte gerade im Bau befanden, und die Türkei, wo eine Jupiter-Basis geplant war[8]). Chruschtschow erklärte weiter, die Sowjetunion sei nun bereit, schon am nächsten Tag einen Friedensvertrag mit der Deutschen Demokratischen Republik zu unterzeichnen. Dieser werde, einmal unterzeichnet, die Rechte der Westmächte, Besetzungstruppen in West-Berlin zu unterhalten, beendigen.

Während diese Erklärungen und Drohungen noch in der ganzen Welt widerhallten, flog Chruschtschow nach Ost-Berlin. Nun aber, nachdem er sich aus der Verwicklung in eine Konferenz, die unwillkommen geworden war, befreit hatte, änderte er den Ton der Konfrontation. Zur großen Enttäuschung der Machthaber in Ost-Berlin erklärte er in einer öffentlichen Versammlung – nachdem er versichert hatte, die Besetzung der westlichen Sektoren der Stadt durch die Westmächte werde nicht auf unabsehbare Zeit zugelassen –, die Sowjetunion werde zu einer Verschlechterung der Lage nicht die Hand bieten. Deshalb werde er den *status quo* beibehalten, bis ein Treffen der Regierungschefs in sechs bis acht Monaten – was bedeutete, daß es nach den amerikanischen Präsidentschaftswahlen und mit einem anderen Mann im Weißen Haus sein werde – die Angelegenheit prüfen und lösen könne. Wie wir wissen, fand dieses Treffen nie statt, und der *status quo* blieb vorläufig bestehen.

Dieser Überblick über die Vorgänge der dramatischen Tage im Mai 1960 vermittelt ein deutliches Bild vom Mechanismus der damals abrollenden Konfrontation. Die Fragen, um die es ging, waren folgende: Würde sich Präsident Eisenhower demütigen lassen – sich entschuldigen, neue Verpflichtungen übernehmen und den Widerruf einer Einladung hinnehmen –, nur um die Konferenz zu retten? Würden sich die Alliierten entzweien und Druck auf die Amerikaner ausüben, um auf die Gelegenheit zu Verhandlungen nicht verzichten zu müssen? Würden Pakistan, die Türkei und Norwegen, die Länder, zwischen denen die U-2-Flüge offenbar hin und her gingen, eine Neigung zeigen, sich aus ihrer Zusammenarbeit mit den Vereinigten Staaten zurückzuziehen? Würden Großbritannien, Italien und die Türkei ihre Zustimmung zur Errichtung von Basen für IRBM auf ihrem Boden zurückziehen? Das waren die Fragen. Das Werkzeug, um eine für Moskau günstige Antwort zu erzwingen, war die offene und ausdrückliche Drohung mit nuklearer Vernichtung, begleitet von der Darstellung eines seltsamen, undurchsichtigen und rücksichtslosen Verhaltens des Mannes an höchster Stelle, die offenbar dazu bestimmt war, Zweifel und Angst in den Herzen der Gegner zu wecken.

Daß die Konfrontation nach Auffassung der beiden Hauptakteure eine thermonukleare Konfrontation war, ist bereits gesagt worden. Die Vereinigten Staaten bereiteten sich vor, schon während der Wochen, die dem geplanten Gipfeltreffen vorangingen, einen nuklearen Feuerüberfall über sich ergehen zu lassen. Der Diktator der Sowjetunion – oder seine einflußreichsten Berater – waren entschlossen, bis an den Rand des Nuklearkrieges zu gehen, um den Willen der Gegner zu beugen und die westlichen Alliierten voneinander zu trennen. Die Konfrontation wurde erst abgebrochen, als es klar schien, daß der *status quo* nicht mit anderen Mitteln als mit Krieg geändert werden könne.

Diese Vorgänge waren schon zwei Monate später gefolgt durch eine neue Konfrontation, als eine Krise in Afrika – unerwartet und völlig überraschend in der Schnelligkeit, mit der sich die Ereignisse überstürzten – eine neue Probe von Willen und Entschlossenheit unausweichlich machte. Jetzt schien dem Sowjetdiktator eine große Gelegenheit zu winken, einen entscheidenden Vorteil zu gewinnen und damit den so bitter benötigten Erfolg.

Der Kongo 1960 bis 1964

Die nun ausbrechende Krise war von ähnlicher Größe wie die eben beendete, oder vielleicht noch drohender und noch weiterreichend. Sie entfaltete sich im Herzen Afrikas und sprang sofort in die Hauptstädte der Weltmächte und zum Sitz der Vereinten Nationen in New York über.

Fünf Tage nachdem dem Kongo durch die Kolonialmacht Belgien die Unabhängigkeit verliehen worden war, am 5. Juli 1960, brach in der Force Publique, der früheren Kolonialarmee, die jetzt die nationale Armee des Kongo geworden war, eine Meuterei aus. Rasch breiteten sich chaotische Zustände in den wenigen städtischen Zentren des riesigen neuen Staates aus. Belgien entsandte sofort Truppen aus dem Mutterland, um die Ordnung herzustellen.

Die folgenden Ereignisse waren in Wirklichkeit eine lange Reihe von Interventionen, insgesamt die größte und wichtigste Intervention der modernen Welt, die vom 10. Juli 1960 bis zum 30. Juni 1964 dauerte. Sie wird in ihrer Eigenschaft als Intervention in einem späteren Kapitel behandelt werden. Aber innerhalb der Intervention entfaltete sich eine Konfrontation zwischen den Weltmächten. Nur dieser Aspekt der Kongokrise sei schon hier behandelt.

Am gleichen Tage, an dem der Sicherheitsrat der Vereinten Nationen Belgien aufforderte, die in den Kongo entsandten Truppen wieder zurückzuziehen, und an dem er dem Generalsekretär der Weltorganisation den Auftrag erteilte, dem Kongo zur Wiederherstellung von Ordnung und Sicherheit militärische Hilfe zu leisten, wandte sich der Premierminister des Kongo, Patrice Lumumba, an die Sowjetunion, um Militärhilfe gegen Belgien zu erlangen. Der Appell war ganz im Stile der Verlautbarung des Außenministeriums der Sowjetunion verfaßt, und er wurde von Chruschtschow postwendend beantwortet in einem Schreiben voller Vorwürfe an die Adresse der Westmächte über ihre dem Kongo gegenüber angeblich eingenommene Haltung. Das Schreiben schloß mit dem Versprechen, die Sowjetunion werde selbst vor den energischsten Maßnahmen nicht zurückschrecken, um die Aggressoren zurückzuschlagen. Das konnte nichts anderes bedeuten, als daß die Sowjetunion bereit war, Truppen nach Afrika zu schicken. Am 13. Juli klagte der Außenminister der Sowjetunion die Vereinigten Staaten, Großbritannien, Frankreich, die Bundesrepublik Deutschland und Belgien an, eine bewaffnete Aggression gegen den Kongo zu führen mit dem Ziel, ihn seiner Unabhängigkeit zu berauben. Diese phantastische Behauptung wurde vom Vertreter der Vereinigten Staaten im Sicherheitsrat in dessen Sitzung in der Nacht vom 20. auf den 21. Juli 1960 beantwortet. Er sagte, die Regierung der Vereinigten Staaten von Amerika könne nur Sicherheitskräften der Vereinten Nationen den Zutritt zum Kongo gestatten, und sie würden, im Verein mit anderen Regierungen, das Eindringen ausländischer nationaler Streitkräfte in den Kongo mit allen ihnen zu Gebote stehenden Mitteln verhindern.

Mehrere afrikanische Regierungen, besonders diejenigen von Liberia und Tunesien, welche die Gefahr erkannten, daß es zu einer Konfrontation zwischen Großmächten in Afrika kommen könnte, wurden bei Lumumba vorstellig, um ihn von seinem Vorhaben abzubringen, die Sowjetunion zu Hilfe zu rufen. Er zog seinen Appell an Moskau schon am folgenden Tage wieder zurück. Unter dem Druck der inneren Krise, der er nicht Herr werden konnte, verhielt sich Lumumba in zunehmendem Maße in unberechenbarer und irrationaler Weise. An einem Tag kündigte er an, er werde die Sowjets rufen, am anderen Tag bat er um die Entsendung amerikanischer Truppen. Die Lage wurde schließlich durch die Intervention der Vereinten Nationen gerettet, deren Friedenskräfte in langen und oft verworrenen Operationen, die später geschildert werden sollen, die Einheit des Kongos wahrten und eine lebensfähige Regierung ans Ruder brachten.

Vorher aber spielte sich im Rahmen der Intervention der Vereinten Nationen und darüber hinausgreifend eine dramatische Konfrontation zwischen der Sowjetunion und den Westmächten ab. Sie erlangte ihre volle Schärfe, als die reichste Provinz des Kongo, Katanga, die Absicht äußerte, von den zentralen Behörden in Léopoldville abzufallen und sich als unabhängiger afrikanischer Staat zu konstituieren. Sprecher der Sowjetunion wandten sich sofort mit drohenden Erklärungen gegen die Sezession. Die Lage schien überaus ernst. Ein Krieg um den Besitz von Katanga und um das Recht, seine unerschöpflichen Reichtümer an Mineralien auszubeuten, konnte jederzeit ausbrechen. Dann wäre es nicht ausgeschlossen gewesen, daß die Sowjetunion und die Vereinigten Staaten mit hineingezogen worden wären. Mit dieser Gefahr begannen zahlreiche Beobachter zu rechnen, besonders weil ja der stürmische Abschluß des verhinderten Gipfeltreffens in Paris kaum drei Monate zurücklag und die drohenden Reden Chruschtschows und Malinowskis noch in frischester Erinnerung waren.

Die allgemeine Spannung wurde verschärft durch einen unglücklichen Zwischenfall. Am 1. Juli 1960 war ein amerikanisches Aufklärungsflugzeug vom Typ BR-47 von sowjetischen Fliegern im hohen Norden über der Barentssee, nahe der Halbinsel Kola, abgeschossen worden, wahrscheinlich über internationalen Gewässern. Der Zwischenfall wurde plötzlich von der Sowjetunion diplomatisch aufgegriffen und ausgebeutet. In Noten vom 11. Juli wurden die Vereinigten Staaten, Großbritannien und Norwegen mit heftigen Anklagen und Drohungen überschüttet.

Der Generalsekretär der Vereinten Nationen, Dag Hammarskjöld, gab der allgemein sich ausbreitenden Besorgnis Ausdruck, als er in einer Sitzung des Sicherheitsrates, die sich mit der Krise in Katanga befaßte, am 8. August erklärte: »Die Lösung dieses Problems entscheidet über Frieden und Krieg. Und wenn ich sage Frieden und Krieg, so meine ich damit nicht nur den Kongo ...[9]).«

Die unmittelbare Gefahr wurde abgewendet durch das mutige und geschickte Eingreifen Dag Hammarskjölds. Er begab sich, begleitet von einem marokkanischen und einem indischen General und zwei schwedischen Kompanien, nach Elisabethville, der Hauptstadt von Katanga, um eine Verständigung mit dem Beherrscher der Provinz, Moise Tshombé, zu erzielen. Dieser Versuch, eine friedliche Lösung herbeizuführen, führte einen scharfen Konflikt zwischen Hammarskjöld und Lumumba herbei, der forderte, daß die Provinzbehörde mit ihrer privaten und halbprivaten Armee nur mit Waffengewalt beseitigt werden dürfe und daß die Truppen der Vereinten Nationen unter sein, Lumumbas, Kommando gestellt werden müßten.

Die Sowjetunion schien immer noch zu hoffen, die Herrschaft über den Kongo zu erringen, indem sie sich auf Lumumba stützte. Dieser war unterdessen in einen wirren Kampf mit anderen kongolesischen Führern verwickelt worden, die alle nach der Macht strebten. Er erhielt von Rußland einige Lastautos und Flugzeuge, um die Teile der *force publique*, die ihn unterstützten, an die Brennpunkte der Auseinandersetzung zu transportieren. Gleichzeitig wurden russische Polizeifachleute und Fachleute für technische Hilfe nach dem Kongo gebracht. Der Konflikt zwischen Lumumba und Hammarskjöld wurde von Moskau zu einem solchen zwischen der Sowjetunion und den Vereinten Nationen ausgeweitet.

In dem Kampf zwischen den kongolesischen Führern oder Führungsanwärtern kam es nun zu einer dramatischen Wendung, welche die sowjetischen Pläne durchkreuzte. Lumumba wurde als Premierminister vom Präsidenten, Kasawubu, am 5. September entlassen. Am 11. September, einem Sonntag, versuchte Lumumba mit Hilfe einiger Soldaten die Radiostation in Léopoldville zu besetzen. Bei dem Versuch wurde er verhaftet, dann aber wieder freigelassen. Der Generalstabschef des Kongo, Joseph Mobutu, erklärte am 13. September, daß er die Regierung abgesetzt und durch ein Kabinett von Fachleuten ersetzt habe, einen Rat der Generalkommissare, die im Schutze der Armee tagten. Am 15. September verbreitete die Agentur TASS in Moskau die Meldung, Mobutu sei verhaftet worden. In Wirklichkeit war er Herr der Lage, sofern überhaupt eine Regierungsautorität bestand, und Lumumba befand sich in Hausarrest unter dem Schutze von Truppen der Vereinten Nationen. Lumumba konnte ihnen später entkommen, floh, wurde verhaftet, nach Katanga gebracht und dort am 17. Januar 1961 ermordet.

Während diese innere Auseinandersetzung unter den kongolesischen Politikern um die Herrschaft in dem neuen Staat vor sich ging, wurde die Gefahr einer Großmachtintervention immer größer. In dem Augenblick, in dem Moskau fälschlich die Verhaftung von Oberst Mobutu bekanntgab, griff der Vertreter der Sowjetunion bei den Vereinten Nationen, Valerian Sorin, in einer Brandrede im Sicherheitsrat die Weltorganisation und die Westmächte wegen ihrer angeblichen »ungesetzlichen Aggression« an. In seiner Antwort bemerkte der Delegierte der Vereinigten Staaten, daß eine einseitige Aktion der Sowjetunion im Kongo unvermeidlicherweise eine *andere* einseitige Aktion auslösen werde.

Zu solchen einseitigen Aktionen kam es nicht. Schon am folgenden Tage, am 16. September 1960, wies Oberst Mobutu die Botschaft der Sowjetunion mit ihrem ganzen Stab von »Beratern« und »Experten« aus dem Lande. Die Streitkräfte der Vereinten Nationen unter der Bezeichnung *Opération des Nations Unies au Congo* (ONUC) dehnten ihren Einfluß über weite Strecken des riesigen Landes aus und festigten ihre Stellung. Im Juni 1961 war es soweit, daß das Parlament des Kongo wieder zusammentreten konnte und daß eine Regierung der Nationalen Union am 2. August 1961 gebildet wurde. Trotz der gefährlichen Krise, die sich aus der Sezession des Katanga ergab, und in der Generalsekretär Hammarskjöld den Tod fand, trotz der unaufhörlichen Stammeskämpfe, der bürgerkriegsähnlichen Auseinandersetzungen und der geringen Stabilität der staatlichen Organisation war die Gefahr, daß der Kongo der Ausgangspunkt eines großen internationalen Krieges werde, gebannt.

Was immer die Bedeutung all dieser Ereignisse für die internationalen Beziehungen sein mochte – und sie war groß –, so müssen sich die Männer im Kreml spätestens um die Mitte September des Schicksalsjahres 1960 Rechenschaft gegeben haben, daß ihr Plan, gemäß ihrer »wissenschaftlichen« Doktrin zur beherrschenden Macht in Afrika – wie in den übrigen Entwicklungsländern – zu werden, gescheitert war.

Die Konfrontation, die von der Sowjetunion unter der Leitung ihres Ministerpräsidenten Nikita Chruschtschow eingeleitet worden war, eine Konfrontation im Rahmen einer Intervention, deren Ziel es gewesen war, die Vereinten Nationen aus dem Kongo zu verdrängen und ihren Platz als die Macht zu übernehmen, die den inneren Frieden und die Ordnung wiederherstellen und dann das Land wiederaufbauen und ausbeuten würde, endete mit einer Niederlage für Moskau.

Chruschtschow war tief enttäuscht über diesen Ausgang. So eröffnete er sofort eine neue Konfrontation. Sie sollte die Vereinten Nationen zerstören, die sich so kraftvoll dem Machtstreben des Kreml in den Weg gestellt hatten, und darüber hinaus die Westmächte züchtigen.

Am 27. Juni 1960 war die Abrüstungskommission der zehn Nationen, die am Sitz der Vereinten Nationen in Genf versammelt war, in einer für die Westmächte verletzenden Art gesprengt worden. Der Sowjetdelegierte Valerian Sorin gab unerwartet eine Erklärung ab, in der er behauptete, die Verhandlungen hätten sich als nutzlos erwiesen. Sofort verließ er darauf mit den Vertretern der Ostblockstaaten den Saal, ohne eine Antwort auf seine Erklärung anzuhören. Dieser Vorfall wurde wenige Wochen später in Moskau als Ausgangspunkt und Vorwand aufgegriffen, um die bevorstehende 15. Generalversammlung der Vereinten Nationen in ein besonderes Forum zu verwandeln, auf dem der Kampf gegen die Weltorganisation geführt werden konnte. Moskau verlangte, da ja angeblich die Abrüstungsverhandlungen im Komitee der zehn Nationen gescheitert waren, diese durch die Regierungschefs selber in der Generalversammlung wieder in Gang zu bringen. Im August wurde in einem Artikel der »Prawda« bekanntgegeben, Chruschtschow werde persönlich die sowjetische Delegation in der Versammlung leiten. Der Artikel fügte hinzu, alle Delegationen sollten von den Regierungschefs geleitet werden. Der Vorschlag wurde begierig von ehrgeizigen Männern wie Castro, Nasser, Nehru, Sukarno, Tito aufgegriffen. Die Generalversammlung trat am 20. September 1960 in einer Atmosphäre von Feierlichkeit und gespannter Erwartung zusammen.

Nachdem Präsident Eisenhower die Versammlung, in der mehrere Dutzende von Regierungschefs saßen, begrüßt hatte, hielt Chruschtschow am 23. September seine erste Rede. Er griff darin den Generalsekretär der Vereinten Nationen heftig an und warf ihm vor, in rechtswidriger Weise im Kongo eingegriffen zu haben. Seine Intervention gipfelte in der Forderung, Hammarskjöld müsse zurücktreten. Das Amt des Generalsekretärs sei überhaupt abzuschaffen. An Stelle eines Generalsekretärs sollte ein aus drei Personen zusammengesetztes Komitee die Vereinten Nationen leiten. Dieses Komitee würde aus einem Vertreter der kommunistischen Länder, einem Vertreter der Westmächte und einem Vertreter der neutralistischen Nationen bestehen, die, indem sie keiner Allianz angehörten, sich vom kalten Krieg fernzuhalten vorgaben. Das Komitee würde seine Beschlüsse einstimmig fassen müssen, was nichts anderes bedeutete, als daß die Sowjetunion auch in diesem Exekutivorgan ihr Veto ausüben würde.

Die Formel entsprach dem Prinzip der »Troika«, das die Sowjetunion in allen internationalen Organisationen einzuführen bestrebt war. Das Unternehmen hatte mit der Kontrollkommission für Korea begonnen. Später war das Troika-System für die Waffenstillstandskommission für Vietnam, die von der Konferenz von 1954 ins Leben gerufen worden war, durchgesetzt worden. Auch wurde es für die Organisation zur Verwirklichung des Verbots nuklearer Versuchsexplosionen wieder vorgeschlagen, und dann wieder in den Verhandlungen über Laos. Für den Fall, daß irgend jemand noch nicht begriffen haben sollte, daß es darum ging, die Vereinten Nationen zu lähmen und den Einfluß der Westmächte auszuschließen, machte Chruschtschow einen weiteren Vorschlag, der nun allen die Augen öffnete. Er erwähnte, daß der Sitz der Vereinten Nationen aus New York entfernt und in die Sowjetunion verlegt werden könnte.

Mit seinem Versuch, die Weltorganisation zu lähmen oder ganz zu zerstören, war der Sowjetdiktator aber zu weit gegangen. Er hatte den Widerstand zahlreicher Regierungen in Asien und Afrika herausgefordert, an die er sich ständig mit seinen Angriffen gegen den Westen, gegen Kolonialismus und Imperialismus wandte, in der Hoffnung, damit ihre Unterstützung für seine Pläne zu gewinnen. Diese Unterstützung blieb in diesem Falle aus. Der Grund war einfach. Die Entwicklungsländer sahen in den Vereinten Nationen eine Bühne, auf der sie in einer Weise ins Rampenlicht treten konnten, die sonst undenkbar gewesen wäre; sie fanden dort auch hocherwünschte technische und wirtschaftliche Hilfe und eine Stelle, um sich zu informieren. Grundsätzlich standen sie der Intervention ihrer Organisation im Kongo zustimmend gegenüber, in der ja ihre eigenen Truppen die Hauptrolle spielten, und die verhindert hatten, daß die Konfrontation der Großmächte sich in einen Krieg auswuchs, dessen Hauptschauplatz vielleicht Afrika geworden wäre.

So konnten die Entwicklungsländer die vorgeschlagenen Änderungen, die ihre Organisation geschwächt hätten, nicht willkommen heißen. Und schließlich hatte der sowjetische Redner den großen Fehler gemacht, Lateinamerika gleich zu behandeln wie die eben aus kolonialer Herrschaft entlassenen Länder. Die Lateinamerikaner mit ihrer hundertjährigen stolzen Tradition von Freiheit und Unabhängigkeit und ihrem großen Einfluß in allen internationalen Organisationen, der auf den oft hervorragenden persönlichen Qualitäten ihrer Vertreter beruhte, fühlten sich von den russischen Plänen abgestoßen.

Daß das Verfahren vor den Vereinten Nationen als eine Konfrontation gedacht war, als eine Gegenüberstellung von Entschlossenheit und Bereitschaft, selbst schwere Risiken auf sich zu nehmen, kam deutlich zum Ausdruck in dem ungewöhnlichen Benehmen Chruschtschows in den Plenarsitzungen der Versammlung. Seine Sprache war oft maßlos heftig, ja manchmal unparlamentarisch. Als Hammarskjöld nach einer Rede, in der er das Amt des Generalsekretärs verteidigte, mit Beifall von fast allen Bänken überschüttet wurde, hämmerte Chruschtschow als Zeichen der Mißbilligung mit der Faust auf sein Pult. Als der Delegierte der Philippinen, der ständigen Angriffe gegen den Kolonialismus müde, in der Sitzung vom 12. Oktober darauf hinwies, daß die Sowjetunion selber eine Kolonialmacht sei und daß die osteuropäischen Völker, die von Moskau ihrer Freiheit beraubt worden waren, in die Resolution eingeschlossen werden müßten, in der man die baldige Befreiung aller Nationen fordern wollte, die sich immer noch unter irgendeiner Art von Fremdherrschaft befinden, vollführte Chruschtschow seinen einmaligen und berühmt gewordenen Auftritt. Er zog einen seiner Schuhe aus, hämmerte damit auf sein Pult, drohte dem philippinischen Sprecher damit und versuchte ihn mit beleidigenden Zwischenrufen zu unterbrechen.

Der Ausbruch entsprach zweifellos dem zügellosen Temperament Chruschtschows. Aber man hat Mühe zu glauben, daß er ganz spontaner Art war. Er war vielmehr ein gewollter Versuch, die Regierungschefs zu demütigen und zu erschrecken, die eine solche Brutalität mitansehen und -hören mußten, und ihnen den Eindruck zu vermitteln, daß Rußlands Diktator zu irrationalen und unverantwortlichen Handlungen fähig sei. Da er ja die Macht hatte, in jedem Augenblick einen thermonuklearen Krieg auszulösen, mußte diese Erkenntnis allgemeine Befürchtungen, ja Angst auslösen. Angst und Furcht würde dann die Regierungen veranlassen, auf jeden Fall zu vermeiden, jenen gefährlichen und reizbaren Mann zu erzürnen, nicht sein Mißfallen zu erregen und ihn vielmehr zu besänftigen, indem man seinen Wünschen nachgab. Das Verfahren war demjenigen ähnlich, das fünf Monate früher, inmitten der Konfrontation über Berlin, im Zusammenhang mit dem U-2-Zwischenfall auf der Pariser Konferenz eingeschlagen worden war. Es erinnerte auch an die zwanzig Jahre zurückliegende Zeit, in der ein anderer Diktator durch Zornausbrüche Regierungen eingeschüchtert und zum feigen Nachgeben gebracht hatte.

Im Jahre 1960 brachte die von Chruschtschow angewandte Taktik der Konfrontation, in der er das Bild rücksichtsloser Entschlossenheit und brutaler Heftigkeit auf eine gespaltene und führerlose Welt einwirken ließ, die nichts anderes wollte als in Frieden möglichst ungestört zu leben, keines der gewünschten Ergebnisse.

Erst ein Jahr später, als nach dem Tode von Generalsekretär Hammarskjöld bei einem Flugzeugunglück in Afrika der Burmese U Thant als der schwächste und unfähigste der denkbaren Kandidaten ins Amt des Generalsekretärs gewählt worden war, kam die Sowjetunion ihrem Ziele um einen Schritt näher. U Thant wurde befohlen, als Untersekretäre einen Russen und einen Amerikaner zu ernennen, die als seine Stellvertreter handeln sollten. Das näherte sich dem Troika-System. Da aber kein formelles Vetorecht bestand, hatte es nicht die lähmende Wirkung, die eigentlich beabsichtigt war.

KAPITEL IV

BERLINER EPILOG, KONFRONTATION IN ASIEN UND ZYPERN

Berlin III – Treffen in Wien

Die Aufmerksamkeit der Welt sollte sich nun bald wieder Berlin zuwenden, um dessen Besitz eine neue Machtprobe, die auch neue Formen annehmen sollte, anhob. Schon am 6. Januar 1961 erklärte Chruschtschow, daß er »diesen Dorn aus dem Herzen Europas entfernen« werde[1]). Nachdem sich aber eine Möglichkeit zeigte, Präsident John F. Kennedy schon Anfang Juni in Wien zu treffen, wurde die Konfrontation verschoben.

Der neu gewählte Präsident der Vereinigten Staaten von Amerika und der Vorsitzende des Ministerrats der Sowjetunion begegneten sich am 3. und 4. Juni 1961 in Wien. Präsident Kennedy wollte vor allem seinen eigentlichen und wichtigsten Gegenspieler in der weltweiten Auseinandersetzung persönlich kennenlernen und die Gefahr einer Fehleinschätzung der Absichten hüben und drüben bannen. Im Vordergrund seines Denkens stand die Befürchtung, die eine oder die andere Seite könnte die Bereitschaft der einen oder der anderen Seite unterschätzen, eine Herausforderung anzunehmen. Dies könnte leicht, wie die geschichtliche Erfahrung lehrte, zu einem Waffengang führen, der vermieden worden wäre, hätte man die Entschlossenheit der Gegenseite richtig erkannt. Kennedy standen die bitteren Erfahrungen von 1914 und 1939 vor Augen, den Jahren, in denen Fehleinschätzung der Lage eine so verhängnisvolle Rolle gespielt hatte.

Was Kennedy und seine Berater nicht wußten war, daß sie, indem Wien als Treffpunkt angenommen wurde, eine Geste der Konzessionsbereitschaft – wenigstens für russische Augen – gemacht hatten, die als Zeichen der Schwäche ausgelegt wurde. Die Russen neigten damals dazu, Wien als eine Art Vorzimmer Moskaus zu betrachten. Sie stellten denn auch später das Treffen in Wien so dar, wie wenn der junge Kennedy dorthin geeilt wäre, um den älteren Staatsmann auf dessen Boden zu treffen und ihm damit seinen Respekt zu bezeugen.

Das Gespräch zwischen den beiden Staatsmännern berührte alle Probleme der internationalen Lage. Es wurde aber bald klar, daß Chruschtschow vor allem an Berlin interessiert war und versuchen wollte, die Entschlossenheit der Amerikaner, die Freiheit von West-Berlin zu verteidigen, zu erschüttern. Diese Frage wurde am zweiten Tag der Gespräche aufgenommen. Chruschtschow ging sofort zum Angriff über und erklärte, keine Macht der Welt könne die Sowjetunion davon abhalten, einen Friedensvertrag mit der Deutschen Demokratischen Republik (DDR) zu schließen. Dieser werde im Dezember unterzeichnet. Immerhin sei er bereit, eine Übergangsordnung für die nächsten sechs Monate zu erwägen, die den Westmächten erlauben werde, das Gesicht zu wahren. Der Friedensvertrag werde alle bestehenden Abmachungen und Verpflichtungen aufheben, einschließlich des Rechts zur Besetzung der westlichen Sektoren Berlins und der Zugangsrechte. Er würde den Kriegszustand beenden und eine Freie Stadt West-Berlin begründen. Abkommen über die Verbindung zu der Freien Stadt würden in Zukunft mit der DDR ausgehandelt werden müssen. Unter gewissen Bedingungen würden Truppen der Westmächte, zusammen mit Truppen der Sowjetunion, in West-Berlin geduldet. Wenn der Westen auf seinen Besetzungsrechten beharren wolle, nachdem der Vertrag abgeschlossen sei, und wenn er die Grenze der DDR verletzen sollte, würde Gewalt mit Gewalt beantwortet[2]).

Kennedy legte geduldig die Gründe dar, die es den Vereinigten Staaten unmöglich machten, ihre Verpflichtungen gegenüber Berlin und seiner Bevölkerung zu brechen, und warum er nicht gesonnen sei, die vertraglichen Rechte der Alliierten preiszugeben. Er betonte, der Versuch, den Westmächten die Ausübung der ihnen vertraglich zugesicherten Rechte zu verwehren, käme einem kriegerischen Akt gleich. Das Gespräch wurde schließlich in ziemlich scharfen Ausdrücken geführt, und die Wörter »Krieg« und »Frieden« fielen wiederholt. Zum Schluß wurde Kennedy ein *aide-mémoire* über Berlin und über einen Atomsperrvertrag überreicht.

Kennedy war über den Verlauf der Unterhaltung tief besorgt. Wie Arthur Schlesinger, damals Berater im Weißen Haus und später einer der Biographen Kennedys, berichtet, »hatte Kennedy Willen zur Verständigung gezeigt und die Möglichkeit von Irrtümern zugegeben, während Chruschtschow hart und unfähig zu jedem Nachgeben geblieben war«[3]). Das Treffen mit dem Präsidenten hatte Chruschtschow sichtlich in seiner vorgefaßten Meinung bestärkt, er habe es mit einem jungen, unerfahrenen und wahrscheinlich schwächlichen Mann zu tun, und er könne jetzt unbedenklich seine weiteren Pläne verwirklichen.

Nach Moskau zurückgekehrt, erließ Chruschtschow ein neues Ultimatum, das sich auf sein *aide-mémoire* stützte, und nach dem er den Friedensvertrag mit der DDR im Dezember unterzeichnen werde. Zugleich gab er bekannt, die Sowjetunion werde ihre Rüstungsausgaben um dreißig Prozent erhöhen. Die Spannung wuchs. Drohungen kreuzten sich mit Erklärungen fester Entschlossenheit. Eine der Folgen der wachsenden Spannung war, daß der Flüchtlingsstrom, der seit langer Zeit gerade die aktivsten und am besten ausgebildeten Menschen aus den von den Armeen der Sowjetunion im Osten und Zentrum Deutschlands besetzten Gebieten nach dem Westen gebracht hatte, in ungewöhnlicher Weise anschwoll. Da die Zonengrenze seit Jahren von der DDR hermetisch verschlossen worden war, ergoß sich dieser Strom durch Berlin. Dort war es leicht, vom Ostsektor in einen der Westsektoren hinüberzugehen. Im August 1961 schätzte man, daß seit 1945 nicht weniger als 3,5 Millionen von der im ganzen 17 Millionen zählenden Bevölkerung der DDR geflohen waren und in der Bundesrepublik Zuflucht gefunden hatten.

Washington mußte nun auf das *aide-mémoire* der Sowjetunion antworten. Die amerikanische Diplomatie brauchte mehrere Wochen, bis sie das entsprechende Dokument zusammengebastelt hatte. Es wiederholte die altbekannten Argumente juristischer Art, die bisher in der Konfrontation gebraucht worden waren. Präsident Kennedy wünschte aber eine klare und verständliche Antwort zu geben und tat es in einer durch Fernsehen übertragenen Ansprache am 25. Juli 1961. Er setzte dem amerikanischen Volk auseinander, warum er den Kommunisten nicht gestatten werde, die Westmächte, sei es durch langsames Manövrieren, sei es durch Gewalt, aus Berlin zu vertreiben. Um seine feste Entschlossenheit zu unterstreichen, teilte er mit, daß das Militärbudget um 3,25 Milliarden Dollar erhöht werde. Machtentfaltung werde aber mit der Bereitschaft zu Verhandlungen einhergehen. Kennedy fügte bei:

> »Um es zusammenzufassen: Wir streben nach Frieden, aber wir werden nicht kapitulieren. Das ist der eigentliche Sinn dieser Krise und der Sinn der Politik eurer Regierung.
> Wir sind jederzeit bereit zu verhandeln, wenn Verhandeln weiterführen kann. Wir müssen aber auch bereit sein, Gewalt zu üben, wenn gegen uns Gewalt angewendet wird. Das eine oder das andere, allein gebraucht, könnte keine Lösung bringen. Zusammen können sie der Sache von Freiheit und Frieden dienen[4]).«

Die bezeichnenden Bestandteile einer Konfrontation wurden nun deutlich sichtbar: Politisches Manövrieren, Diplomatie und Verhandlungsgeschick mußten mit einer Machtdemonstration und der tatsächlichen Bereitstellung von Streitkräften verbunden werden, um die Prüfung zu bestehen.

Chruschtschow antwortete in einer Rede am 7. August in ähnlicher Tonlage. Die Fronten standen nun festgefügt und undurchdringlich einander gegenüber, *adversis frontibus.* Keine Lösung war in Sicht. Weder für den einen noch für den anderen Gegner schien ein annehmbarer und zugleich ehrenvoller Ausweg aus der Verstrickung offenzustehen. Die strategische Lage war jetzt deutlich verschieden von der Lage während der Konfrontation von 1948 bis 1949. Damals hatte Präsident Eisenhower mit aller wünschbaren Deutlichkeit klargemacht, daß die Vereinigten Staaten und ihre Alliierten angesichts der Schwäche ihrer konventionellen Streitkräfte in Europa nicht daran dachten, sich gewaltsam der Absperrung der Zugänge nach Berlin zu widersetzen. Im Falle eines Angriffs gegen ihre Garnisonen in Berlin waren größere Gegenaktionen und ein länger dauernder Widerstand in Berlin nicht vorgesehen. Er deutete dagegen an, daß massive Vergeltung als eine Möglichkeit in Betracht gezogen werden müsse.

1961 war die strategische Lage völlig anders. Beide Seiten verfügten jetzt über nukleare und thermonukleare Waffensysteme und die dazugehörigen Waffenträger. Indem Kennedy den systematischen Aufbau der konventionellen Schlagkraft in Europa anordnete, gab er zu verstehen, daß Gewalt an Ort und Stelle auf die entsprechende Gegenwehr stoßen werde. Sofern entschlossene konventionelle Gegenwehr den Gegner nicht bewegen würde, an den Verhandlungstisch zurückzukehren, würde auch die Nuklearmacht ins Spiel kommen.

Berlin IV – die Mauer und Nuklearexplosionen

Die Sowjetunion schien unerschütterlich auf ihren Forderungen beharren zu wollen. Nichts konnte sie davon abbringen außer Gewalt, und beide Seiten wollten Gewalt vermeiden. Es waren die Sowjets, die einen Ausweg aus der ausweglosen Lage fanden, und zwar mit Hilfe eines Schachzugs, der rückblickend nur genial genannt werden kann. War es Walter Ulbricht, der Vorsitzende des Staatsrates der DDR, war es Chruschtschow, oder war es einer ihrer Berater, der die Lösung fand? Oder war sie ihnen durch das leichtfertige Geschwätz eingegeben worden, das im Westen ununterbrochen vor sich ging?

In Kommentaren zu der Konfrontation und in Diskussionen über die Abmachungen und Rechte, die der Westen auf der Autobahn, in den Luftkorridoren und in West-Berlin zu wahren hatte, wurde wiederholt ausgeführt, daß die Westmächte selbstverständlich mit Vorgängen in der sowjetischen Besetzungszone und in Ost-Berlin nichts zu schaffen haben und in solche Vorgänge sich nie einmischen werden. Als sich der Osten besorgt zeigte über den Verlust an menschlicher Substanz und vor allem von qualifiziertem Personal durch den Flüchtlingsstrom über Berlin, zuckten manche die Achseln und meinten, es sei schließlich eine Sache der anderen, dem Flüchtlingsstrom Einhalt zu gebieten. Die Deutschen selber waren tief besorgt über die Auswirkungen der Massenwanderung; sie fürchteten, nach und nach könnte die von der Sowjetarmee besetzte Zone von der deutschen Bevölkerung geräumt werden, der dann slawische Einwanderer aus dem Osten nachdrängen würden. Sie wünschten dringend, daß die Abwanderung aufhöre. Am 30. Juli ließ sich Senator Fulbright mit einer seiner unbedachten Äußerungen vernehmen. Er sagte: »Ich verstehe nicht, warum die Ostdeutschen ihre Grenze nicht schließen; ich glaube, sie haben das Recht, sie zu schließen[5]).«

Am frühen Morgen des 13. August 1961 wurde die Sektorengrenze, die Ost- und West-Berlin trennt, von der Volkspolizei geschlossen. Der Verkehr über die Linie wurde fast völlig unterbunden und nur noch an ein paar Kontrollposten gestattet, wo jedermann genau überprüft wurde. Das war nun die Maßnahme, von der so manche im Westen gesprochen hatten, die so manche im Westen offen oder stillschweigend der Gegenseite suggeriert hatten. Niemand aber, selbst nicht die Planer, die seit Monaten über alle möglichen Fälle und Entwicklungen in Berlin und die entsprechenden Antworten des Westens gebrütet hatten, waren gerade auf dieses Ereignis vorbereitet. Die Westmächte wurden vollständig überrascht und fanden sich nach einigen schwachen Protesten damit ab.

Auf bezeichnende Weise wurde nun von den Kommunisten ein paar Tage später der zweite Schritt unternommen. Er bestand darin, daß sie eine Mauer längs der ganzen Sektorengrenze erbauten – deutlich innerhalb des russischen Sektors, aber so, daß jedermann sie sehen mußte. Die Mauer war dazu bestimmt, die Grenze für alle Flüchtlinge hermetisch zu schließen und die schon bestehenden Sperren der Polizei undurchdringlich zu machen. Was aber weit wichtiger war: Das häßliche Bauwerk sollte den Westen demütigen, indem es völlige Rücksichtslosigkeit und brutalste Entschlossenheit demonstrierte, auf die der Westen keine Antwort finden konnte.

Der Anblick der Mauer war in der Tat demütigend. Nach 1948 war das von den Sowjets militärisch besetzte Gebiet gedanklich von den drei Westmächten abgeschrieben worden, und sie fühlten sich dafür in keiner Weise verantwortlich. So wäre es sinnlos gewesen zu versuchen, den Mauerbau zu verhindern. Eine Einigung unter den Alliierten über eine Gegenaktion wäre nie zustande gekommen. Der Mauerbau schien einfach kein Bestandteil der Konfrontation zu sein. Der Anblick der Zementsteine aber, über denen Stacheldraht gezogen wurde, der Anblick der Tragödien, die sich längs der Mauer abspielten, und der Zwang, das alles tatenlos hinzunehmen, kamen einer großen Niederlage für den Westen gleich. Das wurde in Deutschland und auch im übrigen Europa verstanden, weniger deutlich vielleicht in den Vereinigten Staaten.

Zum erstenmal hatte jetzt Chruschtschow in dem Kampf der Willenskraft und Risikofreudigkeit einen Erfolg zu verbuchen, und zwar einen großen. Das Vertrauensverhältnis zwischen den Alliierten und zwischen Deutschen und Alliierten war untergraben und wurde nie mehr völlig wiederhergestellt. Der Ausgang bedeutete eine tiefe Enttäuschung für den Westen und brachte ihm peinliches Unbehagen. Niemand konnte den Westmächten vorwerfen, sie hätten ihre Verpflichtungen nicht erfüllt. Niemand konnte ihnen auch einen Vorwurf daraus machen, daß sie untätig geblieben waren. Daß sie versagt hatten, konnte nicht bestritten werden. Aber niemand wußte zu sagen, was sie denn im Rahmen ihrer Verpflichtungen hätten tun sollen und was richtig gewesen wäre. Das war der eigentliche Grund des Malaise, das der Mauerbau zurückließ.

Damit war der Vorhang über dem zweiten Akt der Berliner Konfrontation gefallen. Der Westen war gedemütigt und gespalten. Chruschtschow aber hatte sich, gerade wegen der Eigenart des Werkzeuges, das er gebraucht hatte, den Weg zu weiteren Vorstößen verbaut. Der *status quo,* den zu ändern er ausgezogen war, erschien jetzt unabänderlicher als je. Zudem war die verzweifelte Dringlichkeit des Wunsches nach einer Veränderung, nach der Vertreibung der Amerikaner, Engländer und Franzosen aus Berlin jetzt erloschen. Die Gefahr des Verblutens der DDR durch den Flüchtlingsstrom war gebannt.

So wandte sich Chruschtschow wieder seinem alten Plan zu, am Jahresende einen Friedensvertrag mit der DDR zu unterzeichnen, dann die Zugänge nach Berlin sperren zu lassen und den Rückzug der alliierten Garnisonen aus West-Berlin zu fordern. Diese Forderung aber war wenig aussichtsreich, wenn sie nicht durch eine glaubhafte und überwältigende militärische

Drohung begleitet war. Moskau war überzeugt, daß eine solche Drohung diesmal wirken würde. Die pazifistischen Bewegungen in England und ähnliche Bewegungen in anderen Ländern, die sich unter Schlagworten wie »Fort mit der Bombe« oder »Lieber rot als tot« zusammenfanden, mußten einfach ein wenig ermutigt werden, und sie würden dann schon dafür sorgen, daß Furcht und Angst im Westen schließlich die Regierungen lähmen und zwingen würden, dem Druck zu weichen.

Eine Möglichkeit, diesen Plan auszuführen, ließ sich aus den früher begonnenen Abrüstungsverhandlungen ableiten. Am 31. Oktober 1958 war in Genf eine Dreimächtekonferenz zusammengetreten, mit dem Auftrag, Wege zu finden, auf denen das Erproben nuklearer Waffen durch Explosionsexperimente unterbunden werden könnte. Um für die Gespräche eine günstige Ausgangslage zu schaffen, hatte Präsident Eisenhower am 22. August 1958 vorgeschlagen, solche Explosionsexperimente freiwillig am Tage des Beginns der Konferenz einzustellen. Dieser Vorschlag wurde von der Sowjetunion heftig zurückgewiesen, und sie lieferte zu der Eröffnungssitzung in Genf am 1. und 3. November 1958 die Begleitmusik in Form großer Nuklearexplosionen über dem Süden der Sowjetunion.

Die Vereinigten Staaten machten dagegen ihr Angebot wahr und stellten ihre Explosionsexperimente ein. Am 26. August 1959 gab Washington bekannt, daß bis zum Jahresende keine Versuchsexplosionen mehr geplant seien. Am folgenden Tag erklärte die britische Regierung, daß sie ihrerseits keine nuklearen Vorrichtungen erproben werde, solange in Genf erfolgversprechende Verhandlungen vor sich gingen. Einen Tag später gab die Sowjetunion bekannt, daß sie ihre Explosionsversuche einstelle, solange die Westmächte keine solche ausführten[6]).

Kurz nachher hatte sich die Konfrontation über Berlin abgespielt und mit einem Erfolg für die Sowjets geendet. Ihr eigentliches Ziel aber hatten sie noch nicht erreicht. Die Konfrontation mußte also in neuer Gestalt wieder eröffnet werden. Am 30. August 1961 erklärte Moskau öffentlich, die Nuklearversuche würden wiederaufgenommen. Man nimmt an, daß der Entschluß schon im März gefaßt worden war, und zwar aus technischen und strategischen, aber auch aus politischen Gründen. Es ist aber bedeutungsvoll, daß der Entschluß erst bekanntgegeben wurde, nachdem der zweite Akt der Berliner Konfrontation befriedigend zu Ende gegangen war[7]).

Die Auffassung, daß die nun folgenden großen Atomexplosionen in der Atmosphäre nichts anderes waren als ein neues Manöver in der Konfrontation um Berlin, wird bestätigt durch die offizielle Erklärung der Sowjetunion vom 30. August 1961. In ihr ist unter anderem zu lesen:

> »Eine neue Machtdemonstration als Antwort auf die sowjetischen Vorschläge für einen deutschen Friedensvertrag ist die Entsendung von weiteren Truppen und weiterem Kriegsmaterial der Vereinigten Staaten und Großbritanniens nach West-Berlin ... Die Sowjetregierung würde ihren heiligen Pflichten gegenüber ihrem Lande und den Völkern der sozialistischen Länder und allen Völkern, die nach einem friedlichen Leben streben, nicht genügen, wenn sie angesichts der Drohungen und militärischen Vorbereitungen, welche die Vereinigten Staaten und einige andere Länder der NATO unternommen haben, nicht die vorhandenen Möglichkeiten genützt hätte, um die wirksamsten Waffen zu vervollkommnen, mit denen die Hitzköpfe in den Hauptstädten einiger der Mitglieder der NATO abgekühlt werden können.
>
> Die Sowjetunion hat Pläne ausgearbeitet, nach denen übermächtige Nuklearbomben mit einer Sprengwirkung von 20, 30, 50 und 100 Millionen Tonnen TNT entwickelt werden können; mächtige Raketen ähnlich denjenigen, mit denen Major J. A. Gagarin und Major G. S. Titow ihre noch nie dagewesenen kosmischen Flüge um die Erde gemacht haben, können solche Nuklearbomben tragen und auf jeden Punkt des Erdballs abwerfen, von dem ein Angriff gegen die Sowjetunion oder andere sozialistische Länder ausgehen könnte[8]).«

Das Weiße Haus antwortete mit einer kurzen Erklärung des Inhalts:

»Was die Sowjetunion offensichtlich erprobt, sind nicht nur nukleare Vorrichtungen, sondern die Willenskraft und Entschlossenheit der freien Welt, ihrer Taktik Widerstand zu leisten und die Freiheit zu verteidigen[9]).«

Am 5. September 1961 fügte Washington dieser Erklärung bei, es sei angeordnet worden, die nuklearen Versuche in den Laboratorien und unterirdisch wiederaufzunehmen, wobei jedoch keine nuklearen Niederschläge entstehen würden.

Am Tage nachdem Moskau erklärt hatte, das Versprechen von 1959 brechen und den Westen zwingen zu wollen, die Unterzeichnung eines Friedensvertrages mit der DDR zu billigen und seine Rechte in Berlin preiszugeben, erschienen auch die Atompilze und die Lichtbälle gigantischer Nuklearexplosionen über dem hohen Norden der Sowjetunion. Die Radioaktivität in der Atmosphäre der ganzen nördlichen Halbkugel stieg in besorgniserregendem Maße. Die Reihe von etwa fünfzig Explosionen gipfelte am 30. Oktober mit einer solchen von mehr als 50 Megatonnen, von Wissenschaftlern im Westen auf 100 Millionen Tonnen geschätzt.

Diese Machtdemonstration von kolossaler Größe, wie sie noch nie in einer Konfrontation vorgekommen war, in der die Entschlossenheit des Westens geprüft werden sollte, kam geradezu einem Akt begrenzter nuklearer Kriegführung gleich. Sie wurde begleitet von den entsprechenden politischen Schachzügen, die dazu bestimmt waren, die politische Ernte der Machtentfaltung einzubringen. Vor dem 22. Parteitag der Kommunistischen Partei der Sowjetunion zog Chruschtschow erneut sein Ultimatum über Berlin zurück. Er erklärte, er werde nicht darauf bestehen, den Friedensvertrag mit der DDR vor Jahresende zu unterzeichnen, sofern der Westen zu verstehen gebe, daß er bereit sei, die deutsche Frage zu lösen.

Der Westen aber ging nicht in die weit offene Falle. Es wurden keine Verhandlungen vorgeschlagen, da unter den herrschenden Umständen offensichtlich über nichts verhandelt werden konnte. Am 2. März 1962 gab Präsident Kennedy mit der halbherzigen Zustimmung des britischen Premierministers Macmillan, der nichts unversucht gelassen hatte, um eine Entscheidung zu verhindern oder doch zu verschleppen, bekannt, daß auch die Vereinigten Staaten nun Explosionsexperimente in der Atmosphäre wiederaufnehmen würden. Am 25. April begannen die Versuche über der Weihnachtsinsel im Mittleren Pazifischen Ozean. Das Manöver der Sowjetunion wurde durch diesen Entschluß durchkreuzt, und Chruschtschow mußte sich nach neuen Anmarschwegen umsehen, auf denen er die Festung Berlin angreifen konnte.

Kuba 1962

Man darf mit Sicherheit annehmen, der Sowjetdiktator sei nach und nach zu dem Schlusse gelangt, daß seine Drohungen mit nuklearer Vernichtung, die sich hauptsächlich gegen Westeuropa richteten, nicht stark genug seien, um die Entschlossenheit der amerikanischen Regierung zu erschüttern, in Berlin fest zu bleiben. Das Schicksal der europäischen Völker, welche die Sowjetunion gewissermaßen als Geiseln unter ihrer nuklearen Vernichtungsdrohung hielt, schien, so dachte man in Moskau, kein genügendes Argument, um die Amerikaner zum Nachgeben zu bringen. Die strategische Grundlage dieser Überlegung war, daß die Vereinigten Staaten über eine große Überlegenheit auf dem Gebiet der interkontinentalen Träger nuklearer Sprengköpfe verfügten, während die Sowjetunion in allen Gebieten, die sie mit ihren Mittelstreckenlenkwaffen und ihren Kurzstreckenbombern erreichen konnte, einen großen Vorsprung besaß.

Anfang 1962 war das Verhältnis zwischen den strategischen Streitkräften etwa folgendes:

Vereinigte Staaten	ICBM	120
	IRBM, MRBM	200
	Interkontinentalbomber	600
	Mittelstreckenbomber	1600
Sowjetunion	ICBM	70
	IRBM, MRBM	700
	Interkontinentalbomber	190
	Mittelstreckenbomber	1400

Die Zahl der Interkontinentalen Ballistischen Missile (ICBM) in den Arsenalen der Vereinigten Staaten nahm in jener Zeit rasch zu, weil die Feststofflenkwaffe vom Typ Minuteman in unterirdischen befestigten Silos in Produktion gekommen war.

Das strategische Problem der Sowjetunion lautete deshalb, wie das Verhältnis im Bereich der Interkontinentalwaffen schnell verbessert werden könne, damit es möglich wäre, die Amerikaner selber zu bedrohen und nicht nur die Europäer, ihre Verbündeten. Der Schritt, den Chruschtschow anordnete, um das ungünstige Verhältnis entscheidend umzustürzen, sollte zu der dramatischsten Konfrontation unserer Zeit führen, zu der Lenkwaffenkrise über Kuba.

Von dem Tag an, an dem Dr. Fidel Castro in Havanna die Regierung übernommen hatte, also seit dem 6. Januar 1959, verschlechterten sich die Beziehungen zwischen Kuba und den Vereinigten Staaten von Amerika. Es war Moskau, das nach und nach die einst beherrschende Stellung Nordamerikas auf der Zuckerinsel einnahm. Landwirtschaft, Industrie, Infrastruktur wurden mit der Hilfe einer stets wachsenden Zahl von Fachleuten aus Rußland und anderen kommunistischen Ländern entwickelt und ausgebaut.

Castro sah sich einer ständigen Bedrohung, die allerdings in Wirklichkeit nicht gerade gefährlich war, gegenüber, der Bedrohung durch Gruppen von politischen Flüchtlingen, die von den amerikanischen Nachbarländern aus insgeheim einen militärischen Umsturz in Kuba vorbereiteten. Dagegen war es höchst unwahrscheinlich, daß sich Washington selber je zu dem Entschluß durchringen würde, militärisch gegen die kommunistische Herrschaft auf der Insel zu intervenieren. Der Versuch einer Invasion vom 7. April 1961, bei dem kubanische Emigranten in der sogenannten Schweinebucht landeten, aber sofort überwältigt wurden, war zwar von den Vereinigten Staaten geduldet, ermutigt und halbherzig unterstützt worden. Er zeigte aber gerade darum, wie wenig Washington geneigt war, sich in die ihm zwar unerfreulichen, aber doch erträglichen Verhältnisse in Kuba einzumischen. Trotzdem fühlte sich das Regime Castro von den Vereinigten Staaten bedroht. Man muß dabei daran erinnern, daß die Befürchtungen in Havanna nicht nur aus der überhitzten

Phantasie von Kubanern stammten: Die Flotte der Vereinigten Staaten hatte für 1962 kombinierte amphibische Manöver unter dem Codenamen Philbriglex-62 angesetzt. Das Thema der Übung war eine Intervention, um einen imaginären Diktator namens »Ortsac« abzusetzen.

Kuba nahm deshalb die Militärhilfe, welche die Sowjetunion anbot, begierig an. Sie bestand in der Lieferung von modernen Waffen, besonders auch von Lenkwaffen zur Fliegerabwehr und in der Hilfe beim Ausbilden der Truppen durch sowjetische Instruktoren. Das Sprungbrett, das die Sowjets in der westlichen Hemisphäre – wahrscheinlich zu ihrer eigenen Überraschung – so leicht gewonnen hatten, konnte nun als der Ausgangspunkt einer neuen Phase der Konfrontation über Berlin benützt werden, die Chruschtschow zu eröffnen beschlossen hatte.

Der Plan erscheint dem heutigen Betrachter verblüffend einfach. Die massiven Drohungen gegen die Völker Westeuropas waren nicht wirksam gewesen. Nach sowjetischer Anschauungsweise fühlten sich in Amerika »die regierenden Kreise« und »Wallstreet« in Sicherheit und genügend geschützt durch die überlegene Bewaffnung der Interkontinentallenkwaffen und die Ozeane, die Amerika von Rußland trennten. Deshalb mußte man versuchen, die Amerikaner selber in ihrem Heimatland zu bedrohen. Die Zeit vor den Wahlen vom November 1962 – es waren sogenannte *mid-term elections,* bei denen das Repräsentantenhaus und ein Drittel der Senatoren gewählt werden – schien günstig für ein etwas riskantes Unternehmen. Man würde während dieser Zeit eine Anzahl von Mittelstrecken- und Zwischenstreckenmissile, MRBM und IRBM, sowie Mittelstreckenbomber nach Basen auf Kuba verlegen. Man würde sie dort unter dem verhältnismäßig sicheren Schutz von russischem Militär, das sich schon dort befand, und das unauffällig verstärkt werden konnte, in Stellung bringen. Die Zustimmung Kubas war leicht zu erlangen, da die Einrichtung so mächtiger Waffen auf der Insel das Ansehen des kommunistischen Regimes erhöhen würde[10]), womit seine Stellung im Innern und seine Verhandlungsposition gegenüber den Vereinigten Staaten wesentlich gestärkt wären.

Wenn die Nordamerikaner die Vorbereitungen auf den

Lenkwaffen- und Flugbasen entdeckten, was angesichts des lebhaften Hin und Her von Spionen zwischen den beiden Ländern nicht unwahrscheinlich war, so würde Washington – gemäß den kommunistischen Lehrbüchern – nicht in der Lage sein, wirksame Gegenmaßnahmen zu beschließen. Eine der feststehenden Lehren des »wissenschaftlichen« marxistisch-leninistisch-stalinistischen Denkens lautete, daß eine Demokratie wie die amerikanische während einer Wahlzeit handlungsunfähig ist. Wie sehr sich Chruschtschow auf die Wahrheit dieser trügerischen Annahme verließ, spiegelte sich in einer Botschaft, die er durch Vermittlung des Sowjetbotschafters Dobrinin und eines der Berater von Präsident Kennedy, Theodore Sorensen, dem Präsidenten in die Hände spielte. Nach den Aufzeichnungen Sorensens stand darin unter anderem:

> »Nichts soll vor den amerikanischen Kongreßwahlen unternommen werden, das die innere Lage komplizieren oder die Spannung in den Beziehungen zwischen unseren beiden Ländern verschärfen könnte ... vorausgesetzt, daß auf der anderen Seite nichts unternommen wird, das die Lage verändern könnte. Das schließt den Friedensschluß mit Deutschland und die Frage von West-Berlin mit ein ...[11]).«

Der Aufbau der Offensivwaffen auf Kuba wurde mit größter Beschleunigung verwirklicht. Mitte Oktober 1962 waren 24 Abschußrampen für insgesamt 48 IRBM nahe der Vollendung, und 24 bis 32 MRBM befanden sich auf dem Weg nach Kuba. Die Abschußrampen auch für diese Lenkwaffen waren im Bau. 42 mittlere Bomber vom Typ Il-28 wurden zu jener Zeit, gemäß sowjetischen Angaben, ausgeladen und auf kubanischen Flugstützpunkten montiert.

Diese Streitkräfte allein wären genügend stark gewesen, um das Gleichgewicht in der direkten Beziehung zwischen der Sowjetunion und den Vereinigten Staaten, das jetzt auf die Seite Amerikas neigte, herzustellen. Die Zwischenstreckenlenkwaffen (IRBM) und die Il-28-Bomber waren fähig, jeden Punkt in den Vereinigten Staaten zu erreichen, außer der Region im Nordwesten. Sie konnten das tun, ohne den Amerikanern eine nennenswerte Vorwarnzeit zu geben, weil die neue Drohung aus einer Richtung kam, in der sie von den damals bestehenden Frühwarnsystemen gegen ballistische Missile und Flugzeuge, die nur im Norden und Osten aufgestellt waren, nicht entdeckt werden konnten. Die Mittelstreckenlenkwaffen (MRBM) waren in der Lage, wichtige Zentren und Einrichtungen in den Südstaaten zu zerstören, darunter einige lebenswichtige Stützpunkte der Strategischen Flugwaffe. Wenn man 80 Einheiten zu den 70 ICBM der Sowjetunion hinzuzählt, die auf Seite 80 angeführt sind, dann verfügten die Sowjets über 150 Einheiten, mit denen sie die kontinentalen Vereinigten Staaten erreichen konnten, was entschieden mehr ist als die damals schußbereiten 120 amerikanischen Interkontinentallenkwaffen, welche die Sowjetunion bedrohten.

Auf Grund eines derartig verbesserten Machtverhältnisses konnte der Sowjetherrscher hoffen, die Konfrontation nach dem 6. November, dem neuen Termin, den er angesetzt hatte, mit Aussicht auf Erfolg neu aufzunehmen. Alles deutete darauf hin, daß er jetzt plante, wieder, wie einst 1960, vor der Generalversammlung der Vereinten Nationen aufzutreten. Getragen von den Wogen des Antiamerikanismus, die er in den Delegierten aufzupeitschen gedachte, würde er eine neue Gipfelkonferenz beantragen. Über einen solchen Vorschlag könnten sich dann die Westmächte nicht einigen; die Allianz müßte zerbrechen. Er würde dann sehen, ob der Präsident der Vereinigten Staaten unter dem Druck seiner so unsteten und leicht aufzupeitschenden öffentlichen Meinung es wagte, weiter auf den Positionen in Berlin zu beharren. Die amerikanische öffentliche Meinung konnte einen auf dem Rücken der europäischen Verbündeten auszutragenden Nuklearkrieg hinnehmen. Bei einer direkten Bedrohung Amerikas aber würde sie gewiß keinen Krieg um Berlin wagen und deshalb dem Präsidenten in den Arm fallen. Kein Amerikaner und keine Amerikanerin gesunden Sinnes würde wohl bereit sein, New York und Washington für Berlin hinzugeben ...

Das war die Grundlage des dritten Aktes der Konfrontation über Berlin, und Chruschtschow mag zuversichtlich gehofft haben – zuversichtlicher vielleicht als seine eigenen militärischen Berater –, daß er diesmal die Runde gewinnen werde.

Dieser dritte Akt der Berliner Konfrontation, der eine thermonukleare Konfrontation gewesen wäre genau wie der vorangegangene zweite Akt, in dem Nuklearexplosionen in der Atmosphäre als Druckmittel gebraucht worden waren, fand aber überhaupt nicht statt. Er wurde unmöglich gemacht durch eine Konfrontation über Kuba; Chruschtschow erlitt dabei eine Niederlage, von der er sich nie mehr erholen sollte, und die schließlich zu seinem Sturz am 15. Oktober 1964 wesentlich beitrug.

Die militärische Tätigkeit der Sowjetunion auf Kuba wurde von den Behörden in Washington schon vom Sommer 1962 an genau überwacht. Ein besonderes Nachrichtenbulletin über Kuba wurde täglich ins Weiße Haus gebracht. Etwa Mitte Oktober hatten die militärischen Vorbereitungen auf der »Perle der Antillen« einen solchen Umfang angenommen und derartige neue Züge, daß auf Offensivabsichten zu schließen war. Es ging jetzt offenbar nicht mehr nur um die lokale Stärkung der Verteidigung Kubas, sondern um die gesamtstrategische Lage. Am 15. Oktober 1962 brachten fotografische Aufnahmen, die von einem Flugzeug vom Typ U-2 über West-Kuba aufgenommen worden waren, zum erstenmal den greifbaren Beweis, daß Basen für 16 bis 24 Mittelstreckenlenkwaffen gebaut wurden. Der Bau befand sich in einem Stadium, das erwarten ließ, daß die Missile um den 1. November schußbereit sein würden[12]).

Der Präsident der Vereinigten Staaten, unterstützt von einer besonderen Gruppe von Beratern, die später als das Exekutivkomitee des Nationalen Sicherheitsrats bekanntwerden sollte, begann nun schnell und doch mit großer Vorsicht Maßnahmen zu treffen, um der Gefahr zu begegnen.

Wie die Krise und die Konfrontation über Kuba ausbrach, wie sie ihren Höhepunkt erreichte und dann verebbte, ist in der umfangreichen Literatur, die ihr gewidmet ist, eingehend beschrieben[13]), und es ist nicht nötig, die Ereignisse hier nachzuerzählen. Wir beschränken uns deshalb auf eine grundsätzliche Betrachtung der Krise als einer der wichtigsten und bezeichnendsten Konfrontationen der modernen Welt und unserer Zeit.

Zahlreiche Auslegungen der Beweggründe des Kreml sind vorgetragen worden, und manche Vermutungen sind angestellt worden über die Frage, was geschehen wäre, wenn der Aufbau der strategischen Waffen in Kuba geglückt wäre. Darum ist es auch nicht überraschend, daß die Männer im Weißen Haus, die sich plötzlich vor Tatsachen gestellt sahen, mit denen man bisher nicht gerechnet hatte, sowohl verschiedenste Beweggründe in Rechnung stellten wie auch verschiedenste Möglichkeiten einer Gegenaktion erwogen. Die Interpretationen reichten von der Erklärung des russischen Unternehmens als Versuch, das Regime Fidel Castros zu stützen und gegen eine amerikanische Intervention abzusichern, auf der einen Seite, bis zu der Deutung als Versuch, das strategische Gleichgewicht umzustürzen, auf der anderen Seite. Unter den Empfehlungen für Abwehrmaßnahmen befanden sich, auf der untersten Sprosse der Leiter, Ratschläge, die nur einen diplomatischen Protest wollten, auf den obersten Sprossen die Forderung nach der Bombardierung und Zerstörung der Basen oder gar nach der Besetzung von ganz Kuba.

Man weiß, daß Präsident Kennedy die Lage als in den Gesamtzusammenhang des kalten Krieges gehörend beurteilte und das russische Unternehmen als einen Versuch interpretierte, das Ansehen der Vereinigten Staaten und ihre Machtstellung zu erschüttern und sie zu zwingen, aus Berlin abzuziehen. Er machte das in seiner durch das Fernsehen übertragenen Rede vom 22. Oktober an das amerikanische Volk völlig klar, mit der er die Konfrontation von seiner Seite eröffnete. Er sagte:

> »Wir leben nicht mehr in einer Welt, in der nur das tatsächliche Abfeuern von Waffen als ein Akt betrachtet werden muß, der die Sicherheit einer Nation in Frage stellt und als Signal höchster Gefahr zu gelten hat. Nuklearwaffen sind so zerstörerisch, und ballistische Missile sind so schnell, daß jede wesentliche Erhöhung der Möglichkeit ihres Gebrauchs oder jede plötzliche Änderung in ihrer Aufstellung schon als eine ernste Bedrohung des Friedens aufgefaßt werden mag[14]).«

Ziel des nächsten zu unternehmenden Schrittes mußte es sein, eine derartige Veränderung in der Aufstellung von Nuklearwaffen zu verhindern und die Verschiebung des nuklearen

Gleichgewichts zugunsten der Sowjetunion zu vermeiden. Von Anfang an kam es keinem der Planer in Washington in den Sinn, daß die Antwort nuklear sein könnte oder sein sollte. Wie Verteidigungsminister Robert McNamara später über Kennedy schrieb: »Er verstand damals wie jetzt, daß ein amerikanischer Präsident vor allem, selbst wenn er vitale Interessen zu verteidigen hat, eine Konfrontation zwischen Nuklearmächten vermeiden muß, die zur allgemeinen nuklearen Vernichtung führen kann[15]).«

Nach und nach hob sich in den Studien und Besprechungen einer möglichen Lösung der Gedanke einer beschränkten Blockade von Kuba, die als »Quarantäne« zu bezeichnen wäre, immer deutlicher ab. Die Absicht lautete, der Sowjetunion mitzuteilen, daß die allgemeine Schiffahrt nach Kuba frei bleibe, daß aber keine Schiffe mit offensiven Waffen sich der Insel nähern dürften. Auch erwarte man von ihr, daß sie die Lenkwaffen und Bomber aus dem Gebiet des Karibischen Meeres wieder entferne. Das Verfahren bot den Vorteil, der wesentlich erschien, daß die Blockade oder Quarantäne die Entfaltung nur sehr geringer Machtmittel erforderte, die dann schrittweise, wenn nötig, verstärkt werden konnten. Zugleich ließ es den Sowjets genügenden Spielraum, um zu manövrieren und sich aus der Konfrontation auf eine Art zurückzuziehen, die nicht allzu demütigend war.

Die Vereinigten Staaten waren jetzt in einer ihnen günstigen Lage. Sie konnten Streitkräfte für alle denkbaren Fälle bereitstellen, und zwar in nächster Nähe des Schauplatzes der Auseinandersetzung. Unter möglichen Fällen war zu verstehen das Eingreifen der Flotte gegen sowjetische Transportdampfer und eventuell bewaffnete Begleitschiffe, die versuchen könnten, sich über die Quarantäne hinwegzusetzen. Oder die Landung von Truppen auf Kuba, oder die Bombardierung der Basen und des sie bedienenden russischen Personals, sofern es die Sowjetunion ablehnen sollte, diese wieder zu demontieren. Die Sowjets auf der anderen Seite, die an Ort und Stelle weit unterlegen waren, hatten keine andere Wahl, als sich einer Niederlage ihrer schwachen Streitkräfte auf Kuba und auf den Meeren um Kuba auszusetzen, oder aber ein Ablenkungsmanöver etwa gegen Berlin oder gegen die Türkei zu unternehmen, oder mit einem thermonuklearen Angriff gegen die Vereinigten Staaten zu drohen – oder nachzugeben.

Die Proklamation des Präsidenten vom 24. Oktober, in der die Forderung auf die Lieferung von Offensivwaffen an Kuba zu verzichten bekanntgegeben wurde, und die zu ihrer Durchsetzung an die Flottenbefehlshaber ausgegebenen Befehle machten es über jeden Zweifel klar, daß die Quarantäne sich nur auf einzelne Fahrzeuge bezog. Sie würde auch mit größter Zurückhaltung und Umsicht gehandhabt. Gewalt würde nur, wenn unbedingt nötig, angewendet und nur zur Selbstverteidigung oder wenn ein Schiff sich hartnäckig weigern sollte, die ihm erteilten Weisungen auszuführen.

Die Gegner des Gedankens einer Blockade oder Quarantäne wandten ein, daß ein unmittelbarer Angriff gegen die Lenkwaffenbasen auf Kuba nur einen Konflikt mit Kuba selber heraufbeschwören werde, während die Quarantäne es nötig mache, Sowjetschiffe aufzuhalten und vielleicht sogar zu durchsuchen. Das werde, wenn sie von Kriegsschiffen eskortiert sein sollten, unweigerlich zu einer direkten Konfrontation mit der Sowjetunion führen. Die Schiffe waren tatsächlich, wie am 24. Oktober bekannt wurde, von sowjetischen Unterseebooten begleitet.

Trotzdem kam es nicht zu der gefürchteten Flottenkonfrontation. Am 24. Oktober hatten sechzehn von den achtzehn Schiffen, die auf dem Weg nach Kuba beobachtet worden waren, ihre Maschinen gestoppt. Der sowjetische Tanker »Bukarest« setzte seine Fahrt fort. Er wurde von einem amerikanischen Kriegsschiff um Angabe seiner Identität gebeten. Nachdem er sich in der üblichen Weise ausgewiesen hatte, ließ man ihn seinen Kurs fortsetzen. Das gleiche ereignete sich mit einem Passagierschiff aus der DDR. Am 26. Oktober begannen die sowjetischen Frachter auf hoher See zu wenden und nach ihren Ausgangshäfen zurückzukehren.

Die militärische Konfrontation war damit allerdings noch nicht beendet. Sie verschärfte sich. Die Arbeit an den Abschußrampen auf Kuba wurde beschleunigt. Das amerikanische Oberkommando hatte inzwischen mehrere Divisionen nach Florida verlegt, begleitet von den nötigen Landefahrzeugen und Luftstreitkräften, die eine Invasion in Kuba ermöglicht hätten. Die amerikanische Luftwaffe überflog die Baustellen in geringer Höhe. Eine U-2 wurde von den Russen über Kuba abgeschossen. In den Vereinten Nationen, wo der Sicherheitsrat auf Verlangen der Vereinigten Staaten versammelt war, rollte unterdessen die diplomatische und rhetorische Phase der Konfrontation ab.

Im Augenblick, in dem Moskau seinen Schiffen den Befehl erteilte, anzuhalten und dann zurückzukehren, hatte es offensichtlich den Plan aufgegeben, strategische Waffen in großer Zahl nach Kuba zu bringen. Was aber würde mit den Waffen geschehen, die sich schon dort befanden und die feuerbereit gemacht wurden?

Am 26. Oktober, einem Freitag, trafen in Amerika die ersten Signale ein, aus denen geschlossen werden konnte, Chruschtschow suche einen Ausweg aus einer völlig verfahrenen Lage. Am Freitagabend erhielt Washington eine Botschaft aus Moskau; sie wurde dort fast gleichzeitig durch Radio verbreitet. Sie lautete, die Notwendigkeit der russischen Gegenwart in Kuba werde verschwinden, wenn die Vereinigten Staaten die bindende Zusicherung gäben, daß sie nicht in Kuba eindringen wollten, und wenn sie die Quarantäne aufhöben. Am folgenden Morgen wurde ein weiterer Brief von Radio Moskau verlesen, der eine neue Bedingung einführte. Er schlug vor, daß die Vereinigten Staaten ihre Jupiter-Lenkwaffen aus der Türkei wegschaffen sollten im Austausch gegen ein Nichtangriffsversprechen Moskaus an Ankara. Die Sowjetunion würde ihre Missile aus Kuba abziehen im Austausch gegen ein Nichtangriffsversprechen der Vereinigten Staaten an Kuba. Auf den Rat von Robert Kennedy wurde der zweite Brief einfach mit Schweigen übergangen; das im ersten Brief enthaltene Angebot dagegen wurde angenommen unter der Bedingung, daß die Offensivwaffen unter Aufsicht der Vereinten Nationen unbrauchbar gemacht würden. Am Sonntag, dem 28. Oktober, antwortete Chruschtschow. Er teilte mit, daß die Arbeit an den Abschußrampen eingestellt sei und die Missile nach der Sowjetunion zurückgebracht würden.

Die Konfrontation war vorüber. Sie hatte wieder mit einer Niederlage des Sowjetdiktators geendet. Die Jupiter-Lenkwaffen, die schon veraltet waren, als die Verteidigungsminister der NATO im März 1958 grundsätzlich beschlossen, sie nach Europa zu bringen, wurden 1963 in aller Stille aus ihren Basen entfernt. Es war als unerwünscht betrachtet worden, sie in die Einigung über Kuba ausdrücklich einzubeziehen; der Ausgang der Konfrontation wäre dadurch in seinen Umrissen vielleicht verwischt worden, so unwichtig die Jupiter-Waffen zu jener Zeit auch schon waren.

Die Kubakrise wird oft als eine thermonukleare Konfrontation betachtet, weil sie sich um die Einrichtung nuklearer Lenkwaffen auf Kuba drehte; sie war das aber gar nicht[16]). Die Vereinigten Staaten erklärten nie, sie würden Nuklearwaffen gebrauchen, um die Lenkwaffen-Abschußrampen zu zerstören, und noch viel weniger deuteten sie je an, daß sie atomare Vergeltung gegen die Sowjetunion in Betracht zögen, sofern diese mit ihren Vorbereitungen auf Kuba fortfahre. Der Druck, dem Moskau weichen mußte, bestand vielmehr in den Vorbereitungen für eine konventionelle Invasion Kubas und in der Befürchtung, Schiffe mit wertvollem und geheimem Material könnten von der amerikanischen Flotte versenkt oder aufgebracht werden. Bevor die Missile schußbereit waren, bestand der Druck von seiten der Sowjetunion in der Möglichkeit, amerikanische Kriegsschiffe, die zur Überwachung der Quarantäne ausgesandt waren, durch von Kuba aus operierende Jagdbomber oder durch die Unterseeboote, die in jenen Gewässern kreuzten, versenken zu lassen. Anders als in vorhergehenden Konfrontationen wurde keinerlei Atomdrohung ausgesprochen. Es war eine Konfrontation von konventionellen Streitkräften[17]), und sie wurde entschieden durch die Unterlegenheit der sowjetischen konventionellen Macht an Ort und Stelle.

Gewiß bestand die Gefahr – und sie wurde in Washington eingehend erwogen –, daß Chruschtschow der Konfrontation im Karibischen Meer neue Elemente aus anderen Zonen hinzufügen könnte. So war es denkbar, daß er neue Forderungen mit Bezug auf Berlin stellen oder alte Forderungen wiederholen würde. Er hätte die Preisgabe amerikanischer Lenkwaffenbasen in Italien und in der Türkei – wie er es vorübergehend tat – fordern können als Gegenleistung für den Rückzug der Missile aus Kuba.

Er hätte auch in solchen weit entfernten Gebieten begrenzte militärische Aktionen unternehmen können, aus denen dann die Gefahr einer nuklearen Konfrontation entstanden wäre – eine große Wahrscheinlichkeit, sofern er Berlin als den Schauplatz eines Ablenkungsmanövers gewählt hätte. Der Konflikt aber dehnte sich nicht, wie zeitweise zu fürchten war, in solcher Weise aus. Der Grund dafür war das allgemeine nukleare Kräfteverhältnis zwischen den Vereinigten Staaten und der Sowjetunion. Dieses Kräfteverhältnis, das einem Gleichgewichtszustand sehr nahekommt, galt damals und besteht noch heute. Es ist also ein immer gegenwärtiges Element und damit kein besonderer Teil der Konfrontation über Kuba.

Konfrontation in Asien

Jahre später verloren die Vereinigten Staaten eine Konfrontation aus dem gleichen Grund, aus dem die Sowjetunion in Kuba verloren hatte: wegen fehlender konventioneller Macht an Ort und Stelle. Sie mußten dieselbe demütigende Erfahrung machen wie die Sowjetunion im Falle Kuba. Der Anlaß dieser Niederlage war der »Pueblo«-Zwischenfall.

Am 23. Januar 1968 befand sich das amerikanische Schiff »Pueblo«, ein fast unbewaffnetes Fahrzeug der Flotte, auf einer seiner regelmäßigen Kreuzfahrten im Japanischen Meer unweit der Küste Nordkoreas. Das Schiff führte überaus komplexe elektronische Ausrüstungen mit sich, die es befähigten, den Radioverkehr zwischen größeren Verbänden der nordkoreanischen Armee zu überwachen und ebenso denjenigen sowjetischer Verbände in der Gegend von Wladiwostok. Möglicherweise reichten die Abhörmöglichkeiten der »Pueblo« sogar noch weit in chinesisches und sowjetisches Gebiet hinein. Plötzlich näherten sich nordkoreanische Schnellboote der »Pueblo«. Ihre Mannschaften enterten das Schiff überraschend, verhinderten die Zerstörung oder Beseitigung der geheimen Einrichtungen, der Codes und sonstigen geheimen Dokumente an Bord. Der Kapitän wurde gezwungen, Kurs auf den nordkoreanischen Hafen Wonsan zu nehmen. Dort wurde er zusammen mit der Besatzung gefangengesetzt.

Der Zwischenfall stellte eine kurze, aber heftige Konfrontation zwischen dem kleinen Nordkorea und den mächtigen Vereinigten Staaten von Amerika dar. Weil das Radioschiff weder von See- noch Luftstreitkräften geschützt war, was im Hinblick auf die Art der Mission eigentlich selbstverständlich gewesen wäre, befanden sich die Vereinigten Staaten jetzt in einer weniger beneidenswerten Lage. Sollte die amerikanische Flotte einen Handstreich im Stil Nelsons gegen Wonsan führen und das gekaperte Schiff herausholen? Das hätte wohl den Tod für die Besatzung von 93 Mann, die dort in Gefangenschaft gehalten wurde, bedeutet. Daraus würde sich die fast unvermeidliche Notwendigkeit eines Vergeltungsschlages gegen Nordkorea ergeben haben, der zum Krieg gegen Nordkorea geführt hätte. Ein solcher Krieg würde dann mit großer Wahrscheinlichkeit zu einem schweren Konflikt mit China und wahrscheinlich auch mit der Sowjetunion geführt haben, und das besonders, nachdem die Vermutung bestand, daß die Nordkoreaner auf Weisungen aus Moskau hin ihren Handstreich ausgeführt hatten. Es lag also vielleicht eine stellvertretende Konfrontation mit der Sowjetunion vor.

Keine Gegenmaßnahme, welche nicht ernste Kriegsgefahr und die Möglichkeit einer Eskalation des Konflikts in viel größerem Umfang in sich geschlossen hätte, bot sich dem suchenden Auge. Keine Blockade, keine Alliierten, die bereit gewesen wären, sich an die Seite Amerikas zu stellen, keine Möglichkeit, an Ort und Stelle wirksame Druckmittel anzusetzen. Präsident Lyndon B. Johnson, der damals schon völlig absorbiert war von dem Krieg in Vietnam und seinen unglückseligen Auswirkungen im Innern der Vereinigten Staaten und auf dem außenpolitischen Schachbrett, konnte es sich auf keinen Fall leisten, den Zwischenfall zu einem neuen großen Konflikt werden zu lassen. Seine Regierung ließ sich deshalb in lange und verwickelte Verhandlungen mit Nordkorea über das Schicksal der Besatzung der »Pueblo« ein, die um fast jeden Preis gerettet werden mußte. Die Konfrontation endete mit einem Kompromiß: Die Vereinigten Staaten hatten sich auf demütigende Weise zu entschuldigen, was den Nordkoreanern erlaubte, sich selbst aus der Konfrontation zu befreien – die auch für sie überaus gefährliche Aspekte hatte –, indem sie ihre Gefangenen freiließen.

Ostasien war seit dem Ende des Zweiten Weltkriegs der Schauplatz bewaffneter Auseinandersetzungen, von Umsturz, Unterwühlung, Intervention und Konfrontation. Die Hauptbeteiligten an solchen Konfrontationen waren die Volksrepublik China, die Sowjetunion, Indien, Indonesien und die Vereinigten Staaten von Amerika.

Eine Auseinandersetzung, an die man sofort denkt, wenn man sich den ostasiatischen Konflikten zuwendet, ist diejenige zwischen der Volksrepublik China, also der chinesischen Regierung in Peking, und den Behörden in Taipeh auf Formosa, die sich als die Regierung der Republik China bezeichnen. Es wäre kaum zutreffend, das als eine Konfrontation im eigentlichen Sinne zu bezeichnen. Es handelt sich hier eher um die Fortsetzung eines Bürgerkriegs. Dieser endete zwar, soweit es das chinesische Festland berührt, im Jahre 1949 mit der Errichtung der kommunistischen Herrschaft über ganz China. Er ging aber weiter zwischen der Regierung in Peking und den Überresten des Kuomintang und seiner Armeen, die auf der Insel Formosa Zuflucht gefunden hatten.

Eine Konfrontation aber fand statt. Und zwar zwischen Peking und den Vereinigten Staaten von Amerika. Seit dem Tage, an dem Präsident Truman als Folge des eben ausgebrochenen Krieges in Korea 1950 der Siebenten Flotte den Befehl erteilte, in der Straße von Formosa die beiden chinesischen Bürgerkriegsparteien voneinander zu trennen, und ganz besonders seit Washington am 2. Dezember 1954 – nun unter der Regierung Eisenhower – einen Sicherheitsvertrag mit Taipeh abgeschlossen hatte, waren die Vereinigten Staaten in offene Frontstellung gegen China geraten. In dem Sicherheitsvertrag verpflichteten sie sich, die Inseln Formosa und Pescadores in der Straße von Formosa zu verteidigen. Im Januar 1955 ermächtigte eine gemeinsame Resolution des Senats und des Repräsentantenhauses in Washington die Regierung Eisenhower, militärische Gewalt anzuwenden bei der Verteidigung von Formosa und der Pescadores. Nach den Vorschriften der amerikanischen Verfassung war die Resolution eigentlich überflüssig, weil der Präsident in seiner Eigenschaft als Oberbefehlshaber von sich aus die nötigen Maßnahmen treffen konnte, solange er nur nicht den Krieg erklärte. Die Resolution war aber als ein deutliches Signal an die Adresse Pekings gedacht, und sie wurde dort auch als das verstanden.

Wie es für eine Konfrontation bezeichnend ist, spielten sich die engbegrenzten militärischen Operationen nicht zwischen den beiden Gegnern – den Vereinigten Staaten und China – ab, in dem Sinne, daß ihre Streitkräfte sich direkt gegeneinander gestellt hätten. Sie bestanden vielmehr vor allem aus einem lauten und wenig wirkungsvollen Austausch von Artilleriefeuer zwischen den Batterien der chinesischen Volksbefreiungsarmee auf dem Festland und den schweren Geschützen der Nationalisten, die auf den der Küste vorgelagerten Inseln Quemoi und Matsu in Stellung gebracht worden waren, und welche die Zufahrtswege zu den chinesischen Häfen Amoy und Futschau beherrschen. Diese Inseln waren in der amerikanischen Garantieerklärung für die nationalistischen Behörden in Taipeh nicht eingeschlossen, aber trotzdem hätte ihr Schicksal wenigstens über diese besondere Phase der Konfrontation entschieden. Die Inselgruppe der Pescadores, die ausdrücklich genannt worden war, wurde nie angegriffen. Eine Aktion gegen diesen Punkt hätte wohl automatisch eine Gegenaktion der amerikanischen Siebten Flotte ausgelöst.

Parallel zu der gegenseitigen Entfaltung militärischer Macht, die gegen andere Punkte gerichtet war als diejenigen, um die sich der Konflikt eigentlich drehte, spielte sich eine symbolische Handlung auf diplomatischer Ebene ab. Im Jahre 1954 wurden in Genf im Anschluß an die Konferenz über Indochina Konferenzen zwischen den chinesischen und amerikanischen Botschaftern eingeleitet. Sie wurden später nach Warschau verlegt und gehen dort weiter, in großen zeitlichen Abständen, aber nach einem festgelegten Ritual. Es geht dabei um die Konfrontation an sich, indem man der Gegenseite auch mit diplomatischen Mitteln Entschlossenheit und Willensstärke vorspielt, gleichzeitig aber auch um die Überwachung der Konfrontation, die ja nicht über gewisse Grenzen hinaustreten soll.

Nun zeigte sich aber, daß die Machtentfaltung des kommunistischen China an der Südküste im Sommer 1958 mit der Verschlechterung der Beziehungen zur Sowjetunion genau zusammenfiel. Der Konflikt zwischen Peking und Moskau hatte im November 1957 auf der Konferenz der zwölf regierenden kommunistischen Parteien in Moskau begonnen. (Sowjetunion, China, Mongolei, Nordvietnam, Nordkorea, Bulgarien, Rumänien, Ungarn, Albanien, Tschechoslowakei, DDR, Jugoslawien.) Mao Tse-tung nahm an der Konferenz selber teil.

Wir wissen heute, daß Mao kurz darauf, bei dem Besuch, den Chruschtschow vom 31. Juli bis zum 3. August 1958 in Peking machte, den sowjetischen Diktator in aller Form ersuchte, die militärische Machtentfaltung gegen die Inseln Quemoi und Matsu zu unterstützen. Chruschtschow lehnte ab. Pekings Ziel war es offensichtlich gewesen, die Sowjetunion in seine Konfrontation mit den Vereinigten Staaten hineinzuziehen und so die von ihm so sehr gefürchtete Annäherung zwischen Moskau und Washington zu verhindern. Chruschtschows Weigerung, sich von seinen eigenen Problemen wegmanövrieren zu lassen, die damals Berlin und Westeuropa hießen, wurde von den Chinesen um die Mitte August 1958 mit einer Verstärkung ihres Artilleriefeuers gegen die Küsteninseln beantwortet. Ein Angebot Indiens, in dem Konflikt um die Küsteninseln zu vermitteln, womit Delhi seinem großen russischen Protektor einen Dienst erweisen wollte, wurde von Peking mit Verachtung zurückgewiesen. Die Beschießung der Küsteninseln war ja keineswegs ein Vorspiel zu ihrer Eroberung, sondern einzig und allein darauf angelegt, Chinas Entschlossenheit und Kraft im Kampf gegen den »Imperialismus« zu demonstrieren, im Gegensatz zu der schwächlichen und »revisionistischen« Politik der Sowjetunion. Die Operation, die sich Peking ausgedacht hatte, brachte nicht den erhofften Erfolg. China erntete keine militärischen Siege – die ja auch gar nicht das eigentliche Ziel waren –, aber es konnte auch den politischen Kurs des Kreml nicht zu einer Wendung zwingen. Nach und nach verlor die Konfrontation an Schwung, und nach einigen Jahren war sie praktisch vergessen.

Der Höhepunkt der ostasiatischen Konfrontation im Jahre 1958 ist ein Beispiel dafür, wie eine Situation, die sich aus wirklicher Feindschaft zwischen zwei Gegnern ergibt, in diesem Falle China und Amerika, sich so manipulieren oder »umfunktionieren« läßt, daß sie ein Werkzeug, eine Waffe in einer viel größeren und wichtigeren Konfrontation wird. Es handelte sich hier um die Konfrontation zwischen den beiden Kapitalen des Marxismus-Leninismus und gleichzeitig zwischen den Hauptstädten zweier sich gegenseitig verhaßter Regierungen und zweier nationalistischer und imperialistischer Großmächte.

Im März 1959 erhoben sich die Tibeter gegen das sich rasch verstärkende Eindringen der chinesischen Macht und des chinesischen Einflusses in ihr Bergland. Peking benützte den Aufstand und nahm die sich bietende Gelegenheit wahr, ganz Tibet militärisch zu besetzen und seine absolute politische Herrschaft zu errichten. Damit war auch der Ausgangspunkt gewonnen für eine Konfrontation zwischen China und seinem großen asiatischen Rivalen: Indien. Eine wohl unvermeidliche Konfrontation, seit Nehrus Indien im Vertrauen auf die vermeintliche Schwäche des kommunistischen Chinas ziemlich selbstherrlich seine Nordgrenze zu korrigieren begonnen hatte.

Peking eröffnete die Konfrontation, indem es in den Grenzgebieten auf dem »Dach der Welt« immer weitergehende Forderungen auf die Abtretung oder »Rückgabe« von Gebietsstreifen stellte, die nach den bestehenden Karten zu Indien oder den Grenzstaaten Bhutan, Sikkim und Nepal gehörten. Nach und nach beliefen sich die Forderungen auf mehr als 100 000 Quadratkilometer. China legte in Tibet Flugplätze an; ein Netz strategischer Straßen, die zu den Pässen des Himalaja hinaufführten, wurde gebaut; eine Eisenbahn, die Lanchow und Sinking mit Lhasa in Tibet verbinden sollte, wurde in Angriff genommen. Im Winter 1959/60 ereigneten sich die ersten bewaffneten Zusammenstöße zwischen chinesischen und indischen Truppen in der Grenzregion. Das Ziel der sehr begrenzten chinesischen Operationen lautete natürlich nicht, einige Hochtäler zu erobern, sondern Indien eine Niederlage zu bereiten und damit dessen Ansehen zu untergraben. Man wollte die Wirtschaft Indiens schädigen und damit die Überlegenheit des kommunistischen Wirtschaftssystems Chinas über das sozialistische und in manchen Sektoren liberale System Indiens beweisen. Dieser Beweis sollte zu Händen der Entwicklungsländer geführt werden, die man beim Wählen des Weges zu ihrer Entwicklung noch beeinflussen konnte. Auch sollte gleichzeitig die Fähigkeit Indiens, wirtschaftliche und technische Hilfe an die Entwicklungsländer in Asien und Afrika zu leisten und so politischen und wirtschaftlichen Einfluß zu gewinnen, geschwächt werden. Der Kampf ging darum, wer unter den unverpflichteten, neutralistischen Nationen die Führung schließlich an sich reißen werde. Daß zwischen Sozialismus und dem, was die Chinesen Imperialismus nannten, eine Zwischenwelt von Staaten entstehe, mit denen Moskau erfolgreich politische und wirtschaftliche Beziehungen pflegen konnte, sollte verhindert werden. Auch mußte Indien wegen seiner Grenzpolitik »bestraft« werden.

Soweit war die Operation erfolgreich. Vom ersten chinesischen Angriff an hatte Indien einen viel größeren Teil seiner Mittel der Landesverteidigung zu opfern als vorher, und das Ansehen der Regierung Nehru sank, sowohl im Innern wie außerhalb Indiens, in bedenklichem Maße.

Der chinesische Druck auf die Grenzen Indiens wurde im Herbst 1962 erneut verschärft. Im Oktober griff dic Volksbefreiungsarmee gleichzeitig im Gebiet der *North East Frontier Agency* (NEFA), also dem Land um die nördlichen Zuflüsse des Brahmaputra, an, und viel weiter im Westen in Ladakh, an der Grenze von Kaschmir. Der indische Widerstand brach im Nordosten schnell zusammen, während in Ladakh der Angriff wenigstens stellenweise abgewehrt wurde. China beutete aber seine militärischen Anfangserfolge nicht aus. Das wäre leicht gewesen, weil Indien unvorbereitet war und seine verhältnismäßig schwachen Streitkräfte stets gegen Pakistan in Bereitschaft hielt. Schon im November gab Peking bekannt, es werde freiwillig seine Truppen aus dem Gebiet der NEFA zurückziehen. Für Ladakh bot es einen Kompromiß an, der unter anderem eine entmilitarisierte Zone vorsah.

Das zeigt, daß die ganze Operation, trotz den bewaffneten Zusammenstößen, zu denen sie führte und führen mußte, keineswegs als ein Krieg geplant war und nicht einmal als ein begrenzter Krieg. Es war eine klassische Konfrontation, die von China mit großem Erfolg durchgeführt wurde. Indiens militärische Schwäche wurde der aufmerksam zuschauenden Entwicklungswelt weithin sichtbar enthüllt. Die Sowjetunion und die Westmächte wurden gezwungen, ihre Rüstungshilfe an Indien zu vervielfachen, was tiefe Verstimmung in Pakistan auslöste und es zwang, sich China als seinem einzigen Beschützer zuzuwenden. Indien wurde gezwungen, seine spärlichen Mittel von der Entwicklung seiner Wirtschaft in vermehrtem Maße dem Aufbau seiner Verteidigung zuzuweisen. Die Militärausgaben Indiens stiegen von vier Milliarden Rupien auf neun Milliarden in den Jahren 1963/64.

Die bald darauf, 1965, ausbrechenden kriegerischen Auseinandersetzungen zwischen Indien und Pakistan, zuerst im Rann of Kutch und später als Krieg im Punjab und in Kaschmir, waren stark beeinflußt durch die Ergebnisse der Konfrontation zwischen Indien und China. Sie waren selber aber Krieg in der traditionellen Art, und keine Konfrontationen, und wurden demgemäß auf Grund von Waffenstillstandsverträgen eingestellt. Der zweite dieser Konflikte wurde am 10. Januar 1966 durch ein in Taschkent geschlossenes Abkommen, bei dem die Russen als Vermittler ihre guten Dienste geleistet hatten, beendet, der erste am 4. Juli 1969 durch einen im Rahmen der Vereinten Nationen erzielten Kompromiß.

Südostasien im Besonderen

Eine weithin sichtbare Konfrontation entspann sich zwischen den Niederlanden und Indonesien zu Beginn der sechziger Jahre. Der Einsatz war die Zukunft von West-Neuguinea oder West-Irian, wie es in Indonesien genannt wird. Kaum hatte Indonesien am 27. Dezember 1949 von den Holländern seine Unabhängigkeit erhalten, verlangte die neuerrichtete Regierung in Djakarta auch die Auslieferung von West-Neuguinea an Indonesien. Zweiseitige Verhandlungen blieben ergebnislos. Die Angelegenheit wurde vor die Vereinten Nationen gebracht, wo aber alle Versuche scheiterten, eine friedliche Lösung zu finden oder das Problem zu internationalisieren oder es durch den Internationalen Gerichtshof entscheiden zu lassen. Es wurde deutlich, daß Indonesien sich nicht mit weniger zufriedengeben werde als mit der sofortigen und vollständigen Annexion des Gebietes. Es konnte dabei auf die Unterstützung aller asiatischen und afrikanischen Regierungen zählen und zudem mit derjenigen der Sowjetunion und der Vereinigten Staaten. Die Niederlande, die sich verpflichtet hatten, den Völkern von West-Neuguinea 1970 die volle Unabhängigkeit als besonderes souveränes Staatswesen zu verleihen, fanden sich vollständig isoliert.

In dieser ihm günstigen Lage eröffnete der Diktator Indonesiens, Sukarno, eine Operation, die er selber als Konfrontation bezeichnete, mit dem Ziel, eine Entscheidung rasch zu erzwingen. Es sollte sich zeigen, daß das Manöver eines der typischsten und auch erfolgreichsten Unternehmungen dieser Art wurde.

Gestärkt durch große Waffenlieferungen der Sowjetunion und auch etwas chinesisches Kriegsmaterial, nahm Sukarno gegen die Niederlande eine drohende Haltung ein. Niederländisches Eigentum in Indonesien wurde 1959 eingezogen. Guerillas wurden an den Küsten West-Neuguineas und auf den ungezählten ihnen vorgelagerten Inseln gelandet. Viele der gelandeten Verbände wurden von der niederländischen Armee aufgespürt und gefangengenommen. Manche aber konnten sich ins Landesinnere einschleichen und waren in der Lage, auf die Kolonialmacht einen ständigen Druck auszuüben. Der Regierung im Haag wurde die Gewißheit aufgezwungen, und ebenso ihren Alliierten, daß ein offener Krieg unabwendbar sei, wenn man den indonesischen Forderungen nicht nachgebe. Ein Krieg um die letzten Reste des einst so stolzen Reiches Niederländisch-Indien kam aber gar nicht in Frage, hatte man doch dieses Reich unter britischem und amerikanischem Druck weggegeben, und würde doch West-Neuguinea ohnehin in zehn Jahren die Unabhängigkeit erhalten. Die Vereinigten Staaten von Amerika konnten das Ausbrechen eines großen Krieges nicht zulassen, weil er sie auf der Seite des Feindes der Niederlande gesehen hätte, was eine schwere Gefahr für das Überleben der Nordatlantischen Allianz gewesen wäre. Dazu kam, daß Indonesien den größten Teil aller Regierungen auf seine Seite gezogen hatte. Das fand unter anderem darin Ausdruck, daß Truppenverstärkungen aus Europa von Holland auf dem Umweg über Westindien und den Pazifischen Ozean nach Neuguinea gesandt werden mußten, weil Indien, Japan und die afrikanischen

Regierungen keine Zwischenlandungen der Transportflugzeuge zuließen.

Als am 15. August 1962 in New York eine Vereinbarung zwischen den Niederlanden und Indonesien unterzeichnet wurde, die West-Neuguinea an Indonesien abtrat, wurde auf Betreiben der Vereinigten Staaten ein kompliziertes Verfahren ausgeheckt, mit dem der Verrat getarnt werden sollte, den man an der Bevölkerung Neuguineas, den Papua, beging, denen ja die Unabhängigkeit versprochen war, und die sie nun nie erhalten sollten. Ihre Hoffnung, gleich wie so viele andere Völker in Asien und Afrika ein eigenes Staatswesen zu bilden, war bitter enttäuscht worden. Dafür sollte nun für eine Übergangszeit die Verwaltung in die Hände eines besonderen Organs der Vereinten Nationen gelegt werden, das als Machtmittel ausgerechnet über die indonesischen Streitkräfte verfügte, die bereits in das begehrte Land eingedrungen waren, und über einige symbolische Truppenverbände aus Malaysia. Nach Ablauf von sechs Jahren sollte unter den Papua ein Plebiszit gehalten werden. Kaum hatte sich aber die nur symbolische Verwaltung der Vereinten Nationen nach etwa sechs Monaten aufgelöst, übernahmen die Indonesier die uneingeschränkte Verfügung über das Land als die neue Kolonialmacht.

Der Fall ist interessant, weil er die vollkommene Technik einer Konfrontation demonstriert, bei der militärischer Druck geschickt gemischt wird mit Abschreckung und diplomatischem Manövrieren. Die indonesische Diplomatie hatte die Unterstützung einer großen Zahl von kleinen Staaten, der Großmächte, der Weltmächte und der Bürokratie der Vereinten Nationen in New York gewonnen. Wenn diese Unterstützung auch nicht immer rückhaltlos war, so wurde der Gegner doch in den Glauben versetzt, daß sie rückhaltlos und unbedingt sei, und damit gezwungen, zurückzuweichen.

Indonesien setzte seine erfolgreich begonnene Politik der Konfrontation fort. Der Föderation Malaia war 1957 vom Vereinigten Königreich die Unabhängigkeit geschenkt worden. Das neue Staatswesen wurde 1963 um Singapore sowie um Sarawak und Sabah am nördlichen Rand von Borneo erweitert. Das Ganze bildete nun Malaysia. Sofort wandte der siegreiche

Diktator von Indonesien seine Aufmerksamkeit dieser neuen Zielscheibe zu, gegen die er seine Kunst üben konnte. Seinem Wunsch nach Konflikt und Eroberung bot sich hier neue Beute. Unter dem Schlagwort *»Ganjang Malaysia«* (zerkaue Malaysia) eröffnete er eine neue Konfrontation, die er in aller Öffentlichkeit als solche bezeichnete. Er wiederholte dabei das Verfahren, das er so erfolgreich gegen West-Neuguinea angewendet hatte.

Militärischer Druck wurde ausgeübt, indem indonesische Truppen über die Dschungelgrenzen von Borneo nach Sabah und Sarawak eingeschleust wurden. Fast jede Nacht wurden Guerillas an den Küsten der Straße von Malakka und auf den tausend Inseln an der malaysischen Küste gelandet. Die Sowjetunion wurde um ihre diplomatische Hilfe angegangen und war nur zu bereit, sie zu gewähren. Moskau konnte es nicht wagen, den reizbaren Diktator zu ärgern, für den man schon so viel Geld ausgegeben hatte, weil er sich jederzeit dem Erzfeind China in die Arme werfen konnte. Die übliche Propagandakampagne unter den Entwicklungsländern lief an. Diesmal wurde die »reaktionäre« Regierung in Kuala Lumpur angeklagt und mit ihr der Beschützer und Schöpfer von Malaysia, Großbritannien, dem man vorwarf, »Neokolonialismus« zu betreiben. Obwohl Malaysia keineswegs die Unterstützung und Sympathie der gewöhnlich unverpflichteten, neutralistischen und allgemein dem Westen feindlichen Regierungen der Entwicklungswelt genoß, brachte Indonesien keine geschlossene Front gegen sein Opfer zustande, wie es im Falle Neuguinea gelungen war. Die Vereinigten Staaten fehlten diesmal in der Koalition ihrer eigenen Feinde, in der sie sich sonst so wohl fühlten, einerseits, weil sie sich nicht in Gegensatz zu London setzen wollten, andererseits, weil Malaysia siegreich aus einem langen Kampf gegen kommunistische Unterwühlung und kommunistischen Umsturz hervorgegangen war. Malaysia entsprach demnach in fast idealer Weise dem amerikanischen Traum von unabhängigen asiatischen Nationen, die entschlossen dem Kommunismus Widerstand leisten, und es wäre geradezu paradox gewesen, wenn Washington gegen ein Land wie Malaysia Stellung bezogen hätte.

In der zweiten Konfrontation Sukarnos war deshalb die diplomatische Unterstützung bei weitem nicht so wirksam wie bei der ersten. Der militärische Druck, den er ausüben konnte, erwies sich diesmal in noch weit höherem Maße als wirkungslos und als stumpfe Waffe. Malaysia hatte gemäß einem Verteidigungsabkommen von 1957 die volle Unterstützung Großbritanniens und auch, auf Grund früherer Abmachungen, von Australien und Neuseeland. Anders als die Holländer verfügten die Briten über gutorganisierte Militärbasen in Hongkong und Singapore. Die meisten der in Südostasien damals stationierten 18 britischen Bataillone waren erfahrene Dschungeltruppen. Sie wurden durch eine leistungsfähige und vielseitige Luftmacht unterstützt. Die britische Flottenstärke in dem Gebiet belief sich zeitweise auf 80 Schiffe, die meisten von ihnen nur kleinere Typen, die aber gegen die indonesische Infiltration mit größtem Erfolg vorgingen. Das Ergebnis der indonesischen militärischen Druckversuche war demnach bescheiden, und das wirkte unmittelbar auch auf den diplomatischen Druck zurück. Um erfolgreich zu sein, scheint jede Konfrontation über zwei Füße verfügen zu müssen, auf denen sie stehen kann, wirkungsvollem militärischen Druck und die diplomatische Unterstützung Dritter.

Als die indonesische Infiltration auf dem Land- und dem Seeweg im September 1964 vor den Sicherheitsrat der Vereinten Nationen gebracht wurde, stimmten sogar zwei afrikanische Staaten, die Elfenbeinküste und Marokko, für die Indonesien verurteilende Resolution. Die Philippinen, die ihrerseits auf Sabah Anspruch erheben, wünschten keineswegs, daß der Nordzipfel von Borneo, der sich gegen ihr Inselreich erstreckt, ein Teil von Indonesien werde. Dazu kam, daß Regierungen wie diejenigen Japans und Indiens, welche seinerzeit Indonesien in seiner Konfrontation mit den Niederlanden offen unterstützt hatten, immer besorgter wurden über die Anzeichen der Annäherung zwischen Indonesien und China und über die Unterstützung, die Sukarno von Peking erhielt.

Das strategische Ziel Indonesiens, so vermutet man wenigstens, war nicht, Malaysia zu erobern und zu annektieren, sondern eher die Föderation aufzulösen und durch eine große Zahl von neuen einzelnen Staaten zu ersetzen, die dann zu Satelliten

Djakartas gemacht worden wären. Diese Aussicht hatte für die anderen Regierungen Asiens nur wenig Verlockendes. Aus diesem Grunde fand Sukarno denn auch nicht die nötige diplomatische Unterstützung.

Die ganze Konfrontation fand ein unerwartetes Ende. In der Nacht vom 30. September auf den 1. Oktober 1965 versuchte die Kommunistische Partei Indonesiens, zumindest mit der wohlwollenden Duldung von Sukarno, die Macht im Staate an sich zu reißen, indem sie die militärischen Führer, die bis jetzt ihrem wachsenden Einfluß Widerstand geleistet hatten, und die die einzige Macht verkörperten, die der kommunistischen Machtergreifung noch im Wege stand, vernichteten. Der Staatsstreich mißglückte. Die siegreichen militärischen Führer entkleideten Sukarno Schritt für Schritt seiner Macht und Gewalt, änderten den außenpolitischen Kurs und versöhnten sich schließlich mit Malaysia.

Die chinesisch-sowjetische Konfrontation

In der Reihe der Konfrontationen der modernen Welt nimmt diejenige zwischen dem kommunistischen China und der Sowjetunion eine beherrschende Stellung ein. Gegenseitige Beschimpfung, Entfaltung militärischer Macht, einschließlich von Atomwaffen, Verhandlungen, gegenseitiger Druck, versöhnliche Gesten, Streben, den eigenen Einfluß auszudehnen, den des anderen zu vermindern, wechseln mit derartiger Schnelligkeit ab, daß es schwierig ist, in der Reihe der Manöver die einen oder anderen einer bestimmten Konfrontation zuzuordnen. Unsere Aufgabe kann es deshalb nicht sein, den ganzen Ablauf des chinesisch-sowjetischen Konfliktes nachzuzeichnen. Wir haben eher nachzuweisen, wie einzelne Zwischenfälle, welche die gegenseitigen Beziehungen bezeichnen und beeinflussen, in andere Konfrontationen hineingreifen, die wir schon beschrieben haben, oder wie die beiden Gegner schon bestehende Konflikte zwischen Dritten benützen, um eigene Positionen aufzubauen und den eigentlichen Gegner zu überholen.

Als die Kanonen der Volksbefreiungsarmee auf dem chinesischen Festland im August 1958 donnerten und ihre Geschosse gegen die Küsteninseln Quemoi und Matsu schleuderten, so konnte das, aus der Ferne betrachtet, in dem Sinne ausgelegt werden, daß nun eben die Konfrontation zwischen Peking und Taipeh und indirekt diejenige zwischen China und den Vereinigten Staaten verschärft und in eine neue Phase hinübergeleitet worden sei. In Wirklichkeit beleuchtete das Mündungsfeuer der Geschütze und das Aufblitzen platzender Granaten eine neue Phase des Konfliktes zwischen den beiden kommunistischen Riesen, der Union der Sozialistischen Sowjetrepubliken und der Volksrepublik China. Wenige Tage später schon erklärte das Zentralkomitee der chinesischen Kommunistischen Partei Mao Tse-tung als eine der höchsten Autoritäten der marxistischen Lehre. Es gab bekannt, daß China den Kommunismus auf einem abgekürzten Wege verwirklichen werde, indem es die Volkskommunen einführe. Zugleich nahm China von nun an die Stellung des wahren Verteidigers des rechten Glaubens in Anspruch gegen die Ansprüche Chruschtschows, auf dessen Versuche eines taktischen Arrangements mit den Vereinigten Staaten man nur mit tiefstem Mißtrauen blicken konnte.

Chinas herausfordernde Haltung gegenüber der nichtkommunistischen Welt brachte Moskau jedoch nicht von seinem neuen Kurs und seiner neuen Taktik ab; sie schien im Gegenteil Moskau darin zu bestärken. China wurde umgehend für seinen Versuch bestraft, die alleinige Führerrolle der Kommunistischen Partei der Sowjetunion in Frage zu stellen. Im Juni 1959 kündigte Moskau die Abmachung über die China beim Bau der Atomwaffe zu leistende technische Hilfe. Ein Jahr später wurden sämtliche russischen technischen Berater zurückgezogen. Sie nahmen in ihren Aktentaschen auch die Pläne der vielen begonnenen Industrieanlagen und Fabriken mit. Damit wurde Chinas Anstrengung, sich zu industrialisieren, um Jahre zurückgeworfen.

Der Konflikt zwischen den beiden rivalisierenden kommunistischen Großmächten hat die Neigung in sich, die Form einer Konfrontation im Dreieck anzunehmen. Während der »Geist von Camp David« geboren wurde und eine neuartige und unerwartete Annäherung zwischen der Sowjetunion und den Vereinigten Staaten einzuleiten schien, verschärften die Chinesen ihren Grenzkonflikt mit Indien und steigerten ihn im Winter 1959/1960 – während also gerade die freundschaftliche Visite Eisenhowers bei Chruschtschow in Moskau vorbereitet wurde – zu einem bewaffneten Zusammenstoß. Damit zeigte China seine überlegene Bereitschaft, Risiken einzugehen, und unterstrich seinen Anspruch auf die führende Rolle bei dem großen Werk, den Sozialismus in der ganzen Welt aufzurichten, wenigstens für die leichtgläubigeren unter den Regierungen von Entwicklungsländern. Die Wirkung des auf solche Weise gegen die Führer der Sowjetunion ausgeübten Drucks sollte bald sichtbar werden. Der U-2-Zwischenfall und seine Ausbeutung in einer heftigen Konfrontation, die im Zusammenhang mit dem gescheiterten Gipfeltreffen in Paris vom Mai 1960 inszeniert wurde, waren wenigstens zum Teil eine Konzession an die aufmerksam zuschauenden Führer Chinas. Die Heftigkeit des sowjetischen Versuchs, die Vereinten Nationen zu zerstören, der sich im folgenden September als Nachspiel an die Niederlage der sowjetischen Politik im Kongo anschloß, muß zum Teil aus dem Druck erklärt werden, den China mittelbar auf Moskau ausübte.

Als der Konflikt zwischen den Vereinigten Staaten und der Sowjetunion 1961 und zu Beginn 1962 die neue Form eines Wettlaufs nuklearer Explosionen in der Atmosphäre annahm, also die einer Art begrenzten Nuklearkrieges, schienen sich die Chinesen angesichts solcher Zeichen der Entschlossenheit und Wagnisbereitschaft Moskaus etwas zurückzuziehen. Windstille setzte im Spiel der gegenseitigen Vorwürfe ein; beide Seiten kamen überein, daß die öffentlichen Auseinandersetzungen eingestellt und eine Art Weltkonferenz vorbereitet werden könnte, die den Streit beilegen würde.

Während die Konfrontation zwischen Washington und Moskau über Kuba noch immer die Blicke der Welt gefangenhielt, eröffnete China eine neue Phase seiner Konfrontation mit Indien. Sie war dazu bestimmt, die andere asiatische Großmacht zu demütigen, ihren Einfluß in der Entwicklungswelt zu zerstören und gleichzeitig indirekt die Schutzmacht Indiens, die Sowjetunion, in Verlegenheit zu bringen. Moskau antwortete, indem es den chinesisch-indischen Konflikt mißbilligte und seine frühere Zustimmung zu einer kommunistischen Weltkonferenz zurückzog. Von jenem Augenblick an verschlechterten sich die Beziehungen zwischen den beiden kommunistischen Großmächten beträchtlich. Eine neue Pause oder Windstille begann nach dem 14. Oktober 1964, als Chruschtschow gestürzt und durch ein Triumvirat ersetzt wurde, das ein wenig zurückhaltender und maßvoller schien.

Die Meinungsverschiedenheit über die Frage, wer in Vietnam den entscheidenden Einfluß gewinnen werde, entzweite die beiden Regierungen erneut. Es wurden jetzt Demonstrationen vor den Botschaften in Peking und in Moskau veranstaltet. Im August 1966, inmitten der großen proletarischen Kulturrevolution, wurde Mao Tse-tung als der größte Marxist-Leninist unserer Zeit proklamiert. Zu Beginn 1967 brach der Konflikt aus den Grenzen der Streitereien zwischen kommunistischen Parteien aus, der vor allem auf dem Gebiet der Theorie und der Ideologie ausgefochten worden war, und wurde zum offenen Konflikt zwischen Staaten. Er nahm anfänglich verhältnismäßig milde Formen einer Konfrontation an. Die Demonstrationen vor den Botschaften wurden wiederaufgenommen. Die Sowjetbotschaft in Peking wurde vom 26. Januar bis zum 13. Februar 1967 belagert. Die Sowjets antworteten mit Demonstrationen vor der chinesischen Botschaft in Moskau. Am 17. Juni 1967 explodierte die erste thermonukleare Bombe der Chinesen in Sinkiang und schuf den düsteren Hintergrund für diese Vorgänge.

Der Konflikt nahm nach und nach die Züge einer ununterbrochenen Konfrontation an, die allerdings mit verhältnismäßig winzigen Werkzeugen geführt wurde, die in keinem richtigen Verhältnis zu der Größe der beteiligten Mächte und der auf dem Spiel stehenden Interessen standen – ideologische Vorherrschaft unter den kommunistischen Nationen, entscheidender wirtschaftlicher Einfluß in der Entwicklungswelt.

Am 2. März 1969 begann ein neuer Abschnitt. Chinesische und sowjetische Truppen stießen auf der Damanski-Insel im Fluß Ussuri zusammen, der die Grenze bildet zwischen der Mandschurei und den sowjetischen Küstenprovinzen am Pazifischen Ozean. Feuerwechsel folgten am Fluß Amur und weit im Westen in Sinkiang, wo sich ein größerer bewaffneter

Zusammenstoß am 13. August 1969 ereignete. Der Beweis dafür, daß die Vorkommnisse etwas mehr waren als bloße Grenzzwischenfälle, nämlich Schachzüge in einer großen Konfrontation, wurde durch die maßlose Heftigkeit der beidseitigen diplomatischen Proteste, die Ausbeutung durch die Massenmedien auf beiden Seiten erbracht. Sie wiesen ohne jede Zurückhaltung auf die Vorfälle hin und malten sie als die Ausschreitungen eines besonders grausamen und bösartigen Feindes aus. Die Zwischenfälle wurden von Demonstrationen vor den Botschaften unterstrichen und, was bezeichnend ist für eine Konfrontation und ihre komplexe und widersprüchliche Natur, durch Verhandlungen beigelegt, die am 22. Juni 1969 in Chabarowsk begannen und später nach Peking verlegt wurden.

An der ideologischen Front gewannen die Sowjets einen wenigstens vorübergehenden Vorsprung, indem sie ein kommunistisches Konzil zustande brachten, das am 5. Juni 1969 eröffnet wurde. Ursprünglich als eine Veranstaltung geplant, welche die Irrtümer Chinas darlegen und die Stellung und das Ansehen der chinesischen Kommunistischen Partei und zugleich diejenige von Mao Tse-tung als eines Propheten der Bewegung untergraben sollte, war ihr schließlicher Erfolg viel bescheidener. Die Besetzung der Tschechoslowakei im Sommer 1968 hatte Moskaus Ansehen in einem Maß in Mitleidenschaft gezogen, das es unmöglich machte, den anderen Delegationen einfach den Willen aufzuzwingen. Daß die beiden Großmächte es bis zu bewaffneten Auseinandersetzungen an der Grenze kommen ließen und damit die Konfrontation auf die Spitze getrieben hatten, untergrub die Stellung der beiden Feinde in den Augen anderer kommunistischer Länder. Die Verstimmung fand deutlich Ausdruck; bezeichnend sind die folgenden Bemerkungen der jugoslawischen *»Review of International Affairs«*, die schrieb:

> »Der Grenzkonflikt zwischen den großen sozialistischen Staaten und die Möglichkeit einer Reihe neuer Konflikte, die von Druck, Drohungen etc. begleitet sein können, zerstört sehr schnell den Mythos einer besonderen Rolle der sozialistischen Länder sowohl im Kampfe gegen den Imperialismus wie im Kampfe für den Frieden und die aktive Koexistenz[18]).«

Zypern 1964 und 1967

Es ist hier nicht die Stelle, alle kleineren Konfrontationen zu verzeichnen und zu analysieren, in welche in den letzten Jahren kleine und kleinere Nationen verwickelt waren, solange sie nicht besonderen Einblick gewähren in die Gesetze und in den Mechanismus der modernen Konfrontation und Einsichten, die sich nicht schon aus dem Studium der großen und typischen Konfrontationen in der modernen Welt ergeben haben.

Eine der kompliziertesten Konfrontationen der letzten Jahre muß aber hier erwähnt werden – diejenige zwischen Griechenland und der Türkei, bei der Zypern der Einsatz war. Sie ist kompliziert wegen des historischen Hintergrundes der Frage, der geographischen Lage der Insel und der ethnischen Zusammensetzung ihrer Bevölkerung. Weiter wird die Lage kompliziert durch die Tatsache, daß drei Nationen – Griechenland, die Türkei und Großbritannien – an erster Stelle interessiert und in das Problem verwickelt waren, und daß die beiden Weltmächte in hohem Maße Wert auf einen ihnen günstigen Ausgang des Kampfes legten. Bezeichnende Züge von Interventionen waren in der Konfrontation stets sichtbar. In dem schwierigen Kampf im Dreieck – oder besser gesagt im Fünfeck –, einem diplomatischen, politischen und strategischen Spiel, griff jede der fünf beteiligten Regierungen wiederholt aktiv ein. Nur aber in der zweiseitigen Beziehung zwischen der Türkei und Griechenland nahm der Konflikt wirklich die Züge einer Konfrontation an.

Das war der Fall im Dezember 1963, als die britischen Truppen, die noch auf der Insel standen, sich außerstande sahen, die bürgerkriegsähnlichen Auseinandersetzungen zwischen griechischen und türkischen Zyprioten zu verhindern. Die Türkei drohte am 13. März 1964, Zypern militärisch zu besetzen, um die arg bedrängte Gemeinschaft der türkischsprechenden Zyprioten zu schützen. Die Drohung wurde widerrufen, nachdem die Vereinten Nationen erste Vorhuten einer Friedensstreitmacht nach der Insel geworfen hatten. Nach und nach wurde der militärische Druck der Türkei aber wieder verstärkt durch Gesten wie Mobilisierung und Bereitstellung besonderer

Verbände für eine Invasion oder Flüge von Kampfflugzeugen in geringer Höhe über der Insel. Diese Gesten entfalteten indessen eine mittelbare Wirkung: Die Sowjetunion gab im Juni 1964 schließlich ihren Widerstand gegen die Tätigkeit der *United Nations Forces in Cyprus* (UNFICYP) auf, die im März nach der Insel gesandt worden waren. Die Sowjetunion begann jetzt deren Mission zu unterstützen. Diese Wendung ist zu erklären aus der Furcht Moskaus vor einer Intervention der NATO; wenn die Gegenwart stärkerer Streitkräfte der NATO auf der Insel vermieden werden konnte, war Moskau bereit, selbst eine Intervention der Vereinten Nationen hinzunehmen.

Die Kämpfe zwischen den ethnisch verschiedenen Gruppen auf der Insel hörten aber nicht auf. Die türkische Luftwaffe griff sogar in die Kämpfe ein, indem sie Dörfer und Stellungen der griechischen Zyprioten bombardierte und mit Bordwaffenfeuer belegte. Die Weltmächte waren sich der Gefährlichkeit eines sich weiter ausdehnenden Konflikts auf der und um die Insel natürlich voll bewußt. Ihre Hauptsorge war, einer unmittelbaren Konfrontation zwischen ihnen selber aus dem Wege zu gehen. So übten sie starken Druck auf die Türkei aus. Am 5. Juni 1964 sandte Präsident Johnson einen Brief nach Ankara, in dem er der Türkei androhte, daß sie keine Hilfe der NATO erwarten könne, wenn sie infolge einer Invasion Zyperns von der Sowjetunion angegriffen würde[19]). Am 8. Juli 1964 warnte Chruschtschow die Türkei vor den Gefahren eines Invasionsversuchs und wies darauf hin, daß das eine gefährliche Kettenreaktion auslösen könnte. Der Brief Präsident Johnsons, der aus einer wohl gerechtfertigten Sorge vor weltweiten Verwicklungen geboren war, versetzte der früheren freundschaftlichen und vertrauensvollen Beziehung zwischen der Türkei und den Vereinigten Staaten einen schweren Schlag, von dem sie sich nie mehr ganz erholen sollte. Die sowjetische Diplomatie war rasch bei der Hand, um die Entfremdung zwischen den Alliierten zu einer Annäherung an die Türkei zu benützen.

Die türkischen Drohungen wurden indessen unter dem gleichzeitigen Druck der beiden Weltmächte eingestellt. Es begann eine drei Jahre dauernde Periode der Verhandlungen und der Vermittlungsversuche auf den verschiedensten Ebenen.

Im November 1967 flammten wieder Kämpfe zwischen Türken und Griechen auf Zypern auf. Die Türkei wiederholte jetzt ihre Invasionsdrohung. Sie wies wieder auf Mobilmachungsmaßnahmen hin und verkündete die Absicht, »das Problem für ein und allemal durch die Teilung der Insel zu lösen«[20]). Die Drohung begleiteten und unterstrichen vier ganz bestimmte an Griechenland gestellte Forderungen.

Die Stellung der Türkei war in dieser neuen Phase der Konfrontation wesentlich stärker als 1964, weil sich Ankara nach dem Sturze Chruschtschows um eine verständnisvollere Haltung Moskaus bemüht und diese auch erlangt hatte. Diesmal schienen auch die Vereinigten Staaten nicht gesonnen, ihre Sechste Flotte einer türkischen Operation entgegenzusetzen, wie sie es 1964 offenbar getan hätten. 1964 hätte ein solches Eingreifen der amerikanischen Macht mit den Wünschen der Sowjetunion übereingestimmt. Sie unterstützte damals noch den für die Kommunisten wertvollen Diktator von Zypern, Erzbischof Makarios, und damit die Griechisch-Zyprioten. 1967 hatte sich die Politik der Sowjetunion gewandelt. Hätten jetzt die Amerikaner gegen eine Invasion der Türken Stellung bezogen, so wären diese direkt den Russen in die Arme getrieben worden.

Damit war ein Krieg zwischen Griechenland und der Türkei möglich geworden. Die türkische Drohung war glaubwürdig, was die Stellung Ankaras ungemein stärkte. Weil aber ein Krieg um jeden Preis verhindert werden mußte, weil er der NATO einen kaum gutzumachenden Schaden zugefügt hätte, begann die amerikanische Diplomatie und diejenige anderer NATO-Mitglieder starken Druck auf die Regierung Griechenlands auszuüben. In Athen hatte unterdessen, am 21. April 1967, eine Gruppe von Offizieren die Regierungsmacht in einem Staatsstreich an sich gerissen. Die neuen Machthaber schienen, so paradox das klingen mag, realistischer und weniger nationalistisch als das vorangegangene legale Regime. Dem Druck der Mächte weichend, aber wahrscheinlich auch aus eigenem Entschluß und eigener Einsicht in seine wahren Interessen und unter dem staatsmännischen Einfluß des Außenministers P. Pipinélis, stimmte Athen den Forderungen Ankaras zu. Die Konfrontation, die von der Türkei als eine geschickte Mischung von militärischen Drohungen und diplomatischen Bemühungen um die Gunst und die Unterstützung der Weltmächte, oder wenigstens um ihre Neutralität geführt worden war, endete mit einem Erfolg für Ankara. Sie verbesserte die Lage der Bewohner türkischer Abstammung auf Zypern, brachte das eigentliche Problem der Lösung aber nicht näher.

In diesem Zusammenhang weist der amerikanische Analytiker Robert Osgood auf die paradoxe Lage hin, die sich aus dem strategischen Gleichgewicht zwischen den Supermächten ergeben hat. Solche Konflikte bleiben in unserer modernen Welt ungelöst, weil die Mächte alles daransetzen, Kriege zu vermeiden, in die sie hineingezogen werden könnten, Kriege, die aber auch, »historisch betrachtet, das eigentliche Mittel zur Lösung solcher Konflikte sind[21])«.

KAPITEL V

INTERVENTION ALS BEGRENZTER GEWALTGEBRAUCH

Terminologie und Definitionen

Dieses Buch untersucht den Gebrauch von Macht und Gewalt in der modernen Welt in den internationalen Beziehungen, und ganz besonders die Methoden, ihren Gebrauch so zu begrenzen, daß die Ereignisse den Handelnden nicht aus den Händen gleiten. Deshalb wird hier der Ausdruck »Intervention« in einer genau umschriebenen Weise gebraucht. Wie jeder weiß, kann der Ausdruck die verschiedensten Dinge bezeichnen und in mancherlei und ungenauen Bedeutungen verwendet werden, um einfach jede Handlung, welche die Interessen anderer berührt, zu bezeichnen. Sogar in der mit politischer Wissenschaft und Recht befaßten Literatur finden wir einen höchst ungenauen und freien Gebrauch des Wortes.

Wir betrachten Intervention als eine besondere Form des strategischen Handelns. Es ist strategisch im eigentlichen Sinne, weil hier Politik und Macht in engem Verband zusammenwirken. Es ist zugleich unterschieden von anderen Formen internationaler Situationen und anderen Formen des Handelns in den internationalen Beziehungen, in denen Wille gegen Wille steht, Gewalt gegen Gewalt (wie zum Beispiel bei Konfrontationen), durch fünf besondere Züge. Diese besonderen Wesenszüge sind die folgenden:

Erstens. Das Handeln wird, wenigstens in den Augen der die Intervention unternehmenden Macht, als geeignet und berufen betrachtet, eine gültige Regel der Politik, der Moral oder des Rechts hochzuhalten.

Zweitens. Das Machtverhältnis zwischen dem Intervenierenden und dem Intervenierten ist derart, daß der erste dem zweiten deutlich überlegen ist.

Drittens. Das Verhalten des Intervenierenden ist derart, daß es sich deutlich von seinem bisherigen Verhalten unterscheidet.

Viertens. Das Unternehmen ist nach seinen Zwecken und in der Zeit begrenzt; es »interveniert« zwischen anderen Phasen der gegenseitigen Beziehungen.

Fünftens. Das Unternehmen wendet sich an die politischen Strukturen der Nation oder der Gesellschaft, die der Gegenstand der Intervention ist, und es ist unwesentlich, ob eine Einladung zu intervenieren vorlag oder nicht.

Wir befassen uns also mit Lagen oder Handlungen, bei denen eine mächtigere Nation oder eine internationale Organisation oder eine multinationale Kombination aus dem bestehenden Rahmen der gegenseitigen Beziehungen ausbricht und versucht, ihren Willen einer schwächeren Nation aufzuzwingen, indem sie diese zur Änderung ihrer politischen Strukturen veranlaßt, oder doch die Inhaber der Macht zu bestimmten Entschlüssen zwingt, und das im Namen einer gewissen Auffassung über eine wünschbare politische, moralische oder rechtliche Ordnung und in zeitlich begrenztem Rahmen.

Diese Definition beantwortet auch mittelbar die so häufig gestellte Frage nach dem Wesen einer Intervention auf Verlangen oder auf Einladung des Intervenierten. Oft wird behauptet, eine Intervention sei zulässig, wenn der Staat, der das Ziel der Intervention ist, ihr zugestimmt oder sie gar gefordert habe. In der Praxis der Staaten wird das Argument, eine Intervention sei angefordert worden, häufig gebraucht, um sie zu rechtfertigen. Wäre das der Fall, so würde ja das Element der gegensätzlichen Haltung, des gegensätzlichen Willens zweier Parteien fehlen, weshalb in solchen Fällen gar nicht von Intervention gesprochen werden kann. Man müßte dann eher von Hilfeleistung, Zusammenarbeit, von einem Bündnisverhältnis wie bei einem Beistandspakt, oder von ähnlichen Formen internationaler Beziehungen sprechen. Als ein Beispiel solcher vertraglicher Beziehung kann man den Nordatlantikvertrag erwähnen oder den Sicherheitsvertrag zwischen den Vereinigten Staaten und Japan vom 8. September 1951, oder den Warschauer Pakt, oder jede derartige internationale Abmachung.

Der Ausdruck »Intervention« wird selbstverständlich häufig in einem allgemeineren und auch weniger genauen Sinn verwendet. Gewisse Erforscher der internationalen Beziehungen neigen dazu, ein außenpolitisches Verhalten als »Intervention« zu bezeichnen, sobald es überhaupt die Veränderung des Verhaltens einer anderen Nation bezweckt. Dieser Wortgebrauch ist aber zu weit und allgemein und kann sozusagen jede Art eines internationalen Konflikts bezeichnen. Auch wird jeder Fall, in dem eine Nation in einem bereits bestehenden Konflikt Partei ergreift, als »Intervention« bezeichnet. Das geschieht, wie man sofort erkennt, in Analogie zur juristischen Ausdrucksweise, ist aber für die politische Betrachtungsweise unzweckmäßig.

Das Recht des Internationalen Komitees vom Roten Kreuz, im Namen der Genfer Konventionen von 1949 zum Schutze der Opfer bewaffneter Konflikte Vorstellungen bei den Parteien zu machen, wird selbst in der juristischen Literatur oft »Intervention« genannt. Seine Bemühungen, eine humanitäre Aufgabe in Verwirklichung des humanitären Völkerrechts zu erfüllen, hinter denen keinerlei Machtmittel außer moralischen stehen, ist aber selbstverständlich keine Intervention im strengen Sinne des Wortes[1]).

Einige Autoren haben den Ausdruck auch als ein Synonym für »Staatsstreich« gebraucht, was natürlich völlig unzutreffend ist. Als zum Beispiel die Regierungen von Gabon oder von Mali durch einige Offiziere gestürzt wurden, bezeichneten manche das als eine »Intervention« der Armee.

Unter den vielen verdienstvollen Versuchen, den Begriff der Intervention genau zu definieren, was notwendig ist, wenn man sich systematisch damit auseinandersetzen will, muß einer besonders hervorgehoben werden. Der Autor bezeichnet als Intervention das Verhalten eines auf der internationalen Szene Handelnden gegen einen anderen Handelnden, wenn immer »die Art des Verhaltens eine scharfe Abwendung von den bisherigen Formen darstellt *und* wenn immer es darauf gerichtet ist, die Struktur der politischen Macht in der anvisierten Gesellschaft entweder zu bewahren oder zu ändern«[2]).

Diese Beschreibung dessen, was Intervention wirklich ist, stimmt weitgehend mit der von uns vorgeschlagenen Formel überein, mit dem einzigen Unterschied, daß sie das gegenseitige Verhältnis der Macht nicht erwähnt, bei dem der Intervenierende dem Intervenierten überlegen sein muß. Dieser Unterschied zwischen der Macht des einen und des anderen ist aber ein notwendiges Merkmal einer Intervention.

Ein anderer Autor betont, daß Intervention immer aus einem systematischen und organisierten Handeln bestehen muß, und immer aus einem Handeln über anerkannte Grenzen hinweg. Er lehnt es ab, bewaffnete Auseinandersetzungen um umstrittene Gebiete als Intervention zu bezeichnen[3]).

Unsererseits befassen wir uns nur mit Beziehungen zwischen Staaten und nicht mit solchen zwischen Einzelpersonen, politischen Parteien, Gruppen von Privaten oder privaten Organisationen, oder zwischen solchen und Staaten. Das sollte völlig klar sein. Interventionen können natürlich von Gruppen unternommen werden, die nicht als Teile einer Regierung oder als ihre Organe erkennbar sind, oder die nicht offiziell zu ihren Streitkräften gehören. Das wird in den meisten Fällen von Infiltration oder Subversion der Fall sein. Das typische Beispiel solcher Kräfte sind die »Freiheitskämpfer« in Afrika, die gegen Portugal operieren, oder die vielen palästinensischen Widerstandsgruppen, die trotz Waffenstillstand den Krieg gegen Israel führen. Im Lichte der Definition der Intervention ist es notwendig, will man solchen Kräften eine Intervention zuschreiben, daß ein wirkliches Bindeglied zwischen ihnen und einer konstituierten, legalen Regierung besteht. So konnten zum Beispiel die terroristischen und umstürzlerischen Unternehmen in den italienischen Provinzen, die das Südtirol bilden, nicht als Interventionen betrachtet und bezeichnet werden. Es bestand keine eigentliche Verbindung zwischen den Handelnden und Regierungsstellen, wenn auch örtliche Behörden in Österreich und Deutschland die Tätigkeit der Terroristen zeitweise wohlwollend geduldet haben.

Die häufigen verbrecherischen Flugzeugentführungen und die Zerstörung von Verkehrsflugzeugen durch Agenten arabischer Organisationen sind dazu bestimmt, Regierungen zu einem Tun oder Lassen zu zwingen. Trotzdem wird man sie nicht in die Kategorie der Interventionen einreihen dürfen, weil sie nicht von Regierungen gesteuert werden. Zwar werden sie zeitweise von arabischen Regierungen geduldet und begünstigt, aber trotzdem sind diese Akte als Taten privater verbrecherischer

Organisationen, nicht Staatsakten gleichzustellen. Das gleiche gilt für die häufige Entführung von Diplomaten durch Terroristen.

Ebenso kann politischer Mord, auch wenn er von verantwortlichen Regierungsstellen angeordnet und organisiert wird, wie zum Beispiel die Ermordung der ukrainischen Nationalistenführer Rebet und Bandera in den Jahren 1957 und 1959 durch den Sowjetagenten Bodgan Stanshinski in München, nicht als Intervention bezeichnet werden. Sie richtete sich nicht gegen eine Staatsgewalt. Auch werden alle verwandten internationalen Aktivitäten wie Spionage und sonstige Agententätigkeit, wie sie zum Beispiel von der amerikanischen *Central Intelligence Agency* (CIA) betrieben wird, aus dem Begriff der Intervention ausgeklammert, es sei denn, sie seien Bestandteil einer umfassenden Unternehmung, bei der die Staatsmacht als solche auftritt.

Wir werden uns nun mit einem nach dem anderen der erwähnten Wesenszüge der Intervention auseinandersetzen, welche Intervention von anderen Handlungen antagonistischer Natur in den internationalen Beziehungen unterscheidet.

Erhabene Ziele

Regierungen suchen für ihr Handeln, selbst wenn es ausschließlich durch Eigennutz oder noch weniger edle Ziele bestimmt ist, eine schönklingende Bezeichnung und annehmbare Gründe, um es in den Augen der Welt, des Opfers oder vor ihrem eigenen Gewissen zu rechtfertigen. Das führt uns auf das uralte Gebiet der Propaganda, der politischen Psychologie und der psychologischen Kriegführung. Man verlangt dann auch von niemandem, alles zu glauben, was vorgebracht wird.

Im Falle der Intervention verhält es sich etwas anders. Hier stimmen die Handelnden im Glauben überein, daß ein allgemein anerkannter Grundsatz, eine Ideologie, eine bestimmte Rechtsordnung, ein Gebot der Moral oder der Religion, oder eine ideale Weltordnung verteidigt oder aufgerichtet werden muß. Dieser Drang nach Rechtfertigung ist so allgemein und so stark, daß oft sogar das Opfer die allgemeineren Behauptungen der intervenierenden Macht oder der intervenierenden Mächte oder Organisationen anerkennt, so tief auch sonst die Ablehnung der angewandten Methoden oder der Zweifel am Recht des Intervenierenden, im Namen der angeführten Prinzipien zu handeln, sein mag.

Der Wunsch nach höchster Rechtfertigung fand seinen fast klassischen Ausdruck in den Verträgen, Konferenzen und Erklärungen, die aus dem Vertrag vom 20. November 1815 hervorgingen, in dem Rußland, Österreich, Preußen und Großbritannien den sog. »Vierbund« gründeten, der auf der Heiligen Allianz (gegr. 26. 9. 1815) beruht, und als Grundlage von Interventionen gegen revolutionäre Unternehmungen aller Art gedacht war. Die dem »Vierbund« zugrundeliegende Doktrin wurde von Metternich in einem Rundschreiben vom 12. Mai 1821 wie folgt formuliert:

> »Nützliche oder nötige Veränderungen in der Regierung von Staaten können nur aus dem freien Willen und der wohlbedachten und erleuchteten Initiative derjenigen hervorgehen, in deren Hände Gott die Verantwortung und die Macht gelegt hat. (Die Mächte) werden alle angeblichen Reformen, die durch Revolution oder Gewalt herbeigeführt worden sind, als gegenstandslos und im Gegensatz zum *öffentlichen Recht* Europas stehend betrachten[4]).«

Lange nachdem die Heilige Allianz – die nie eine wirkliche Allianz oder ein sonst irgendwie wirkungsvolles Instrument gewesen war (und schon gar nicht heilig), sondern eher nur eine politische Theorie – in den Revolutionsstürmen des Jahres 1848 endgültig untergegangen war, blieb das geistige Rüstzeug, das in ihr Ausdruck gefunden hatte, am Leben. Der geradezu mystische Vertrag der Heiligen Allianz stützte sich auf den christlichen Glauben. Christentum und christliche Ethik blieben die Grundlage des Begriffs der Intervention. Allgemein glaubte man, daß die europäischen Großmächte erleuchtete Zivilisation, humanitäre Ideale und eine stabile innere Ordnung darstellten und vertraten, eine stabile innere Ordnung, die als die beste Voraussetzung für eine stabile internationale Ordnung galt.

Diese erhabenen Ideale standen für den europäischen – und später auch ganz besonders für den amerikanischen – Betrachter in scharfem Gegensatz zu der Rückständigkeit, Unwissenheit, Macht- und Kraftlosigkeit, zur mangelnden Stabilität und überhaupt allgemein unmoralischen Natur kleinerer Nationen, und ganz besonders derer, die nicht weiß und nicht europäisch oder nordamerikanisch waren. Als die Vereinigten Staaten von Amerika sich auf den Weg machten, eine Großmacht zu werden, griffen sie diese in Europa herrschenden Vorstellungen begierig auf.

Theodore Roosevelt, von 1901 bis 1909 Präsident der Vereinigten Staaten, gab der Überzeugung besonders kraftvoll Ausdruck, daß eine Großmacht das Recht und die Pflicht habe, zu intervenieren, wenn sie das als notwendig erachte. In seiner Botschaft an den Kongreß vom 6. Dezember 1904 führte er zum Beispiel aus:

> »Brutale Übeltaten oder Schwäche, die sich in einer allgemeinen Lockerung der Bande einer zivilisierten Gesellschaft auswirkt, kann in Amerika, wie auch an anderen Orten, schließlich die Intervention einer zivilisierten Nation erforderlich machen. In der westlichen Hemisphäre kann das Bekenntnis zur Monroe-Doktrin die Vereinigten Staaten zwingen, in besonders anstößigen Fällen solcher Missetaten oder solcher Schwäche ihre internationale Polizeigewalt auszuüben, so ungern sie das auch tun mögen[5]).«

Bis 1914 mußte man schon fast im Besitze des christlichen Glaubens sein, um als Großmacht den Anspruch erheben zu können, als Wächter über Recht, Sitte und Ordnung aufzutreten. Als aber Japan nach 1918 zu den noch überlebenden Großmächten gestoßen war, wurde das Christentum ein etwas weniger prominentes Zubehör der Stellung einer Großmacht, die zugleich das Recht verlieh, bei anderen zu intervenieren. Zugleich wurde eine zweifellos christliche Großmacht, Deutschland, von der Liste der wenigen Glücklichen gestrichen, da man es für den Krieg verantwortlich hielt und es internationaler Missetaten beschuldigte, die unvereinbar schienen mit den besonderen Eigenschaften einer verantwortungsbewußten Großmacht.

Das Recht, als der internationale Polizist aufzutreten, war nicht beschränkt auf die eigentlichen Großmächte. Diese Rolle konnte auch von anderen Nationen in Anspruch genommen werden, solange sie sich »zivilisiert« nannten. Es galt indessen eine Art Rangordnung zwischen den Nationen, die stillschweigend anerkannt wurde. Das findet höchst bezeichnenden Ausdruck in den Bemerkungen eines bekannten amerikanischen Autors, der die hergebrachten imperialistischen Anschauungen auf völlig naive Weise in ihrer reinsten Form darzustellen pflegte:

»... irgendein Staat darf ... gegen den schuldigen Staat vorgehen, um Wiedergutmachung zu erlangen, solange dem übergeordneten Staate auf angemessene Weise vorher Gelegenheit geboten worden ist, sich selber der Mühe zu unterziehen, von seinem Mündel die Erfüllung seiner internationalen Verpflichtungen zu erzwingen[6].«

Das Ende des Ersten Weltkriegs änderte den ideologischen Hintergrund der Intervention auf entscheidende Weise. Die soziale Ordnung innerhalb mancher Nation war durch die Folgen des Krieges, durch die von ihm verursachten Leiden tief verändert worden, und noch mehr durch die Tatsache, daß die herrschenden oder sonst einflußreichen und verantwortlichen Gruppen sich als unfähig erwiesen hatten, die Katastrophe zu verhindern. Das hohe Ansehen der Großmächte, das unerschüttert die Zeit des Baues von Weltreichen und ihrer Verwaltung überdauert hatte, war nun durch sie selber untergraben oder zerstört worden. Indem sie einen selbstzerstörerischen Krieg entfesselten, begaben sie sich selber des Rechtes, die Polizeiaufsicht über die ganze Welt auszuüben. An die Stelle der britischen Flotte, die während fast eines Jahrhunderts der Weltpolizist gewesen war, trat das juristische Gerüst der kollektiven Sicherheit als kümmerlicher Ersatz und die Formel »Frieden durch Recht«, wie sie vom Völkerbund und dem Ständigen Internationalen Gerichtshof anzuwenden versucht wurde.

Die Großmächte, welche die große Tragödie mehr oder weniger intakt überlebt hatten, fuhren in unsicherer und planloser Weise fort, die Maßstäbe internationalen Verhaltens zu setzen und die Welt schlecht und recht durch Vermittlung des schwachen Werkzeugs des Völkerbundes zu regieren. Die Vereinigten Staaten von Amerika, die sich dem Völkerbund ferngehalten hatten und ebenso jeder internationalen Verantwortung, richteten sich dafür auf die Dauer ein, in der westlichen Hemisphäre und in den blauen Weiten des Pazifischen Ozeans die Polizeiaufsicht zu führen. Es kann nicht überraschen, daß dieses Weltsystem schließlich durch zwei Großmächte zerstört wurde: Japan, das nur nach langem Zögern und erst in letzter Stunde in den Kreis der herrschenden Gruppe aufgenommen worden war, und Deutschland, ein früheres Mitglied, das man gedemütigt und aus dem Kreise ausgeschlossen hatte.

Intervention verlor im Laufe dieser Veränderungen den Glanz und die Majestät, deren sie sich erfreut hatte, als noch die imperialistischen Mächte, sosehr sie uneinig und über jede andere Frage zerstritten waren, sich von Zeit zu Zeit zusammentaten, um gemeinsam die Stimme der zivilisierten Welt zu erheben. Jetzt konnten sie nicht mehr Genugtuung suchen und finden durch den feierlichen Gruß, der ihrer Flagge erwiesen werden mußte, oder durch wortreiche Entschuldigungen und zeremonielle Wiedergutmachung. Die Zeit lag weit zurück, in der – wie einst im Dezember 1900 während ihrer Intervention in China, um den sogenannten Boxeraufstand zu unterdrücken – elf Nationen eine gemeinsame Note an den Kaiser von China sandten, in der sie von ihm forderten, eine Delegation nach Berlin zu senden, um dort seine Entschuldigungen für den Tod des deutschen Gesandten Baron von Ketteler vorzubringen, der in Peking ermordet worden war, und ferner am Orte der Mordtat ein Denkmal zu errichten mit einer Inschrift in deutscher, chinesischer und lateinischer Sprache, in der das tiefe Bedauern des Kaisers ausgedrückt wurde. In der kurzen Spanne zwischen den beiden Weltkriegen wurde Intervention vielmehr ein eher enges und egoistisches Mittel, um besondere Vorteile für die eine oder die andere Nation oder ihre Angehörigen zu erhaschen, und sie wurde in eher zynischer Weise ausgeübt.

Nach dem Ende des Zweiten Weltkriegs verwandelte sich der politische, moralische und völkerrechtliche Hintergrund der Intervention erneut. Die Begründung und Rechtfertigung durch mehrere Begriffe wie Zivilisation, Christentum, Völkerrecht war bis jetzt einer ziemlich einheitlichen Anschauung entsprungen, zu der sich jedermann zu bekennen schien. Nun zerfiel dieser Hintergrund, und zwei völlig verschiedene Anschauungsweisen entstanden, die einander unvereinbar gegenüberstanden.

Intervention hat sich seither in zwei verschiedenen Richtungen entwickelt. Ihre Begründung gehört fortan zwei gänzlich verschiedenen Systemen an, zeigt ganz verschiedene Formen und wird von ganz verschiedenen Idealen geleitet. Den beiden Systemen gemeinsam ist nur ihr Anspruch, ein höheres Ziel zu verfolgen, und der Anspruch, allgemein gültig zu sein.

Die Vereinigten Staaten von Amerika und, in etwas geringerem Maße, Großbritannien und Frankreich waren übriggeblieben, um das alte Banner von Recht und Ordnung in den internationalen Beziehungen hochzuhalten und es, meist durch Vermittlung der Vereinten Nationen, in die Länder der Ungläubigen zu tragen. Die hehren Ziele wurden zusammengefaßt mit den Worten Demokratie, Selbstbestimmung, Freiheit. Von 1945 an war Intervention, so wie sie meist von den Vereinigten Staaten betrieben wurde, doch auch, selbst wenn in sehr begrenzter Weise, von Großbritannien und Frankreich, darauf gerichtet, Regierungen zu stützen oder in den Sattel zu heben, die sich zu den Idealen der Demokratie, der nationalen Unabhängigkeit, der freien Wirtschaft bekennen würden, im Gegensatz zu den so ganz verschiedenen Bestrebungen der nach dem Kommunismus ausgerichteten Regierungen.

Nach dem Zweiten Weltkrieg war eine neue Macht aufgetaucht, die andere Auffassungen und andere Ideale vertrat. Es war die Sowjetunion. Die Sowjetunion stand am Ende des Krieges mit einer wesentlich vergrößerten politischen und militärischen Macht da, und mit einer Ideologie, die beträchtlich an Anziehungskraft gewonnen hatte. Das Banner, unter dem sie sich anschickte, in fremden Ländern zu intervenieren und an dem Wettbewerb um Einfluß in den internationalen Beziehungen teilzunehmen, war das des wissenschaftlichen Marxismus-Leninismus. Sie bekannte sich zu einer neuen, besseren Weltordnung unter der Diktatur des Proletariats.

Die Sowjetunion hat ihren Interventionsanspruch, den sie wiederholt gebraucht hat, auf ihre geheiligte Pflicht, die Gegenrevolution zu verhindern, gegründet. Das hehre Ziel ist, den Kampf zwischen zwei sozialen Systemen – Kapitalismus und Sozialismus – zu schüren und zu einem für den Sozialismus siegreichen Ende zu bringen. Wie es die Erklärung darlegt, die als maßgebend zu betrachten ist, und deren Prinzipien man als die »Breschnjew-Doktrin« bezeichnet[8]), kann die Souveränität der einzelnen sozialistischen Länder nicht in Widerspruch stehen zu den Interessen der sozialistischen Welt und den Interessen der weltrevolutionären Bewegung. Sozialistische Länder verdanken ihre nationale Unabhängigkeit der Macht der sozialistischen Gemeinschaft, und vor allem der Sowjetunion als der im Mittelpunkt stehenden Macht, einschließlich ihrer militärischen Macht. Die Sowjetunion würde deshalb ihren Verpflichtungen gegenüber den werktätigen Klassen und der sozialistischen Gemeinschaft nicht genügen, wenn sie nicht stets intervenieren würde, wenn immer irgendwo die »Gegenrevolution« die Errungenschaften der Revolution bedrohen sollte. So Moskau.

Ungleichheit der Macht

Unter welcher Fahne immer auch die Nationen versuchen mögen, ihren Willen anderen Nationen aufzuzwingen und der idealen Weltordnung näherzukommen, zu der sie sich bekennen – das Werkzeug Intervention wird nie gegen eine gleich starke oder gar gegen eine stärkere Nation gebraucht werden. Wenn während Jahrhunderten Intervention nicht so anrüchig erschien wie nackte Aggression und auch von der Völkerrechtslehre gestützt und gutgeheißen wurde, die versuchte, zwischen gerechtfertigter und rechtswidriger Intervention zu unterscheiden, war das zum großen Teil durch die ideologische Rechtfertigung zu erklären, die im vorhergehenden Abschnitt dargestellt worden ist. Noch mächtiger aber, um Interventionen respektabel zu machen, als die ideologische Rechtfertigung war ein anderes

Element: es war das Wissen, daß nur Großmächte oder starke internationale Organisationen ermächtigt und in der Lage sind, diese Waffe zu führen, und das auch nur gegenüber ihnen unterlegenen Nationen. Dieses Wissen und die Zustimmung, die es auslöste, kann gedeutet werden aus der Autoritätsstruktur, die der ganzen Einrichtung zugrunde liegt. Autorität ist selbstverständlich nur vorhanden, wenn das Machtverhältnis den einen Handelnden höher einstuft als den anderen. Je größer der Unterschied zwischen Umfang und Macht der intervenierenden Nation und Umfang und Macht der Nation ist, auf welche die Intervention zielt, desto eher erschien die Intervention moralisch und juristisch gerechtfertigt als ein Akt zur Verteidigung der internationalen Ordnung und des Völkerrechts. Man begriff, daß jetzt eine Großmacht »das Gesetz in die eigenen Hände genommen« hatte. Das nannte Theodore Roosevelt »die richtige internationale Beziehung zwischen den Starken und den Schwachen[9])«.

Unter den intervenierenden Mächten können wir unterscheiden zwischen einzelnen Nationen und Zusammenschlüssen von Nationen, sei es eine *ad hoc* gebildete Gruppierung von souveränen Staaten oder eine dauernde internationale Organisation. Vom Anbeginn aller Interventionen in der modernen Zeit – erinnern wir uns an die Heilige Allianz – wurde kollektives Vorgehen bevorzugt. Einer der Gründe war gewiß, daß Ungleichheit der Macht der sich bei der Intervention gegenüberstehenden Parteien und überwältigende Stärke des Intervenierenden oder der Intervenierenden als ein zwingendes Erfordernis betrachtet wurde. Andere Gründe, die dafür sprechen, daß stets die kollektive Aktion einer Einzelaktion vorgezogen wurde, waren eher moralischer oder juristischer Art. Derartige Aggressionen – denn um solche handelte es sich durchaus – waren weniger anrüchig, wenn sie im Namen einer Kollektivität geführt wurden.

Es kam nie in Frage, daß eine Großmacht in Angelegenheiten einer anderen Großmacht intervenieren würde, und noch viel weniger, daß ein kleinerer Staat oder ein Kleinstaat gegen eine Großmacht intervenierte. Die einzige – nur scheinbare – Ausnahme ist die Intervention der Alliierten und Assoziierten

Mächte gegen Rußland von 1917 bis 1921. Wie wir später sehen werden, war die Lage zu jener Zeit so, daß die normalen Begriffe der Größe einer Nation nicht angewendet werden konnten. Es verhält sich einfach so, daß Großmächte, wenn sie sich nicht einigen konnten über notwendige Veränderungen und wenn sie es unternahmen, mit gewaltsamen Mitteln ein Nachgeben oder sonstige Konzessionen zu erlangen, sich in einem Konflikt befanden, in einer Konfrontation, in einem Krieg.

Diese Auffassungen wurden allgemein, von großen und kleinen Nationen, geteilt. Für die Großmächte verewigten sie das System der imperialen Herrschaft, dem sie anhingen und das ihren Interessen so trefflich diente. Für die kleineren Nationen stellten sie zumindest eine Art internationaler Rechtsordnung dar, die sie in den meisten Fällen, wenn sie nicht gerade das Opfer einer Intervention wurden, beschützte. Im Schutze dieses Systems konnten sie ganz behaglich ihre Geschäfte treiben. Nationen wie die Niederlande, Belgien, Portugal, Dänemark konnten im Schatten dieses Systems große Kolonialreiche halten. Andere wie Schweden, Norwegen oder die Schweiz sponnen ein Netz weltweiter Handelsbeziehungen, das ihnen großen Reichtum brachte. All das zeigt, wie vorteilhaft dieses System wenigstens für die kleineren europäischen Nationen war, und das trotz der ihm eigenen Ungerechtigkeiten.

Das System wurde zu einer Zeit, in der es schon nicht mehr funktionsfähig war, treffend umschrieben in einem Urteil des Internationalen Gerichtshofs, das 1949 im Falle des Korfu-Kanals gefällt wurde. Der Gerichtshof stellte fest, daß der Fall vom Vereinigten Königreich als ein neuer und besonderer Anwendungsfall der Interventionsdoktrin vor ihn gebracht worden sei, und fuhr dann fort:

> »Der Gerichtshof kann das behauptete Interventionsrecht nur als Ausfluß einer Gewaltpolitik betrachten, wie sie in der Vergangenheit zu den schlimmsten Mißbräuchen geführt hat, und die, was auch immer die Schwächen internationaler Organisationen sein mögen, im Völkerrecht keinen Platz findet. Intervention ist vielleicht noch weniger zulässig gerade in der Form, die sie in diesem Fall angenommen hätte; denn sie wäre,

nach der Macht der Tatsachen, einfach den mächtigsten Staaten vorbehalten ...[10]).«

Dieses Urteil des Internationalen Gerichtshofs kommt der Feststellung gleich, daß, sobald das Argument, überlegene Macht ermächtigte auch zu internationaler Vollzugsgewalt, als ungültig und unzulässig betrachtet wird, das ganze Institut der Intervention zusammenbricht.

Verändertes Verhalten, Begrenzung nach Zweck und in der Zeit

Intervention liegt nicht vor, wenn die Beziehungen zwischen zwei Nationen, von denen die eine groß und mächtig, die andere kleiner ist, einem ständigen Verhältnis gleichkommen, bei dem die eine Nation Einfluß auf die andere ausübt. Das Verhältnis zwischen der Sowjetunion und den europäischen Nationen, die dem Warschaupakt angehören, ist ein Beispiel für eine solche dauernde Beziehung. Durch Vermittlung der kommunistischen Parteien, die auf der Ebene ihrer führenden Persönlichkeiten eng verknüpft sind, durch Bande zwischen der vom Staat geleiteten Wirtschaft jedes dieser Länder und durch ein gemeinsames militärisches Oberkommando ist das Verhalten der verbündeten Länder, die man in der Regel als »Satelliten« bezeichnet, weitgehend und dauernd auf die Wünsche der Sowjetmacht abgestimmt. Dieser dauernde Einfluß hat nichts mit Intervention gemein.

Nur wenn neue Elemente das bisherige Verhalten dramatisch verändern, entsteht ein anderes Bild. Am 17. Juni 1953 demonstrierten Arbeiter auf der Stalin-Allee in Ost-Berlin gegen eine zehnprozentige Erhöhung der Arbeitsnormen. Die Demonstration wurde bald zu einer allgemeinen Kundgebung gegen das Regime der Deutschen Demokratischen Republik, und die Erregung griff um sich. Als sich die deutsche Polizei machtlos oder unzuverlässig erwies, griff die sowjetische Armee ein und unterdrückte die Bewegung gewaltsam. In diesem Augenblick war die frühere Machtbeziehung zwischen der Sowjetunion und der DDR in Intervention verwandelt. Die Intervention endete, nachdem die Ruhe wiederhergestellt und die Anführer oder angeblichen Anführer der revolutionären Bewegung festgenommen und hingerichtet waren.

Im Oktober 1956 wuchsen sich Demonstrationen von jungen Arbeitern und von Studenten in Ungarn, die sich dem Vorbild einer ähnlichen Bewegung in Polen anschlossen, zu einer Volkserhebung gegen das kommunistische Regime von E. Gerö und später von Imre Nagy aus. Nagy verstand es, sich an die Spitze der Bewegung zu setzen. Darauf besetzte die Sowjetarmee Budapest gegen den heftigen Widerstand der Freiheitsbewegung. Die Kämpfe in der Hauptstadt dauerten bis zum 13. November. Die Führer der revolutionären Bewegung und auch Nagy wurden verhaftet und später hingerichtet. Was früher herrschender Einfluß und Führerrolle der Sowjetunion genannt werden konnte, hatte sich in eine Intervention verwandelt.

In der Tschechoslowakei war die Gegenwart von Truppen des Warschauer Paktes ein Teil der engen Beziehungen eines kleinen kommunistischen Landes im Bannkreis der kommunistischen Weltmacht in Moskau und der Abhängigkeit von ihr. Sogar militärische Stabsübungen der Armeen des Warschauer Paktes im Frühsommer 1968 wurden nicht als eine Intervention betrachtet, obwohl sie entschieden als ein warnendes Signal an die Adresse von Prag gedacht waren. Sie gehörten, wenigstens in ihren äußeren Formen, noch durchaus zum *courant normal* der gegenseitigen Beziehungen. Es bedurfte des plötzlichen Eindringens sowjetischer Truppen in der Tschechoslowakei, der Besetzung der Schlüsselpunkte von Prag und anderer Städte in den frühen Morgenstunden des 21. August 1968, um das Verhalten der Sowjets interventionistisch zu machen. Der Charakter des gegen die tschechoslowakische Reformbewegung gerichteten militärischen Angriffs machte ihn zur Intervention, die erst wieder eingestellt wurde, nachdem Regierung und Partei nach dem Willen Moskaus umgestaltet waren und der Reformkurs in sein Gegenteil verkehrt worden war. Zwar blieben russische Truppen im Land, aber es war nun nicht mehr von Intervention die Rede.

Unter der Herrschaft der Monroe-Doktrin (1823) und anderer Doktrinen, die in den Vereinigten Staaten in der zweiten Hälfte des neunzehnten Jahrhunderts und zu Beginn des zwanzigsten Jahrhunderts entwickelt worden waren, galten die Nationen Zentralamerikas und Mittelamerikas als mehr oder weniger dem Schutze und der Oberaufsicht der Vereinigten Staaten unterstellt. Die Lateinamerikaner widersetzten sich solchen Auffassungen mit Nachdruck, aber es verfloß fast ein Jahrhundert, bis sie sich durchgesetzt hatten. Der nordamerikanische Einfluß war in einigen der zentralamerikanischen Republiken tatsächlich so stark, daß die amerikanische Botschaft oder Gesandtschaft als der Vormund der Regierung gelten konnte. Diese Republiken waren, so wie es Washington sah, freie und souveräne Staaten, aber sozusagen nur auf Probe. Präsident Theodore Roosevelt sprach das in einer seiner jährlichen Botschaften an den Kongreß, derjenigen vom 2. Dezember 1902, mit den Worten aus:

> »Es steht jedem von ihnen zu, innerhalb ihrer eigenen Grenzen die Ordnung aufrechtzuerhalten und ihre gerechten Verpflichtungen gegenüber Ausländern zu erfüllen. Sofern sie das tun, können sie versichert sein, ob sie nun stark oder schwach sind, daß sie keine Einmischung von außen zu befürchten haben[11]).«

Die derartig umschriebene Beziehung kann nicht als eine Form der Intervention bezeichnet werden, es sei denn in politischer Rhetorik. Die Vereinigten Staaten von Amerika landeten Truppen in Kolumbien, auf der Landenge von Panama wiederholt – 1856, 1860, 1873, 1885, 1901, 1902. Indessen wurde diese militärische Einmischung weder auf der einen noch auf der anderen Seite eigentlich als Intervention betrachtet; sie waren eher ein Teil der Militärhilfe, welche die Regierung von Kolumbien regelmäßig vom Norden erhielt, um in dieser wichtigen und verletzlichen Gegend die Ordnung aufrechtzuerhalten. Als Nicaragua von 1912 bis August 1925 von amerikanischer Marineinfanterie besetzt wurde, galt das kaum als eine Intervention, oder wenigstens wurde die Tatsache, daß es eine Intervention war, stillschweigend unter den Tisch gewischt.

Anders war es 1903. Damals wurde ein Aufstand in Panama gegen die Regierung von Kolumbien, der von Nordamerika aus angezettelt worden war, durch eine amerikanische Truppenlandung unterstützt. Sie machte die Sezession eines Staates Panama von Kolumbien möglich und damit die Verträge zwischen Washington und der neugebildeten Republik, in der das Land und die Rechte zum Bau des Panamakanals an Washington abgetreten werden mußten. Von dieser berühmten Intervention wird später noch die Rede sein.

Im Zusammenhang mit den besonderen Beziehungen, die während mehr als eines Jahrhunderts zwischen den zentralamerikanischen Republiken und ihrem großen Nachbarn im Norden bestanden, pflegte man von Intervention nur zu sprechen, wenn der gewöhnliche Lauf der Ereignisse dramatisch geändert wurde. Es war in der Regel »die Landung der Marines«, welche die dramatische Änderung bezeichnete und die kundtat, daß jetzt eine Intervention stattfinde.

Das Beispiel einer dramatischen Änderung anderer Art bieten die Beziehungen Ägyptens mit dem Westen. Am 20. Juli 1956 widerriefen die Vereinigten Staaten von Amerika und Großbritannien plötzlich ihr Versprechen, den Hochdamm von Assuan zu bauen. Diese unerwartete Kehrtwendung war dazu bestimmt, dem Ansehen des Diktators von Ägypten, Oberst Gamal Abdel Nasser, einen tödlichen Stoß zu versetzen. Washington und London hofften, daß er über diesem Mißerfolg stürzen würde und daß eine nachfolgende Regierung ein besserer Verhandlungspartner wäre. Dieser Vorfall muß als eine Intervention betrachtet werden, wenn auch als eine mit sehr begrenzten Mitteln geführte, die schließlich auch erfolglos blieb.

Eine andere Form dramatischer Änderung in den gegenseitigen Beziehungen liegt auch vor, wenn eine bilaterale Beziehung plötzlich verändert wird, indem an ihre Stelle die Beziehung zwischen einer Kollektivität und der Gesellschaft, die Ziel der Intervention wird, tritt. Als die Großmächte am Anfang des zwanzigsten Jahrhunderts gegenüber China plötzlich zur kollektiven Aktion übergingen, so bedeutete das eine Abwendung von der traditionellen Form der gegenseitigen Beziehungen, wie sie charakteristisch für eine Intervention ist.

Dieser Wesenszug der Intervention ist eng mit dem Erfordernis verbunden, daß Intervention nach ihrem Ziel und auch zeitlich begrenzt sein muß. Der Anfang ist stets klar zu erkennen, weil die Intervention beginnt, indem die bisher gültigen Formen, in denen sich die gegenseitigen Beziehungen abgewickelt haben, preisgegeben werden. Das Ende dagegen findet sich oft unmerklich und schrittweise ein. Wir stellen fest, daß eine Intervention beendet ist, wenn die Streitkräfte, die sie geführt haben, zurückgezogen werden, oder aber wenn ihre dauernde Gegenwart auf dem Boden des Intervenierten hingenommen wird, oder wenn das erkennbare Ziel der Intervention erreicht ist, oder wenn die Operation nicht mit Erfolg durchgeführt werden konnte und abgebrochen wird.

Das Opfer einer Intervention kann, nachdem die Operation ausgeführt ist, seine Unabhängigkeit und volle Souveränität wiedererlangen, oder aber es kann unter dem dauernden Einfluß der intervenierenden Macht bleiben. Dann ändert sich die Beziehung eben in eine der militärischen Besetzung, der politischen Unterwerfung, der kolonialen oder imperialen Beherrschung.

Es ist bezeichnend für jede Intervention, daß ihr Ziel ein engbegrenztes ist. Die Bezahlung einer Schuld, die Sicherheit einer Minderheit, die Bestrafung eines Missetäters, die Befreiung eines Gefangenen, der Sturz einer bestimmten Regierung, das Niederschlagen einer revolutionären Bewegung – all das sind bezeichnende begrenzte Ziele einer Intervention. Wenn ein Eingriff über derartig begrenzte und verhältnismäßig klar umschriebene und erkennbare Ziele hinausgeht, dann wird man nicht mehr von Intervention sprechen, sondern eher von Aggression oder Eroberungskrieg.

Dramatische Änderung als ein Erfordernis, das erfüllt sein muß, wenn die Definition der Intervention auf einen Fall zutreffen soll, stellt sich sehr oft in der Form des Eingreifens der militärischen Macht dar. Das ist die sichtbarste und dramatischste Form der Intervention, aber bei weitem nicht die einzige Form. Wer plötzlich ein Programm der technischen, wirtschaftlichen oder militärischen Hilfe abbricht, kann in dieser Weise intervenieren; das Ziel der Intervention, in der politischen Struktur des Gegners eine Änderung herbeizuführen oder die politischen Organe zu einem Tun oder Lassen zu zwingen, kann mit diesem Mittel unter Umständen erreicht werden.

1936 bezeichnete die spanische Regierung in einer an die französische Regierung gerichteten Note das Unterbrechen von Waffensendungen nach Madrid in einer kritischen Phase des Bürgerkrieges als »eine sehr wirksame Intervention in die inneren Verhältnisse Spaniens«.

Als die Sowjetunion am 20. Juni 1959 das Abkommen mit China aufkündete, in dem sie sich verpflichtet hatte, ihm technische Hilfe bei der Herstellung einer Atombombe und des zugehörigen Trägerwaffensystems zu leisten, und als sie ein Jahr später alle industriellen Experten, die in China wirkten, abberief, so war der Schlag gewiß nicht nur zur Zerstörung gewisser technischer Projekte und zur Störung der Industrialisierung Chinas bestimmt, sondern darüber hinaus und dadurch hindurch gegen das Herz der Macht schlechthin gerichtet. Die Sowjetunion hoffte, damit den Sturz einer Regierung zu bewirken, die bereits durch den Mißerfolg des »großen Sprunges nach vorwärts« erschüttert war.

Operation gegen die politische Struktur

Die meisten Interventionen bezwecken natürlicherweise eine Veränderung der politischen Strukturen beim Gegner, eine Ablösung an den Hebeln der Macht, weil ja derartige dramatische Schritte in den internationalen Beziehungen nur unternommen werden, wenn es darum geht, ein wichtiges Ergebnis zu erzielen. Derartige Operationen sind leicht zu erkennen, wenn sie zu militärischer Drohung oder gar zu militärischer Aktion greifen oder zu offenem diplomatischem, politischem oder wirtschaftlichem Druck. Sie sind viel schwerer zu entdecken, wenn sie getarnt werden. Eine der häufigsten Formen der Tarnung besteht in der Behauptung, daß die Intervention erbeten worden sei und also gar keine Intervention darstelle.

Das Argument, eine Intervention sei auf Einladung des Opfers erfolgt und sei demnach überhaupt keine Intervention, ist auf jeden Fall gegenstandslos und kann stillschweigend beiseite geschoben werden. Solange nicht eine dauernde Beziehung der Zusammenarbeit zwischen den betroffenen Parteien besteht

– die ja das Element der im Gegensatz zueinander stehenden Willenskräften und damit auch den Begriff der Intervention ausschließt –, ist das Argument, die Intervention sei erbeten worden, als unerheblich und unwahr zurückzuweisen. In der Praxis der Staaten wird nämlich nie mit Sicherheit festzustellen sein, ob die Einladung oder die Bitte um Intervention tatsächlich ergangen ist, und, wenn sie ergangen ist, ob sie von einer dazu ermächtigten Behörde oder Stelle ausgegangen war.

Intervention kann auch in einer Verkleidung erscheinen, wenn sie die Formen kultureller oder politischer Propaganda annimmt oder die Formen technischer und wirtschaftlicher Zusammenarbeit. In allen diesen Fällen ist es schwierig zu entscheiden, ob tatsächlich eine Intervention vorliegt oder nicht.

Das entscheidende Indiz dafür, ob es sich um eine Intervention handelt oder nicht, wird immer sein, ob sie – offen oder versteckt – sich an die politische Machtstruktur der intervenierten Gesellschaft wendet. Wir denken nicht an Intervention in den vielen Fällen, in denen es eine Regierung unternimmt, über eine internationale Grenze hinweg die Dinge zu verändern, indem sie sich unmittelbar dem Problem zuwendet. Kapitalanlagen in einem bestimmten Land zu fördern, um ein Mitspracherecht in seiner Wirtschaft oder in einzelnen Unternehmen oder Wirtschaftszweigen zu gewinnen, ist, selbst wenn sich eine Regierungsstelle beteiligt, gewiß noch keine Intervention im wirklichen Sinne des Wortes. Das Entfalten lebhafter Propagandatätigkeit in einem anderen Land mit dem Ziel, die Gunst der Bevölkerung zu gewinnen, stellt keine Intervention dar. Auch Schritte, mit denen gewisse Teile der Infrastruktur eines anderen Landes gefördert werden, die dann das fordernde Land benützt, sind, auch wenn sie der handelnden Regierung förderlich sind, gewiß noch keine Intervention. Eine Eisenbahn von großer strategischer Bedeutung kann in einem fremden Land gebaut werden. Beispiele sind die von Frankreich und dem Deutschen Reich geförderten Anatolische Bahn, die Bagdadbahn (1903–1918) oder die von China gebaute Eisenbahn in Ostafrika von Dar es Salaam nach Lusaka in Zambia (1967). All das ist keine Intervention, wenn es nicht mit Mitteln verwirklicht wird, die sich gegen oder an die Machtstruktur des empfangenden Landes richtet.

Dagegen sprechen wir von Intervention, wenn die Operation durch Vermittlung der Regierung der empfangenden Nation ausgeführt wird und wenn diese Regierung, damit die Operation überhaupt möglich wird, in ihren Entschlüssen beeinflußt oder in ihrer Zusammensetzung verändert worden ist. Ein bezeichnendes Beispiel für eine interventionistische Politik dieser Art ist der Bau des Panamakanals; 1903 sorgten die Vereinigten Staaten dafür, daß die Souveränität Kolumbiens über den Isthmus von Panama an eine sezessionistische Regierung überging, mit der dann die Verträge über den Bau und die Benutzung des Kanals geschlossen wurden. Ein anderes, ebenfalls bereits erwähntes Beispiel ist die Weigerung, Ägypten beim Bau des Assuan-Dammes weiterzuhelfen; diese Weigerung war dazu bestimmt, die politischen Strukturen Ägyptens zu ändern.

Wir haben nun, auch an Hand von Beispielen, Intervention als eine Operation charakterisiert, die, nach Ziel und in der Zeitdauer beschränkt, durch eine stärkere Nation gegen eine schwächere geführt wird, wobei sie durch eine deutliche Wendung im bisherigen Verhalten eröffnet und auf eine Veränderung der politischen Strukturen beim Gegner gerichtet ist, und zu deren Rechtfertigung ein höheres Prinzip vorgeschoben wird. Um einen Kontrast herauszuarbeiten, seien den angeführten Beispielen nun einige Fälle gegenübergestellt, bei denen es sich *nicht* um Intervention handelte.

Die kolonialen Eroberungen des achtzehnten, neunzehnten und zwanzigsten Jahrhunderts fallen nicht unter den Begriff der Intervention, weil sie dazu bestimmt waren, einen dauernden Zustand herbeizuführen. Die Eroberung des russischen Kolonialreichs in Zentralasien, Sibirien und im Fernen Osten bestand aus einer Reihe imperialistischer Kriegszüge. Die zahllosen überseeischen militärischen Operationen der Engländer und Franzosen mögen zu ihrer Zeit dem Betrachter wie Interventionen erschienen sein, aber sie waren es nicht im eigentlichen Sinne, weil sie schließlich zu dauernder Beherrschung und Annexion der Staatswesen, die ihre Opfer waren, führten.

Als russische und amerikanische Kriegsschiffe vor den Häfen Japans erschienen, um durch eine Machtdemonstration die Öffnung des Inselreiches für den westlichen Handel zu erzwingen, mag es wie ein Grenzfall einer Intervention erschienen sein. Das Ziel aber war ein weites und das Unternehmen war nicht auf eine beschränkte Zeitdauer eingerichtet. Die Demonstrationen erreichten im Grunde nicht mehr, als einen Vorgang zu beschleunigen, der innerhalb Japans schon begonnen hatte, und der Japan schließlich eine neue politische Struktur verlieh. Es handelt sich deshalb nicht um einen richtigen Fall von Intervention.

Die Besetzung von Mexiko durch französische Armeen von 1861 bis 1867 war ein Versuch territorialer Eroberung, der nach seinem Ausmaß und seiner Bedeutung den Begriff der Intervention weit hinter sich läßt.

Als sich die Vereinigten Staaten von Amerika auf die Seite Kubas schlugen, das sich 1895 gegen die spanische Herrschaft erhoben hatte, und am 25. April 1898 Spanien den Krieg erklärten, begann damit in Wirklichkeit ein Eroberungskrieg, zu dem sich Amerika durch die tiefe Krise ermutigt fühlte, die damals die Reste des spanischen Kolonialreichs erschütterte. Der Krieg führte zur Eroberung von Kuba, Puerto Rico und der Philippinen.

Die Ausdehnung der französischen Herrschaft über Marokko, die ernstlich im Jahre 1907 begann, nachdem die Konferenz von Algeciras Frankreich freie Hand gegeben hatte, wurde in die Formen einer Intervention zur Befriedigung des Landes gekleidet. Sie begann mit der Beschießung von Casablanca und der Landung einer französischen Division, war aber in Wirklichkeit gar keine Intervention, da die Operation die Eroberung und dauernde Annexion des Landes bezweckte.

Ähnlich waren die japanischen Aggressionen gegen China der Jahre 1931, 1932 und 1937 als Interventionen verkleidet, aber sie überschritten sofort, in gewaltigen Sprüngen, die Grenzen solcher beschränkter Unternehmungen. Sie wurden zu einem großen Eroberungskrieg, der bis 1945 dauern sollte.

Das gleiche trifft zu für die Eroberung von Äthiopien durch die Italiener, die am 3. Oktober 1935 begann, zu einem vorübergehenden Erfolg führte und mit der Wiederherstellung der staatlichen Unabhängigkeit des afrikanischen Landes durch Großbritannien im Laufe des Zweiten Weltkrieges endete.

Die umfangreiche Hilfe, welche die Vereinigten Staaten während des Zweiten Weltkrieges in Form von Waffen, Munition, Verbrauchsgütern und fachmännischer Beratung der Regierung Chinas leisteten, war keine Intervention. Das Unternehmen war vielmehr Teil der Kriegführung einer Allianz gegen Japan. Der Versuch, zwischen Nationalisten und Kommunisten in China zu vermitteln, der General George Marshall in den Jahren 1945 und 1946 anvertraut wurde, war im Grunde ein Teil der vorangegangenen gemeinsamen Kriegsanstrengung; die Versöhnungsoperation in China wird deshalb, auch wenn sie von der Entfaltung gewisser militärischer Machtmittel begleitet war, nicht auf der Liste der Interventionen erscheinen.

Unter den vielen Vorwänden, für kriegerische Eroberungen jeder erdenklichen Art, und den vielen Tarnungen und Verkleidungen, unter denen Kriege vom Zaune gebrochen werden oder wurden, ist die Behauptung, eine Intervention sei unausweichlich geworden, die geradezu klassische politische Lüge. Sobald wir aber eine klare Definition dessen, was eine Intervention wirklich ist, vor Augen haben, so ist es nicht schwer, Aggression und territoriale Eroberung von der viel begrenzteren Form des internationalen Konflikts zu unterscheiden, den eine Intervention darstellt.

KAPITEL VI

FRÜHERE INTERVENTIONEN

Humanitär und weniger humanitär

Um die politische Szene voll zu überblicken, auf der sich in der modernen Welt Intervention abspielt, und um die Entfaltung des Völkerrechts und seiner auf solche Vorgänge bezüglichen Regeln voll zu verstehen, ist es nützlich, sich einiger bezeichnender Ereignisse der neuesten Geschichte zu erinnern, in denen Großmächte ihr wirkliches oder behauptetes Interventionsrecht ausübten.

Im neunzehnten Jahrhundert und zu Beginn des zwanzigsten Jahrhunderts griffen die Regierungen großer und kleiner Staaten oft zu gewaltsamen Mitteln, um ihre Interessen oder die Interessen ihrer Staatsangehörigen zu schützen oder auch die Interessen von Staatsangehörigen des Landes, gegen das sie sich wandten, die wirklich oder vermeintlich von ihrer eigenen Regierung ungerecht oder grausam behandelt wurden. Sie griffen auch zur Gewalt, um sich zu rächen für »Beleidigung und unwürdige Behandlung«[1]), die ihnen in der Person eines ihrer Staatsangehörigen oder eines diplomatischen Vertreters widerfahren war. Ein anderes Thema solchen begrenzten internationalen Gewaltgebrauchs war der Kampf gegen Piratentum oder Sklavenhandel.

So zahlreich waren diese Unternehmungen auf der internationalen Szene, daß niemand daran gedacht zu haben scheint, sie zu registrieren und im Zusammenhang zu schildern. Viele dieser einseitigen Gewaltakte wurden als »humanitäre Interventionen« bezeichnet und als solche von der Völkerfamilie im allgemeinen gebilligt, obwohl sie nicht selten zu Mißbräuchen führten.

Bezeichnend für die früheren Interventionen und die Art und Weise, wie aus einem Zwischenfall von untergeordneter Bedeutung der Anlaß zu einer Intervention konstruiert wurde, in der eine Großmacht ihre volle Macht und Kraft zeigen konnte, ist der Fall Daniel Pacifico. Pacifico war in Gibraltar geboren und damit britischer Untertan. Er wohnte als Kaufmann in Athen und versah auch das Amt des Generalkonsuls von Portugal. An Ostern 1847 wurde sein Haus anläßlich einer antisemitischen Demonstration verwüstet. Die britische Regierung verlangte von den griechischen Behörden Wiedergutmachung des ihrem Staatsangehörigen zugefügten Schadens. Griechenland wies auf die Möglichkeit hin, den normalen Rechtsweg zu beschreiten. Lord Palmerston, der damals britischer Außenminister war, sandte, als keine Wiedergutmachung erfolgte, 1849 die Mittelmeerflotte in griechische Gewässer. Als auf neue britische Vorstellungen die Griechen mit dem Vorschlag, ein Schiedsgericht entscheiden zu lassen, antworteten, erließ die britische Botschaft ein Ultimatum mit einer Frist von 24 Stunden für die Entschädigung Pacificos. Als diese ausblieb, begann eine Aktion gegen die gesamte griechische Schiffahrt, die darin bestand, daß die britische Flotte vom 18. Januar 1850 an alle griechischen Schiffe vom Meer vertrieb und sie zwang, einen Hafen aufzusuchen. Durch französische Vermittlung kam am 18. Juli 1850 ein Schiedsabkommen zustande, mit dem der Fall erledigt wurde[2]).

Eines der spektakuläreren Beispiele für eine solche Gewaltanwendung, das wegen seiner besonderen Brutalität und dem Beifall, den es als ein »gerechter« Akt auslöste, besonders erwähnt werden darf, war die Beschießung und nachfolgende Niederbrennung von San Juan oder Greytown, einem Städtchen in Nicaragua, am 13. Juli 1854 durch den Kommandanten des amerikanischen Kriegsschiffes »Cyane«. Er handelte, um Vergeltung zu üben, gegen »entwürdigende Behandlung der USA in der Person ihrer akkreditierten Gesandten[3])«.

Im Jahre 1901 blockierten das Deutsche Reich, Italien und Großbritannien die Häfen von Venezuela mit einigen Kriegsschiffen, um Zinsen und Kapital einer der Regierung gewährten Anleihe einzutreiben. Aus dem gleichen Grunde vernichteten die Niederlande im Jahre 1908 die Flotte Venezuelas.

Kuba bietet in dieser Beziehung besonderes Interesse. Auf Grund des Platt Amendments vom 2. März 1901, von dem später die Rede sein wird, verlangte und erreichte Washington eine Bestimmung in der Verfassung Kubas, in der es zur Intervention in die inneren Angelegenheiten der neuen Republik ausdrücklich ermächtigt wurde[4]) und einen die Ermächtigung bestätigenden Staatsvertrag. Die Vereinigten Staaten machten von dieser unter starkem Druck erlangten Vollmacht auch Gebrauch. Sie mischten sich wiederholt in die inneren Wirren der jungen Republik ein und hielten Kuba von 1903 bis 1906 sogar militärisch besetzt.

Mexiko, Nicaragua, Haiti, die Dominikanische Republik waren alle zu irgendeiner Zeit teilweise oder ganz von amerikanischen Truppen besetzt.

Am 3. November 1903 brach in Panama ein Aufstand gegen die kolumbianische Regierung aus, und die Unabhängigkeit der Provinz von Kolumbien wurde ausgerufen. Die Armee Kolumbiens wandte sich natürlich gegen die Sezessionsbewegung, um sie zu unterdrücken. Amerikanische Truppen, die von einem bereits im Hafen von Colon liegenden Kriegsschiff an Land gesetzt wurden, nahmen die Aufständischen in Schutz und verhalfen der Sezession zum Sieg. Schon drei Tage später anerkannte Washington in auffallender Hast die durch Abspaltung von Kolumbien gebildete neue Republik Panama. Das Eingreifen der Vereinigten Staaten wurde richtigerweise überall als eine Intervention bezeichnet, da Washington, zuerst durch das Mittel der Unterwühlung und dann mit Waffengewalt, die Integrität von Kolumbien zu seinem eigenen Vorteil zerstört hatte. Mit der neu ins Leben gerufenen Republik Panama wurde schon am 18. November 1903 der Vertrag geschlossen, der den Vereinigten Staaten einen Landstreifen von 14 Kilometer Breite quer über den Isthmus in Pacht abtrat und ihnen ein Interventionsrecht in ganz Panama einräumte, auf das sie erst 1936 verzichteten. Von 1904 bis 1914 wurde dann der transozeanische Panamakanal gebaut.

Das Zerfallen des Ottomanischen Reiches und die Grausamkeiten, die während der aus dem Niedergang sich ergebenden Zeit der Anarchie gegen religiöse und ethnische Minderheiten verübt wurden, gaben im neunzehnten Jahrhundert den Mächten reiche Gelegenheit, ihre Doktrin der Intervention anzuwenden. Die Not christlicher Gemeinden war der beliebteste Vorwand für bewaffnete Interventionen, so derjenigen von 1827 bis 1830 in Griechenland, von 1876 bis 1878 in Bulgarien, Serbien und Montenegro. Das Ergebnis war meistens die Annexion früher türkischer Gebiete oder die Errichtung von neuen unabhängigen Staaten mit einer dem Intervenierenden freundlichen Regierung. Wie sich das auf das Schicksal der angeblich zu rettenden Minderheiten auswirkte, war in der Regel weniger interessant.

Als 1860 in Syrien sechstausend moronitische Christen von den Drusen ermordet wurden, schlossen Österreich, Frankreich, Großbritannien, Rußland und die Türkei am 5. September 1860 in Paris eine Konvention, welche Frankreich ermächtigte, gewaltsam zu intervenieren. Französische Truppen besetzten Syrien von August 1860 bis Juni 1861 und legten dabei die Grundlage für die Selbständigkeit des Libanon und für den vorherrschenden französischen Einfluß in der ganzen Region, der ein Jahrhundert überdauerte. Der Ausdruck »Humanitäre Intervention« wurde gleichzeitig in die politische und völkerrechtliche Ausdrucksweise eingeführt[5]).

China bietet eine lange und unglückliche Geschichte der Intervention durch Rußland, Großbritannien, Frankreich, die Vereinigten Staaten von Amerika und das Deutsche Reich[6]). Höhepunkte bildeten der 1858 China durch Lord Elgin aufgezwungene Vertrag von Tientsin, die britisch-französische Besetzung von Peking, in deren Verlauf der Sommerpalast des Kaisers niedergebrannt wurde, der Boxeraufstand von 1900 und 1901, in dem das Botschaftsquartier in Peking, das 1860 errichtet worden war, von den Aufständischen angegriffen wurde. Dieser Zwischenfall führte zu einer kollektiven Intervention der Mächte, das heißt einer Strafexpedition.

Japan hatte 1915 und 1922 China Verträge aufgezwungen, die Japan ermächtigten, eine Zone längs der Südmandschurischen Eisenbahn zu verwalten. Ein Zwischenfall vom 18. September 1931 lieferte den Japanern einen Vorwand, um die ganze Mandschurei zu besetzen. Tokio nannte die Operation eine »provisorische Intervention«. Ihr folgte am 19. Januar 1932 der von den Japanern in Szene gesetzte Zwischenfall von Schanghai, der zu der Landung japanischer Truppen, ausgedehnten Kämpfen und schließlich zur Besetzung weiter Gebiete Chinas führte. Auf Grund des Vertrages, der den Boxeraufstand beendete, durften die Japaner Truppen in der Nähe von

Peking stationieren. Am 7. Juli 1937 provozierten die Japaner während Manövern dieser Truppe an der Marco-Polo-Brücke bei Peking einen neuen Zwischenfall. Sie benützten ihn, um an China Forderungen zu richten, die, wie sie wußten, unerfüllbar waren. Rasch verstanden sie es, den Zwischenfall in eine Konfrontation und die Konfrontation in einen Krieg zu verwandeln.

Ein bezeichnender Fall humanitärer Intervention waren die von den Vereinigten Staaten und Großbritannien 1911 gemeinsam gegen Peru unternommenen Schritte, mit denen sie verlangten, die grausame Behandlung der indianischen Bevölkerung von Puntamayo am Oberen Amazonas einzustellen. Amerika und England verlangten von Peru eine Untersuchung an Ort und Stelle und die Bestrafung der schuldig befundenen Personen. Der gegen Peru angewendete Druck war nicht militärischer Art. Aber der Präsident Perus wurde zur Teilnahme an einer Konferenz gezwungen, und man drohte ihm mit der Veröffentlichung der Berichte über Putamayo, wenn er den Forderungen der Mächte nicht nachgab[7]). Peru wich diesem Druck und gab der Forderung der Großmächte nach.

Sowjetrußland

Von November 1917 bis 1920 intervenierten Frankreich, Großbritannien, die Vereinigten Staaten von Amerika, Japan sowie polnische und tschechoslowakische militärische Verbände und auch solche anderer Alliierter – insgesamt zwölf Teilnehmer – in Rußland. Der Zar hatte am 16. März 1917 abgedankt. Die Alliierten hofften damals, daß sich als Folge des Regimewechsels die Kriegsanstrengungen Rußlands gegen Deutschland, Österreich und die Türkei wieder beleben würden. Dem war aber nicht so. Die russische Front zerbröckelte. Nachdem dic Bolschewisten am 6. und 8. November die Macht in Rußland an sich gerissen hatten, kam es auch bald zum Waffenstillstand zwischen diesem und den Mittelmächten, der am 15. Dezember 1917 in Brest-Litowsk besiegelt wurde. Damit war Rußlands Mitwirkung im Krieg praktisch beendet. Es war nur natürlich, daß die

Alliierten, die an der Westfront und in Italien schwer bedrängt waren, versuchten, wieder eine Ostfront zu eröffnen. Man wollte japanische und tschechoslowakische Truppen von Sibirien her und britische, französische und amerikanische Truppen von den nördlichen Häfen und aus dem Mittleren Osten gegen die deutsche Front in Rußland werfen. Im Mai 1918 gingen amerikanische Verbände in Murmansk und Archangelsk an Land. Diese Operation im Hohen Norden wurde zuerst als ein Manöver dargestellt, mit dem die wichtigen Häfen der Arktis gegen eine deutsche und finnische Invasion geschützt werden sollten. Man setzte alles daran, mit der neuen russischen – bolschewistischen – Regierung unter Lenin gute Beziehungen aufrechtzuerhalten, und das in der Hoffnung, daß die Bolschewisten – jetzt »Kommunisten« – dazu gewonnen werden könnten, an der Seite der »demokratischen« Nationen erneut in den Krieg gegen den deutschen »Imperialismus« einzugreifen.

Die neue russische Regierung lehnte jedoch jede Zusammenarbeit ab und schloß am 3. März 1918 in Brest-Litowsk mit Deutschland Frieden. Nach und nach wurden die militärischen Operationen, die ursprünglich dazu bestimmt waren, eine neue Front gegen die Deutschen zu errichten, eine Intervention in dem sich in Rußland entspinnenden Bürgerkrieg zwischen den verschiedenen sich gegenseitig bekämpfenden konterrevolutionären Parteien und der bolschewistischen Regierung. Man hoffte jetzt, diese Regierung könne gestürzt und Rußland wieder in den Krieg gebracht werden.

Im Juli besetzten die Engländer Turkestan, und im Dezember 1918 landeten sie Truppen in Odessa und Sewastopol. Nach dem Zusammenbruch des Deutschen Reiches am 11. November 1918 wurden die Operationen, die übrigens mit schwachen und ganz ungenügend ausgerüsteten Truppen in den endlosen Weiten Rußlands geführt wurden, vollständig auf das politische Ziel der Änderung der Regierung gerichtet, und damit vollends zur Intervention. Sie wurde schon von 1919 an von den Westmächten wieder abgebrochen. Sie hatten erkannt, daß es eines großen Krieges gegen Rußland bedürfe, um den Konterrevolutionären zum Sieg im Bürgerkrieg zu verhelfen. Zu einer solchen Anstrengung aber war man auf keinen Fall bereit. Die Japaner waren die letzten, die ihre Truppen zurückzogen; sie verließen das von ihnen besetzte Wladiwostok erst im Oktober 1922[8]).

Manche Beobachter sind der Ansicht, daß die große strategische Bewegung, die als ein Manöver gegen Deutschland und Österreich im Rahmen des Weltkriegs konzipiert worden und dann in eine Intervention gegen das kommunistische Rußland verwandelt worden war, die kommunistische Regierung keineswegs schwächte, sondern im Gegenteil stärkte und zur endgültigen Errichtung ihrer Macht über das ganze Russische Reich beitrug. Der Kampf nicht nur gegen den inneren Feind, sondern auch gegen fremde Truppen hatte ihr das Argument in die Hand gespielt, daß sie nicht einen Bürgerkrieg, sondern einen patriotischen Verteidigungskrieg gegen einen äußeren Feind führe, und hatte sie zugleich gezwungen, eine starke Armee und eine noch stärkere Polizei zu organisieren[9]).

Intervention gegen Nichtintervention

Am 17. Juli 1936 erhoben sich in Spanien eine Anzahl militärischer Kommandanten mit ihren Truppen gegen die Regierung. Die Bewegung begann in Spanisch-Marokko und griff dann nach der Halbinsel über. Das Ziel war der Sturz der Regierung in Madrid. Die Erhebung gab das Signal zum Beginn des blutigsten Bürgerkrieges der neuesten Geschichte und gleichzeitig zu einer ganzen Reihe von Interventionen. Sowohl Italien wie das Deutsche Reich, das eine Land unter einer faschistischen, das andere unter nationalsozialistischer Regierung, erkannten, daß sich hier die gute Gelegenheit bot, eine Regierung mit Linkstendenzen zu stürzen. Sie hofften auch, in Spanien ein Regime faschistischer oder nationalsozialistischer Prägung in den Sattel zu heben, das nationalistisch, militaristisch und aggressiv wäre und ein nützlicher Verbündeter in kommenden Auseinandersetzungen. Sie entschlossen sich zu intervenieren.

Die italienische Intervention begann auf Grund einer am 19. Juli von den Aufständischen in Rom unterbreiteten Bitte um Flugzeuge. Dem General Francisco Franco wurden von Italien sofort Lufttransportmittel zur Verfügung gestellt, um Truppen aus Spanisch-Marokko nach Andalusien zu bringen. Als der Militäraufstand nach einigen Tagen noch nicht zum Erfolg geführt hatte, wie erwartet worden war, zog es Italien nach und nach immer tiefer in den nun beginnenden Bürgerkrieg hinein. Italien sandte nicht weniger als vier Divisionen, von denen es behauptete, es seien Freiwillige, nach Spanien, zusammen mit der umfangreichen Nachschuborganisation, die nötig wurde. Diese Verbände führten selbständige Operationen in nur loser Verbindung mit der Partei der aufständischen Offiziere, wie etwa die Besetzung der nördlichen Provinzen und einen besonderen Angriff gegen Madrid, der in der Schlacht von Guadalajara zusammenbrach.

Deutschland sandte vom August 1936 an unter der durchsichtigen Tarnung einer Freiwilligenorganisation mit dem Namen »Legion Condor« Bomber und Jagdflugzeuge mit den entsprechenden Besatzungen, Fliegerabwehrartillerie, Übermittlungstruppen und Flottenverbände, um die Partei unter General Franco zu unterstützen.

Die französische Regierung sandte – oder besser gesagt verkaufte gegen Bezahlung in Gold – der Regierung in Madrid etwa hundert Flugzeuge. Die meisten von ihnen wurden durch Freiwillige einer in Frankreich errichteten Organisation unter der Leitung von André Malraux geflogen. Internationale Brigaden, die in Frankreich aufgestellt wurden, erwiesen sich als das entscheidende Element, um den Aufständischen einen raschen Sieg zu verwehren. Sie waren aus wirklichen Freiwilligen zusammengesetzt, aus italienischen und deutschen politischen Flüchtlingen, aus idealistischen Antifaschisten vieler Nationen, aus Schriftstellern wie George Orwell, Arbeitslosen, Abenteurern, politischen Flüchtlingen aus den unter Diktaturen stehenden Ländern Osteuropas. Keinem Russen wurde erlaubt, sich als Freiwilliger zu melden. Dafür wurde gesorgt, daß die Internationalen Brigaden fest in der Hand kommunistischer Kommandeure waren. Am 8. November 1936 bezog das erste Bataillon dieser Brigaden an der Front von Madrid Stellung, und während zwei Jahren hielten sie allen Angriffen der nationalistischen Partei stand.

Die Intervention der Sowjetunion bestand vor allem im Verkauf von Waffen und sonstigem Kriegsmaterial an Spanien. Solches wurde indessen nur solchen Truppen auf der Seite der Regierung von Madrid anvertraut, die unter kommunistischem Kommando standen. Wertvolles und komplizierteres Material wie Panzer und Flugzeuge blieben – wie das später in Kuba mit den Lenkwaffen der Fall sein sollte und noch später in Ägypten mit den modernsten Flugzeugen und Fliegerabwehrwaffen – in den Händen russischen Personals. Die Sowjetbotschaft in Madrid, die später nach Valencia übersiedelte, übernahm die Rolle einer Nebenregierung, die in Wirklichkeit die gesamte Kriegführung der spanischen Republik leitete.

Die sowjetische Intervention war weniger darauf gerichtet, der republikanischen Regierung zu helfen, den Bürgerkrieg zu gewinnen, als in Spanien eine kommunistische Herrschaft zu errichten und dabei alle verhaßten Gegenbewegungen wie Trotzkisten und Anarchisten zu vernichten. Diese einst mächtigen Bewegungen in Barcelona wurden im Mai 1937 durch kommunistische Truppen unter russischem Kommando physisch liquidiert.

Während sich diese Ereignisse abspielten, schien die Gefahr groß, daß die verschiedenen Interventionen die Großmächte in den Bürgerkrieg in Spanien und damit in einen allgemeinen Krieg hineinziehen könnten. Der Friede Europas war angesichts der drohenden und aggressiven Haltung Italiens und Deutschlands sichtbar bedroht. Italien hatte die Eroberung Äthiopiens eben beendet und bedrängte nun Frankreich mit territorialen Forderungen. Tunesien und Nizza standen jetzt auf dem Programm der faschistischen Eroberer. Deutschland hatte 1935 die Militärklauseln des Vertrags von Versailles aufgekündigt und 1936 das entmilitarisierte Rheinland besetzt. Die Gefahr, daß die allseitige Einmischung in Spanien zu einer Konfrontation der Großmächte führen werde, aus der sich leicht ein großer Krieg entwickeln könnte, lag auf der Hand. Die Regierungen waren sich des Ernstes der Lage voll bewußt. Frankreich und Großbritannien wünschten um jeden Preis einen Krieg zu vermeiden, auf den sie ganz und gar nicht vorbereitet waren. Auch die Sowjetunion fürchtete einen Krieg mit Deutschland und hielt bereits nach Möglichkeiten Ausschau, sich mit Hitler zu versöhnen. Für Italien, das sich in Afrika eine gewaltige Bürde aufgeladen hatte, war Spanien von geringem Interesse.

Als deshalb Frankreich am 1. August 1936 die Initiative für ein Abkommen ergriff, in dem sich die Mächte zur Nichtintervention im Spanischen Bürgerkrieg verpflichten sollten, stieß es auf allgemeines Interesse und lebhafte Zustimmung. Das Abkommen kam zustande. Es nahm indessen nicht die Form eines allgemeinen Vertrages an, sondern bestand aus einer Reihe von Verhaltensregeln, die zu beachten die Mächte sich einzeln verpflichten konnten. Die Regeln betrafen Maßnahmen, die jedes einzelne Land auf seinem Gebiet treffen konnte, um die Verschiffung von Waffen nach Spanien oder das Anwerben und Entsenden von Freiwilligen zu unterbinden. Die Verhaltensregeln wurden von Frankreich, dem Vereinigten Königreich, Italien, der Sowjetunion, Jugoslawien, Deutschland angenommen, und zwar in dieser Reihenfolge.

Die spanische Regierung in Madrid protestierte gegen solche Regeln der Nichtintervention. In einer Note vom 10. August 1936 des spanischen Botschafters in Paris an den damaligen französischen Außenminister Yvon Delbos wurde Nichtintervention als Intervention in den Bürgerkrieg bezeichnet. Die Note führte aus:

> »Die Einstellung des Exports von Waffen für die spanische Regierung, gerade in diesem Augenblick, wenn sie diese für die Wiederherstellung der normalen gesetzlichen Ordnung auf ihrem Gebiet dringend benötigt, stellt eine sehr wirksame Intervention in die inneren Angelegenheiten Spaniens dar[10]).«

Weder Italien und Deutschland, noch Frankreich und die Sowjetunion schienen wirklich die Regeln der Nichtintervention zu beobachten. Deshalb wurden internationale Organe unter der Aufsicht des Völkerbundes ins Leben gerufen, denen die Aufgabe zufiel, so gut sie konnten die Beachtung dieser Regeln zu erzwingen. Am 14. September 1936 wurde ein Komitee, in dem 27 Länder vertreten waren, gegründet, das ein Unterkomitee von Vertretern von neun Regierungen – Belgien, Frankreich,

Deutschland, Italien, Portugal, Schweden, Großbritannien, Sowjetunion, Tschechoslowakei – bildete. Dieses Unterkomitee tagte dauernd in London. Es sollte, in den Worten eines der besten Historiker des spanischen Bürgerkrieges, »von Täuschung zu Heuchelei und Demütigung« fortschreiten[11]). Das Komitee stellte Beobachtungsposten an den Landesgrenzen Spaniens und in zwölf Kontrollhäfen auf, welche Schiffe, die nach Spanien bestimmt waren, vorher anlaufen mußten. Die Kontrolle an den Landesgrenzen erwies sich als wirkungsvoll und brachte den Strom der Freiwilligen für die beiden Bürgerkriegsparteien fast völlig zum Stillstand. Sie wurde aber aufgehoben, als im Juli 1937 Portugal die auf seinem Boden stationierten Beobachter, die alle britischer Nationalität waren, auswies. Darauf widerrief Frankreich, weil die Inspektion jetzt einseitig und sinnlos geworden war, die vorher den internationalen Beobachtergruppen erteilte Erlaubnis, auf französischem Boden tätig zu sein. Man muß sich vergegenwärtigen, daß damals über die portugiesische Grenze nur das Gebiet erreicht werden konnte, das unter der Herrschaft der Nationalisten stand, über die französische Grenze aber das Gebiet beider Bürgerkriegsparteien. Die Überwachung der Schiffahrt in den Kontrollhäfen blieb indessen bis zum Ende des Bürgerkrieges in Kraft.

Die Überprüfung der Schiffsladungen in den Kontrollhäfen wurde verstärkt und ergänzt durch Flottenpatrouillen, die von Frankreich, Großbritannien, Italien und Deutschland gestellt wurden. Die den Patrouillen zugeteilten Inspektionsgebiete wurden nach dem Prinzip des Antagonismus verteilt – deutsche und italienische Kriegsschiffe verhinderten nichtspanische Schiffe, die nicht kontrolliert worden waren, die Häfen des republikanischen Spanien zu erreichen, britische und französische Flottenverbände hinderten nichtspanische Schiffe, die nicht kontrolliert worden waren, Häfen unter der Herrschaft der nationalistischen Regierung unter General Franco anzulaufen. Spanische Schiffe wurden selbstverständlich in keiner Weise kontrolliert oder behindert, da ja keine Blockade über die spanischen Häfen verhängt worden war. Eine Blockade hätte vorausgesetzt, daß den beiden Bürgerkriegsparteien der Status von Kriegführenden zugesprochen worden wäre, was die Großmächte unbedingt vermeiden wollten.

Schwierigkeiten ergaben sich aus den Flottenpatrouillen. Am 24. Mai 1937 wurde ein italienisches Kriegsschiff, das sich auf einer Patrouillenfahrt im Mittelmeer befand, bombardiert. Am 29. Mai wurde der deutsche Kreuzer »Deutschland« bei Mallorca von Flugzeugen der republikanischen Regierung bombardiert. Die Besatzung erlitt schwere Verluste. Zur Vergeltung ließen die Deutschen noch einmal typische Kanonenbootpolitik auferstehen. Am 31. Mai erschien ein deutsches Geschwader vor der Südküste Spaniens und beschoß die Stadt Almeria. Zahlreiche Gebäude wurden durch Geschützfeuer zerstört und 19 Personen getötet. Kurz nach dieser Waffentat zogen Italien und Deutschland ihre Schiffe aus der internationalen Seepatrouille zurück.

Nicht zufrieden mit dem auf Grund internationaler Abmachungen errichteten System, das Waffenlieferungen durch fremde Schiffe an die Regierung von Madrid tatsächlich zu verhindern vermochte, griff Italien insgeheim auf eine neue Weise in den Konflikt ein. »Nichtidentifizierte« Unterseeboote begannen im Mittelmeer Schiffe anzugreifen, die Kurs auf spanische Häfen in dem von der Regierung von Madrid/Valencia gehaltenen Gebieten hielten. Diese Akte der Piraterie, denn anders konnten diese Angriffe auf die Schiffahrt nicht bezeichnet werden, lösten allgemeine Bestürzung aus, weil sie auf dem unmittelbarsten Wege zum Kriege zu führen drohten.

Eine besondere Konferenz wurde vom Völkerbund dringlich nach der am Genfersee gelegenen kleinen Stadt Nyon einberufen. Sie tagte dort vom 10. bis zum 14. September 1937. Neun Regierungen von an das Mittelmeer grenzenden Ländern waren vertreten. Man einigte sich dahin, daß Unterseeboote, die bei einem völkerrechtswidrigen Angriff betroffen wurden, sofort versenkt würden. Ein Zusatzprotokoll zu dem Abkommen von Nyon stellte fest, daß die Flottenpatrouillen, die von der britischen und französischen Flotte und später auch von der italienischen Flotte gestellt wurden, um die Drohung gegen die Unterseeboote wahr zu machen, auch gegen angreifende Flugzeuge das Feuer eröffnen konnten.

So hatte der Bürgerkrieg umfangreiche Interventionen von außen in die Angelegenheiten Spaniens hervorgerufen – was übrigens jeder länger dauernde Bürgerkrieg in einem wichtigen Land tun wird. Diese Interventionen wurden richtigerweise als eine Bedrohung des internationalen Friedens eingeschätzt; ständig drohte der Konflikt sich auf die Höhe eines großen internationalen Krieges emporzuschwingen. Die Mächte waren sich grundsätzlich darüber einig, daß die Intervention eine begrenzte Machtentfaltung sein und bleiben sollte. Sie arbeiteten trotz den zwischen ihnen bestehenden tiefen Zerwürfnissen zusammen, um sie begrenzt zu halten. Das internationale Nichtinterventionskomitee in London mit seinen Beobachtergruppen, seinen Kontrollhäfen war ein Vorläufer späterer friedensbewahrender Operationen, wie sie die Vereinten Nationen einführten. Das System war aber nicht wasserdicht, und jedermann wußte es.

Die teilnehmenden Nationen waren fest entschlossen, das Nichtinterventionsabkommen zu umgehen, wenn immer es ihre Interessen zu gebieten schienen. Es bot ihnen aber einen erwünschten und überaus nützlichen Schleier für eventuelle interventionistische Akte. Es hielt diese in Grenzen zurück, in denen sie, dank den verschiedenen wenigstens den Schein wahrenden Vorkehrungen, von der Gegenseite stillschweigend geduldet werden konnten.

KAPITEL VII

INTERVENTION HEUTE: TRUMAN-DOKTRIN BIS SAN DOMINGO

Die Truman-Doktrin

Nach dem Ende des Zweiten Weltkriegs wurde die Praxis der unter dem Vorwand oder mit dem wirklichen Ziel, eine gewisse internationale Rechtsordnung zu wahren, geführten kleinen Polizeiaktionen – von einzelnen Nationen oder *ad hoc*-Gruppierungen – nicht mehr belebt. Probleme, die früher nach dieser alten Methode der internationalen Polizeiaufsicht gerufen hätten, wurden jetzt gewöhnlich vor die Vereinten Nationen gebracht, die sich schlecht und recht damit auseinandersetzten. Was sich dagegen auf breiter Front entwickelte, waren Interventionen im Zusammenhang mit dem als kalter Krieg bezeichneten Weltkonflikt. Ihr Ziel war in den meisten Fällen, ein Regime zu errichten oder ein bestehendes Regime zu stützen, das der einen oder anderen Partei günstig gesinnt war. Sogar Interventionen, an denen sich auf beiden Seiten nur kleine oder mittlere Staaten aktiv beteiligten, wie zum Beispiel die in Yemen (1962) oder in Zypern (1964), waren, wenigstens mittelbar, mit dem großen Konflikt verbunden, der die Weltbühne beherrschte.

Am 21. Februar 1947 teilte die britische Regierung in Washington mit, daß sie sich außerstande sehe, die wirtschaftliche, finanzielle und militärische Hilfe, die sie bisher der Regierung Griechenlands geleistet hatte, länger als bis Ende März fortzusetzen. Griechenland war damals in einen Bürgerkrieg verstrickt. Großbritannien, das sich in einer katastrophalen Finanzlage befand, konnte die Bürde dieser Verwicklung nicht mehr tragen. Die Mitteilung an Washington kam einem Ersuchen gleich, sie an Stelle Großbritanniens zu übernehmen.

Aus diesem Gesuch entwickelte sich die erste große amerikanische Intervention nach Kriegsende. Der Entschluß, an der Stelle des Vereinigten Königreichs Griechenland zu Hilfe zu kommen, wurde begünstigt durch die Tatsache, daß die Türkei, die ebenfalls britische Hilfe erhalten hatte, auch Hilfe von anderer Seite benötigen und in schwere Gefahr geraten würde, wenn im griechischen Bürgerkrieg die Kommunisten siegten.

Die Lage in Griechenland und in der Türkei verlangte rasches Handeln, da die unmittelbare Gefahr zu bestehen schien, daß Griechenland und dann später die Türkei in die Einflußsphäre der Sowjetunion gezogen würden. Die Folgen für die Lage im Mittelmeer wären unabsehbar gewesen. Diese Gefahr wurde zum Ausgangspunkt einer neuen amerikanischen Interventionstheorie, welche die früheren Theorien, Doktrinen und Argumente ersetzen sollte, die sich seit 1823, seit der Verkündung der Monroe-Doktrin, über die Erklärungen von Theodore Roosevelt, Woodrow Wilson und Franklin D. Roosevelt, entwickelt hatten.

Die neue Politik fand ihren Ausdruck in einer Rede Präsident Harry S. Trumans in einer gemeinsamen Sitzung der beiden Häuser des Kongresses, also von Senat und Repräsentantenhaus, am 12. März 1947. Die entscheidenden Stellen lauteten:

»Wir werden unsere Ziele indessen nicht erreichen, wenn wir nicht bereit sind, freien Völkern zu helfen, ihre freiheitlichen Einrichtungen aufrechtzuerhalten und ihre nationale Unversehrtheit zu bewahren gegen aggressive Bewegungen, die versuchen, ihnen totalitäre Regime aufzuzwingen ... Totalitäre Regime, die freien Völkern aufgezwungen werden, sei es durch direkte oder durch indirekte Aggression, untergraben die Grundlagen des internationalen Friedens und damit die Sicherheit der Vereinigten Staaten.

...

Ich glaube, daß es die Politik der Vereinigten Staaten sein muß, freie Völker zu unterstützen, die dem Versuch, sie zu unterjochen, sei es durch bewaffnete Minderheiten im Innern oder durch äußeren Druck, widerstehen. Ich glaube, daß wir freien Völkern helfen müssen, ihr Schicksal auf ihre eigene Weise zu gestalten[1]).«

Die mit solchen Worten angekündigte Intervention in Griechenland erfolgte in Form umfangreicher wirtschaftlicher Hilfe, der Lieferung von Kriegsmaterial aus den Beständen, die vom Weltkrieg her übriggeblieben waren, und der Entsendung einer Militärmission unter dem Kommando von General James A. Van Fleet. Es dauerte aber volle zwei Jahre, bis die von Amerika unterstützte griechische Armee die kommunistische Aufstandsbewegung zur Kapitulation gezwungen hatte.

Es ist klar, daß die von Truman angekündigte Intervention, in der die Vereinigten Staaten an die Stelle Großbritanniens traten, in Wirklichkeit dazu bestimmt war, eine entscheidende Veränderung des Machtgleichgewichts im östlichen Mittelmeer und im Mittleren Osten zu verhindern. Die ideologischen Dekorationsstücke und Ausschmückungen waren dazu bestimmt, das amerikanische Volk darüber hinwegzutäuschen, daß es sich um ein Stück Großmachtpolitik handelte. Die Amerikaner waren und sind nicht gewöhnt und nicht bereit, in solchen Kategorien zu denken.

Die Erklärung des Präsidenten vor dem Kongreß erhielt bald die schmückende Etikette »Truman-Doktrin«. Sie wurde zur *Magna Charta* der Intervention. Bald war vergessen oder wenigstens halbwegs vergessen, daß in der Erklärung ausdrücklich von Völkern die Rede gewesen war, »die dem Versuch, sie zu unterjochen, widerstehen«. Damit war das amerikanische Hilfsversprechen begrenzt worden, indem es solchen Nationen vorbehalten wurde, die sich bereits selber verteidigen und damit ihren Willen, unabhängig und frei zu bleiben, bereits deutlich kundgaben. Der einzige Maßstab, der in den kommenden Jahren angelegt werden sollte, um festzustellen, wie notwendig und dringlich eine Intervention sei, war die Frage danach, ob die Gefahr bestehe oder nicht, daß in einem Lande eine totalitäre Regierung aufgerichtet werde. Aus einer maßvollen und intelligenten Formel zur Eindämmung der machtpolitischen Ausdehnung der Sowjetunion wurde eine plumpe Formel des globalen Antikommunismus.

Der Fall Griechenland war ein Einzelfall mit allen Zügen eines Einzelfalls. Er hatte sich aus der Schwäche eines Alliierten ergeben, der nicht mehr über die Mittel verfügte, sich mit ihm auseinanderzusetzen. Merkwürdigerweise aber wurde der Entschluß des Präsidenten, zu intervenieren, in Worte gekleidet, die den Eindruck vermitteln mußten, daß die Vereinigten Staaten von Amerika in Zukunft überhaupt alle freien Völker unterstützen würden, die sich der Unterjochung widersetzten. Indem man eilfertig einer konkreten außenpolitischen Entscheidung die Etikette einer Doktrin anhängte, folgte man einer Tendenz, die, wie man später im Zusammenhang mit Vietnam sehen wird, äußerst gefährlich ist. Sie hindert die Planer und die zur Entscheidung Berufenen, sich mit einer bestimmten Situation lediglich auf Grund gerade dieser Situation und ihrer Eigentümlichkeiten auseinanderzusetzen, indem ihr Denken und Handeln in die Zwangsjacke einer »Doktrin« gesteckt wird.

Daß der Fall Griechenland zudem ein schlechter Ausgangspunkt war für die Bildung einer Doktrin, geht daraus hervor, daß der Herrscher der Sowjetunion, Stalin, damals selber gar nicht wünschte, in Griechenland eine kommunistische Herrschaft zu errichten.

In seinem Buche »Memoirs 1925–1950« befaßt sich der bedeutende Historiker und Diplomat George Kennan mit dieser Tendenz der amerikanischen Politik in Worten, die für eine große Zahl von politischen Entschlüssen zutreffen, die in unserer Untersuchung über Konfrontation und Intervention behandelt werden. Er schreibt:

»Ich bin immer wieder überrascht durch die den Amerikanern angeborene Abneigung, einen einer besonderen Lage entsprechenden besonderen Entschluß zu fassen, und durch ihren unaufhörlichen Drang, universelle Formeln oder Doktrinen zu suchen, mit denen man jede Einzelaktion drapieren und rechtfertigen kann. Augenscheinlich unterscheiden wir nur ungern. Wir lieben es, eine Art allgemeines leitendes Prinzip zu finden, zu dem wir jeden Moment Zuflucht suchen können, so daß einzelne Entschlüsse vielleicht gar nicht auf Grund der Eigenarten des Falles, auf den sie sich beziehen, getroffen werden, sondern gewissermaßen automatisch und nur auf Grund der Prüfung, ob der Fall der aufgestellten Norm entspricht oder nicht. Wir lieben es gleicherweise, Entschlüssen eine allgemeine Bedeutung zuzuschreiben, die zu fassen wir aus ganz besonderen und vielleicht lokalen Gründen für nötig gefunden haben[2]).«

Die ideologischen Drapierungen für Präsident Trumans Unternehmen in Griechenland wurden, auf dem Umweg über die eben dargestellte Neigung des amerikanischen politischen Denkens, nach und nach, in manchen Fällen in unglücklicher Weise, zur Grundlage für zahlreiche künftige Entschlüsse.

Während wir heute wissen, daß die Unterstützung der Kommunisten in Griechenland von Jugoslawien und Bulgarien ausging und nicht von der Sowjetunion, deren Diktator, Stalin, die Operation nicht billigte, so wissen wir mit ebensogroßer Gewißheit, daß der nächstfolgende Akt inneren Umsturzes, deren Zeuge die Welt werden sollte, ausschließlich von Moskau geleitet und ausgeführt wurde. Die Tschechoslowakei stand seit 1945 unter einer Volksfrontregierung, in der die Sozialisten und ihre demokratischen Verbündeten eine schwache Mehrheit, die Kommunisten eine starke Minderheit darstellten. 1947 entschloß sich die Regierung in Prag, mit dem Westen wirtschaftlich zusammenzuarbeiten, indem sie die im Marshall-Plan enthaltene Einladung, Wirtschafts- und Finanzhilfe entgegenzunehmen und am europäischen Wiederaufbau mitzuarbeiten, annahm. Die Sowjetunion mißbilligte diesen Schritt und befahl Prag, die Annahme zurückzuziehen. Die Republik unter der schwachen Führung von Präsident Eduard Benesch gehorchte sofort.

Das genügte Moskau aber nicht. Stalin entschloß sich, in Prag zu intervenieren, um ein kommunistisches Regime aufzurichten. Das Innenministerium, und damit die Polizei, befand sich schon in der Hand der Kommunisten. Um gegen den Polizeiterror zu protestieren, der vom Innenministerium aus gegen die Sozialistische Partei ebenso wie gegen die bürgerlichen Parteien ausgeübt wurde, demissionierten die nichtkommunistischen Mitglieder der Regierung Gottwald am 20. Februar 1948. Darauf erschien ein hoher sowjetischer Funktionär in Prag und übernahm die Leitung des Innenministeriums und der Polizei. Gewaltige Arbeiterdemonstrationen unter kommunistischer Führung schüchterten den Präsidenten ein. Der deutlich nach Westeuropa orientierte Außenminister, Ian Masaryk, wurde am Fuße der Mauern seines Ministeriums tot unter seinem Fenster gefunden. Die Umstände geben der Vermutung Nahrung, daß er von sowjetischen Polizeibeamten ermordet worden war, die zu diesem Zweck nach Prag gekommen waren. Eine ausschließlich aus Kommunisten gebildete Regierung übernahm die Macht, und die Polizei ging jetzt rücksichtslos gegen die gesamte Opposition vor.

Die Intervention brachte Moskau einen vollen Erfolg. Sie wurde meisterhaft durchgeführt mit der Hilfe von Agenten, die lange vorher innerhalb der Verwaltung und der Regierung eingesetzt worden waren, und so schnell, daß sich weder innerhalb der Tschechoslowakei noch außerhalb ihrer Grenzen irgendwelcher Widerstand regte. Eine Gegenintervention von amerikanischer Seite kam aus vielen Gründen nicht in Frage. (Die Truman-Doktrin war also für den Augenblick vergessen.) Einer der Gründe, und ein zwingender, war, daß der erste Schritt in dieser Richtung schon zu einer Konfrontation mit der Sowjetunion geführt hätte. Es war unwahrscheinlich, daß eine solche Konfrontation sich nicht bald zu einem Weltkrieg auswachsen würde. Auf einen neuen Krieg aber waren die Vereinigten Staaten zu jener Zeit überhaupt nicht vorbereitet. Die fast chaotische Demobilmachung ihrer Streitkräfte am Ende des Zweiten Weltkriegs war der deutliche Ausdruck des traditionellen strategischen Denkens Amerikas gewesen: Die absolute Trennung von Frieden und Krieg[3]). Nach einer Erklärung General Marshalls gab es damals »eineindrittel Divisionen in den ganzen Vereinigten Staaten«[4]). Abgesehen von den Atomwaffen war Amerika der Sowjetunion weit unterlegen.

Ein anderer Beweggrund für völlige Untätigkeit hätte natürlich auch dem genauen und vollständigen Wortlaut der Botschaft Präsident Trumans entnommen werden können. Die Selbsthilfe der in ihrer Freiheit bedrohten Völker war darin zu einer Voraussetzung für Hilfe und Intervention gemacht worden. In Prag aber war überhaupt kein ernstlicher Versuch unternommen worden, der sowjetischen Intervention Widerstand zu leisten.

Korea 1950

Als die japanische Kriegsmaschine 1945 zusammenbrach, vereinbarten der amerikanische und der sowjetische Generalstab, quer durch das von japanischen Armeen besetzte Korea am 38. Breitengrad eine Linie zu ziehen. Nördlich der Linie würden sowjetische Truppen die Entwaffnung der kapitulierenden japanischen Streitkräfte vornehmen, südlich der Linie die amerikanischen Truppen. Aus dieser nur für den Augenblick getroffenen praktischen militärischen Maßnahme ergaben sich dauernde Folgen. Da die sowjetische und die amerikanische Regierung sich nicht über die Zusammensetzung einer neuen einheitlichen Regierung für ganz Korea einigen konnten, wurden nach und nach zwei verschiedene Regierungen im Norden und im Süden Koreas ins Leben gerufen. Jede dieser Regierungen begann auch bald ihre eigene Armee aufzubauen.

Infolge eines der tragischen Mißverständnisse der Geschichte vermutete die Sowjetunion, die Vereinigten Staaten von Amerika seien am Schicksal Südkoreas nicht interessiert. Sie schloß daraus, sie könne jetzt das Land unter einer kommunistischen Regierung vereinigen, ohne daß Amerika etwas dagegen unternehmen würde[5]). Der amerikanische Außenminister Dean Acheson und der amerikanische Oberbefehlshaber in Japan, General MacArthur, hatten tatsächlich in ähnlich lautenden Erklärungen von einer amerikanischen Verteidigungslinie im Pazifischen Ozean gesprochen, die Korea nicht in sich schloß. Sie hatten dabei den Fall eines dritten Weltkriegs im Sinn und sprachen keineswegs von Einflußsphären. Daher das Mißverständnis.

Am 25. Juni 1950 überschritten nordkoreanische Truppen, ermutigt und unterstützt von der Sowjetunion, die Linie des 38. Breitengrades und stießen auf breiter Front gegen Süden vor. Präsident Truman und seine Berater erkannten sofort, daß es für sie gar keine andere Wahl gebe, als an der Seite der bedrohten Regierung von Südkorea einzugreifen.

Die diplomatische und militärische Geschichte des nun entbrennenden Krieges ist so ausführlich geschildert worden und so gut bekannt, daß es hier nicht notwendig ist, sie nachzuerzählen. Als im Zusammenhang mit unserer Untersuchung wesentliche

Tasache ist aber zu erwähnen, daß die Vereinigten Staaten sich sofort bemühten, die Intervention als eine kollektive Aktion der Vereinten Nationen auszugestalten. Die Union Sozialistischer Sowjetrepubliken hatte als Zeichen ihres unaufhörlich vorgetragenen Protestes gegen die Tatsache, daß das nationalistische Regime auf Formosa den Sitz Chinas im Sicherheitsrat besetzt hielt und Formosa statt der Volksrepublik China als Mitglied der Vereinten Nationen China vertrat, seit Januar 1950 ihren Vertreter aus dem Sicherheitsrat zurückgezogen. Deshalb waren die Vereinten Nationen jetzt – ganz zufällig – aktionsfähig.

Der Sicherheitsrat der UN versammelte sich auf Verlangen der Vereinigten Staaten, die ihm den Entwurf einer Entschließung unterbreiteten. Er faßte am 25. Juni 1950 eine Resolution, die feststellte, daß der Angriff Nordkoreas einen Friedensbruch darstelle, und beide Parteien aufforderte, die Feindseligkeiten einzustellen. Die Vereinigten Staaten luden die Mitglieder der Vereinten Nationen ein, ihnen bei der Ausführung der Resolution beizustehen. In der Zwischenzeit waren amerikanische Truppen, hastig aus Besetzungstruppen in Südkorea und Japan, die keineswegs kriegsbereit waren, zusammengestellt, der südkoreanischen Armee zu Hilfe geeilt. Sie wurden bald von den viel stärkeren nordkoreanischen Armeen zurückgedrängt, bis sie nur noch den südlichsten Zipfel der Halbinsel hielten.

Am 27. Juni genehmigte der Sicherheitsrat mit allen Stimmen gegen diejenige von Jugoslawien eine neue Resolution. Sie richtete an die Mitglieder der Vereinten Nationen die Empfehlung, der Republik Korea (also Südkorea) alle die Hilfe zu leisten, die nötig sei, um den bewaffneten Angriff abzuwehren und internationalen Frieden und Sicherheit wiederherzustellen. Eine spätere Resolution lud die Mitglieder ein, sofern sie Truppen sandten, diese einem einheitlichen Kommando der Vereinten Nationen zu unterstellen. Im Laufe der Zeit wurden Kampftruppen und Nachschuborganisationen von insgesamt sechzehn Mitgliedstaaten zur Verfügung gestellt. Die Hauptlast des Kampfes wurde von den Vereinigten Staaten von Amerika getragen, die auch die Rolle des Einheitskommandos der Vereinten Nationen übernahmen. Die Intervention endete, nachdem sie manche kritische Phase durchlaufen hatte, mit dem Waffenstillstand vom 27. Juli 1953. Sie war in begrenzter Weise erfolgreich gewesen.

Es war die klassische Intervention. Sie war unternommen im Namen der nun bestehenden Weltsicherheitsorganisation und in voller Übereinstimmung mit deren Zielen, wie sie in der Satzung von San Francisco umschrieben sind. Alle Voraussetzungen und Bedingungen einer Intervention waren erfüllt. Die Intervention erfolgte, um die Ziele und Ideale, wie sie in der Satzung der UN umschrieben sind, zu verwirklichen. Die Stärke und Macht der Vereinigten Staaten und der an der Aktion teilnehmenden Mitglieder war bedeutend größer als diejenige Nordkoreas. Das Eingreifen mit militärischer Macht bedeutete eine vollständige und deutliche Abwendung von der bisherigen Besetzungspolitik. Das Ziel war eng begrenzt durch die Resolution des Sicherheitsrats, die den Auftrag gab, »den bewaffneten Angriff abzuwehren und internationalen Frieden und Sicherheit wiederherzustellen«. Die ganze Aktion richtete sich darauf, die in Südkorea bestehende Regierung zu stützen und zu verhindern, daß ein von Nordkorea beherrschtes kommunistisches Regime errichtet werde.

Das Unternehmen überschritt den Rahmen einer Intervention im strikten Sinne des Wortes erst nach dem Siege, den General Douglas MacArthur als Folge der Landung vom 15. September 1950 bei Inchon an der Westküste der Halbinsel erzielt hatte. Die nordkoreanische Armee wurde geschlagen und zerstreut. In dieser neuen Lage entschloß sich die amerikanische Regierung, im Einverständnis mit der alliierten britischen Regierung, die Operationen über den Auftrag, »den bewaffneten Angriff abzuwehren und internationalen Frieden und Sicherheit wiederherzustellen«, hinaus fortzusetzen. Die Gelegenheit sollte genützt werden, die sich jetzt bot, die Teilung Koreas, die gegen den Willen der Bevölkerung und gegen die Logik der Geschichte vorgenommen worden war, zu überwinden. Die Generalversammlung der Vereinten Nationen beschloß am 7. Oktober 1950, den Auftrag zur Pazifizierung auf ganz Korea zu erstrecken. General MacArthur wurde ermächtigt, seine Operationen über den 38. Breitengrad nach Norden auszudehnen und Korea bis an die chinesische Grenze am Yalu zu besetzen. Wir können feststellen, daß dieser Auftrag die Intervention beendete, obwohl er sich auf eine Resolution der Generalversammlung der UN stützte, und einen großen Krieg eröffnete, mit dem der *status quo* gewaltsam geändert werden sollte.

Jetzt hatten sich die Rollen plötzlich vertauscht. Die Operation der Vereinten Nationen hatte aufgehört, Intervention zu sein, und ein neuer Intervenierender betrat den Schauplatz. Das kommunistische China hatte das Abenteuer der nordkoreanischen Regierung, das von den Russen inspiriert war, die ja im benachbarten Wladiwostok saßen und deren äußerster Vorposten ihres China umschließenden Kolonialreichs fast Korea berührte, nicht gerne gesehen. Peking hatte sofort erkannt, daß die Sowjetunion, sofern es ihr gelingen sollte, ein Satellitenregime – ähnlich wie in der Mongolei – in Korea zu errichten, China noch mehr einkreisen werde. Nun war das sowjetische Unternehmen zum Glück für China gescheitert. Aber eine andere, und in chinesischen Augen größere Gefahr, begann sich abzuzeichnen: Eine amerikanische Armee an den Ufern des Yalu. Das bedeutete für Peking eine Bedrohung, die es nicht hinnehmen konnte.

Als sich der Vorstoß der Armeen der Vereinten Nationen gegen den Yalu am 1. Oktober 1950 abzuzeichnen begann, hatte Peking einen Entschluß zu fassen: Intervenieren oder nicht intervenieren? Die chinesische Regierung betrachtete die Möglichkeit einer Intervention keineswegs leichten Herzens. Sie versuchte deshalb Washington zu verstehen zu geben, daß die Besetzung nordkoreanischen Gebietes durch südkoreanische Truppen nicht als eine ernste Angelegenheit betrachtet würde. Wenn aber amerikanische Verbände den 38. Breitengrad überschreiten sollten, würde China in den Krieg eingreifen[6]). Diese Warnung, allerdings nur in verhüllten Worten übermittelt, welche zudem durch das Getöse antiamerikanischer Propaganda aus Peking übertönt waren, wurde in Washington nicht wahrgenommen. China mußte handeln. Die Armeen MacArthurs bewegten sich nordwärts. Am 6. November 1950 erschienen chinesische Truppen, getarnt als »Freiwillige«, südlich des Yalu.

Die chinesische Intervention war Tatsache geworden. Sie nahm in Wirklichkeit die Form einer Konfrontation an, da Peking sich noch zurückhielt, wohl in der Hoffnung, Verhandlungen aufzunehmen. In dieser Lage wäre eine vertragliche Beendigung des Konflikts vielleicht noch möglich gewesen. Die Vereinten Nationen hätten ihre militärischen Operationen deutlich begrenzen und zu den Methoden der Konfrontation übergehen müssen – mit Drohungen, Manövern, diplomatischen Schritten. Die Lage wurde vom alliierten Oberkommando unter General MacArthur aber nicht richtig beurteilt; die Wendung wurde nicht verstanden. MacArthur war überzeugt, er könne den Krieg innerhalb weniger Wochen durch einen Sieg beenden. Am 28. November 1950 griffen die Chinesen an und trieben die Armeen MacArthurs über den 38. Breitengrad zurück. Dort konnten sie wieder Fuß fassen, aber der Stellungskrieg, der sich nun ergab, dauerte länger als zwei Jahre. Die Vereinigten Staaten und die Vereinten Nationen hatten sich schließlich mit dem ursprünglichen Ziel der Intervention zufriedenzugeben – der Befreiung von Südkorea und der Wiederherstellung des Friedens. Von internationaler Sicherheit im Bereich der Waffenstillstandslinie in Korea ist man allerdings selbst heute noch weit entfernt.

Man kann, die Ereignisse überblickend, sagen, daß von den zwei Interventionen, derjenigen der UN und derjenigen Chinas, beide erfolgreich waren. Beide hatten ihr Ziel erreicht: Südkorea wurde gerettet; die amerikanische Armee konnte sich nicht unmittelbar an der Grenze Chinas einrichten.

Nationale Befreiungskriege

Interventionen in die inneren Angelegenheiten anderer Nationen mit dem Ziel, eine genehme Regierung zu unterstützen oder eine Regierung in den Sattel zu heben, von der man eine freundlichere Haltung gegenüber den Interessen der intervenierenden Macht erwartet, sind so häufig, daß sie der modernen Zeit geradezu ihren Stempel aufgedrückt haben. Nach der von der Union Sozialistischer Sowjetrepubliken vertretenen Doktrin gründen sich solche Interventionen auf den Grundsatz, sie müsse »nationale Befreiungskriege« unterstützen. Marschall Sokolowski führt in dem von ihm herausgegebenen Buche »Militär-Strategie« aus:

»Die KPDSU und das gesamte sowjetische Volk ... haben Eroberungskriege aller Art – darunter auch Kriege zwischen kapitalistischen Staaten und lokale Kriege, deren Ziel die Unterdrückung von Volksbefreiungsbewegungen ist – immer verurteilt und werden sie auch in Zukunft verurteilen. Sie betrachten es als ihre Pflicht, den heiligen Kampf der unterjochten Völker und die gerechten Befreiungskriege gegen den Imperialismus zu unterstützen. Dieser Pflicht kommt die Sowjetunion konsequent und unbeirrbar nach, indem sie die Völker in ihrem Kampf gegen den Imperialismus nicht nur ideologisch und politisch unterstützt, sondern ihnen auch materielle Hilfe gewährt. Völkern, die einer imperialistischen Aggression zum Opfer fallen, erweist die UDSSR nötigenfalls auch militärische Hilfe[7]).«

Die sowjetische strategische Literatur äußert sich sonst nicht besonders ausführlich über das Problem und hält einfach an der These der »heiligen Pflicht« fest, nationale Befreiungskriege zu unterstützen. Der Vorsitzende des Ministerrats der Sowjetunion gab immerhin im Dezember 1963 eine Erklärung ab, die Licht auf die sowjetische Interventionsdoktrin wirft. Er nahm seine Regierung gegen die chinesische Kritik in Schutz, welche die Wirksamkeit der sowjetischen Interventionen in Asien, Afrika und Lateinamerika anzweifelte. Dabei erklärte er unter anderem, daß die Sowjetunion große Mengen von Waffen als Geschenk den algerischen Patrioten geschickt habe. Aus anderen sowjetischen Quellen ist zu entnehmen, daß auch die nationalen Befreiungskriege in Indonesien, Yemen und Irak durch Rüstungshilfe unterstützt worden sind. Die Unterstützung der Kriegführung in Vietnam durch große Waffen- und Munitionslieferungen an Nordvietnam und an den Vietkong in Südvietnam war, wie man weiß, das entscheidende Element für das Andauern des Krieges. Dem Kongo hatte die Sowjetunion 1960, kurz nachdem er die Unabhängigkeit erlangt hatte, etwas Kriegsmaterial geliefert. Die Regierung von Patrice Lumumba erhielt Transportflugzeuge, Lastwagen und Handfeuerwaffen zur Förderung des erwarteten Bürgerkrieges, aus dem, wie man in Moskau hoffte, ein kommunistisches Regime hervorgehen sollte.

Innerhalb des eigentlichen kommunistischen Machtbereichs können Interventionen selbstverständlich nicht als »nationale Befreiungskriege« aufgefaßt und dargestellt werden. Sie nehmen in solchen Fällen einfach die Gestalt der Unterstützung einer freundlich gesinnten Regierung an oder der Unterstützung von Bemühungen, ein solches Regime zu errichten. Diese Art der Intervention, das heißt des Eingreifens in einem kommunistischen oder »sozialistischen« Lande, ist schließlich in der sogenannten Breschnjew-Doktrin ideologisch und theoretisch umschrieben und untermauert worden.

Nach dem Tode Stalins im Jahre 1953 wurde das Streben nach einer freieren Form der kommunistischen Herrschaft und nach ihrer elastischen Ausgestaltung besonders in Ungarn eine treibende Kraft. Mathias Rakosy hatte nach zwei Jahren einer etwas »liberaleren« Regierung unter Imre Nagy wieder ein stalinistisches Regime eingeführt. Am 18. Juli 1956 wurde er aber zum Rücktritt gezwungen und durch E. Gerö ersetzt. Ermutigt durch eine starke antistalinistische Bewegung in Polen entfaltete sich in Budapest eine Rebellion gegen die kommunistische Herrschaft, an deren Spitze junge Arbeiter und Studenten marschierten. Gerö wandte sich an Moskau um Hilfe, konnte aber der Bewegung nicht Herr werden und trat zurück. An seiner Stelle übernahm wieder der als gemäßigt geltende Imre Nagy am 25. Oktober 1956 die Zügel der Regierung. Auch er war aber nicht in der Lage, die revolutionären und nationalistischen Kräfte, die nun an die Oberfläche kamen, einzudämmen. Eine nationale Erhebung drohte das kommunistische Regime wegzufegen. Während einiger Tage führten die Sowjets zum Schein Verhandlungen mit der neuen Regierung Nagy, die sich halb die Sache der Aufständischen zu eigen gemacht hatte. Die Verhandlungen drehten sich um den Rückzug der sowjetischen Truppen aus Ungarn und die Möglichkeit der Entlassung des Landes aus dem Warschaupakt. Auf diese Weise gewann Moskau Zeit, eine militärische Intervention vorzubereiten. Vor allem wurde eine Gegenregierung unter Janos Kadar aufgestellt, die ein neues Hilfegesuch nach Moskau schickte. Sofort wurde ihm entsprochen. Am 4. November 1956 drangen sowjetische Truppen in Budapest ein, besetzten die Hauptstadt und unterdrückten die

Rebellion in brutaler Weise. Der Widerstand gegen den Eindringling dauerte bis zum 13. November. Nagy und die Führer der Aufstandsbewegung wurden mit Hilfe des Versprechens freien Geleits aus ihren Verstecken gelockt, verhaftet und später hingerichtet. An ihrer Stelle übernahm die Regierung Kadar die Herrschaft.

Zwölf Jahre später sollte eine ähnliche Operation in der Tschechoslowakei durchgeführt werden.

Interventionen in Afrika und im Mittleren Osten

Zwei Interventionen in die inneren Angelegenheiten anderer Staaten ereigneten sich in den sechziger Jahren in Afrika. Gabon war ein Teil von Französisch-Äquatorialafrika gewesen, bevor es am 17. August 1960 die Unabhängigkeit erhielt. Nach weniger als vier Jahren der Unabhängigkeit brach eine Militärrevolte aus. Am frühen Morgen des 18. Februar 1964 wurde die Regierung durch eine Gruppe junger Offiziere gestürzt, und Präsident Léon Mba wurde festgenommen. Am Nachmittag desselben Tages kamen französische Truppen auf dem Luftweg von Brazzaville im benachbarten Congo-Brazzaville her in der Hauptstadt von Gabon, Libreville, an. Am folgenden Tage traf ein zweiter französischer Truppenverband von Dakar im Senegal ein. Die Rebellion wurde sofort unterdrückt, Präsident Mba befreit und wieder in seine Ämter eingesetzt. Paris führte aus, die militärische Intervention folge den Bestimmungen des gegenseitigen Beistandsvertrags vom 17. Mai 1961, und daß der französische Schritt zwar einseitig, jedoch im Rahmen des Vertrags unternommen worden sei, weil der Präsident, den man seiner Freiheit beraubt hatte, den Vertrag nicht anrufen konnte. Ein paar Tage später entdeckte man in Paris, daß es einen Vizepräsidenten von Gabon gab, und ersetzte die frühere Erklärung durch eine verbesserte Fassung, nach der der Vizepräsident den Beistandsvertrag angerufen und die französische Intervention verlangt habe.

Trotz diesen juristischen Rechtfertigungen wurde die Intervention in Afrika schlecht aufgenommen. Sie widersprach dem

Prinzip der Nichtintervention, zu dem sich die afrikanischen Staaten wiederholt entschieden bekannt hatten. Der Generalsekretär der *Union Africaine et Malgache,* Germain Mba (kein Verwandter von Präsident Léon Mba) trat im Zeichen des Protestes von seinem Posten zurück. Er deutete an, daß die Intervention nur den wirtschaftlichen Interessen Frankreichs gehorcht habe, da Gabon eine wichtige Quelle für Manganerz und Uranerz ist. Frankreich hatte es nicht für nötig befunden, in anderen augenscheinlich weniger interessanten Fällen zu intervenieren, so zum Beispiel, als Präsident Fulbert Youlou um Hilfe ersuchte oder als Präsident Hubert Maga von Dahomey gestürzt wurde.

Am 28. August 1969 erbat Präsident François Tombalbaye von Tschad, einer anderen unabhängigen Republik, die auf dem Boden des früheren Französisch-Äquatorialafrika gebildet worden war, eine militärische Intervention, um eine Aufstandsbewegung in dem Gebiet von Tibesti niederzuschlagen. Der Präsident begründete sein Gesuch mit dem geheimen Waffenhandel, der durch diese abgelegene Region der Sahara vom Sudan nach der Republik Niger und von dort nach Nigeria ging. Französische Truppen, die in Fort Lamy, der Hauptstadt von Tschad, bereits stationiert waren, wurden nach den bedrohten Gebieten im Osten und Norden gesandt. Bald sollte sich zeigen, daß sie einer ausgedehnten Sezessionsbewegung gegenüberstanden, in der sich die Mohammedaner der Regionen im Nordosten gegen die schwarzen afrikanischen Behörden in Fort Lamy wandten. Trotz langer Dauer der französischen Operationen gelang es den intervenierenden Kräften nicht, der Bewegung Herr zu werden[9]).

Anders war es in Mali. Am 20. November 1968 wurde der den Kommunisten freundliche Präsident Modibo Keita gestürzt. Niemand griff zu seinen Gunsten ein.

Das am meisten zu Interventionen neigende Staatswesen in Afrika war Ghana, die frühere britische Goldküste, unter dem populären und demagogischen Präsidenten und Diktator Kwame Nkrumah. Bis zu seinem Sturz durch einen Militäraufstand im Februar 1966 versuchte Nkrumah revolutionäre Regierungen nach dem Muster Ghanas in den Nachbarstaaten an die Macht zu bringen. Auf diesem Wege hoffte er eine Art

Hegemonie in West-Afrika zu errichten. Er legte in Ghana Übungslager zur Ausbildung in der unterirdischen Kriegführung an und versuchte Guerillas in andere Länder einzuschleusen. Sein Treiben wurde von manchen gemäßigten afrikanischen Regierungen als deutlicher Versuch der Intervention in ihre Angelegenheiten betrachtet. Als die *Organization of African Unity* (OAU) 1963 in Addis Abeba gegründet wurde, wandte sie sich sofort entschieden gegen jeden Interventionismus. 1965 forderte sie von Ghana, seine Interventionen gegen andere Staaten einzustellen, widrigenfalls sie das Treffen der Staatschefs der OAU nicht wie vorgesehen in Accra, der Hauptstadt Ghanas, abhalten werde[10]).

Eine Erklärung der Generalversammlung der Vereinten Nationen vom 21. Dezember 1965 verurteilte feierlich alle Interventionen. Sie fiel zusammen mit dem Höhepunkt der von Ghana ausgehenden Umtriebe und auch ähnlicher subversiver Interventionen, die von Mali, Guinea, der Vereinigten Arabischen Republik und dem Sudan ausgingen, und war deutlich gegen deren Regierungen gerichtet.

Ein anderer Schauplatz von Interventionen in Afrika sind die portugiesischen Besitzungen Angola und Mozambique, die Republik Südafrika und Rhodesien. Um interventionistische Unternehmungen gegen diese Kolonien oder Staaten vorzubereiten und auszuführen, setzte die *Organization of African Unity* an ihrer Gründungsversammlung im Jahre 1963 ein Befreiungskomitee ein, in dem neun Regierungen vertreten sind. Die Basis seiner Tätigkeit ist Tanzania, sein Zentrum Dar es Salam[11]). Unter diesem Komitee wirken zahlreiche Befreiungsbewegungen, die untereinander aber keineswegs einig sind über Ziele und Methoden. Ihre Hauptfunktion ist, die sogenannten *Freedom Fighters* auszubilden, die zu einem großen Teil aus politischen Flüchtlingen aus den portugiesischen Besitzungen und aus Südafrika bestehen. Die Ausbildung der Führer wird von Algerien, der Vereinigten Arabischen Republik, Kuba und der Sowjetunion besorgt. Da die Operationen über die Grenzen der zu bekämpfenden Staaten bis jetzt aus unzusammenhängenden Terrorakten bestanden, muß die Befreiungsbewegung eher als die Vorbereitung von Interventionen als der eigentliche Träger einer Intervention betrachtet werden.

Am 19. Juni 1961 wurde das Scheichtum Kuweit ein unabhängiges und souveränes Staatswesen. Der Diktator von Irak, General Kassem, machte sofort Ansprüche auf das Land geltend und verschob nach gewissen Nachrichten Truppen an den Persischen Golf und gegen dessen Grenzen. Am 30. Juni ersuchte der Herrscher von Kuweit Saudiarabien und Großbritannien um militärischen Schutz. Großbritannien zog Land-, Luft- und Seestreitkräfte, die sich in der Gegend befanden, zusammen. Am 7. Juli befanden sich 5700 Mann britischer Marinetruppen und Landtruppen mit zwei Fliegergeschwadern in Kuweit. Sie wurden von etwa 40 Kriegsschiffen kleinerer Typen unterstützt. Saudiarabien sandte eine Kompanie Fallschirmtruppen. Einen Monat später trat Kuweit der Arabischen Liga bei, worauf auch andere arabische Regierungen Truppen, insgesamt 2000 bis 3000 Mann, in das bedrohte Land schickten.

Die angedrohte und befürchtete Invasion durch die Armee des Irak fand nie statt, und die Regierung von Kuweit behauptete sich. Ob die Intervention den Angriff durch Abschreckung verhindert hat oder ob andere, innere Gründe General Kassem davon abhielten, Kuweit zu erobern, ist unbekannt. Die britisch-arabische Intervention hatte, in ihrer Beziehung zum Irak, den Charakter einer Konfrontation. Das wird unterstrichen durch den Umstand, daß die Gegner in dieser besonderen Lage als ungefähr gleich stark betrachtet werden müssen. An Ort und Stelle waren ihre Machtmittel etwa gleich groß, und so war es ihre Fähigkeit, Druck und Gegendruck auszuüben. Wegen der begrenzten strategischen Beweglichkeit der Streitkräfte Großbritanniens konnte dessen weit überlegene Macht gegen Irak nicht zur Geltung gebracht werden, das an Ort und Stelle über verhältnismäßig starke Kräfte verfügte. Aber da es sich um eine britische Intervention handelte, fehlt uns die Fülle der Erklärungen, Kommentare und rhetorischen Darbietungen, die eine derartige Operation begleiten würden, wenn sie von Amerika unternommen wäre. Deshalb weiß man nichts Genaues über die Beweggründe der verschiedenen Beteiligten, die den Ausgang der Intervention/Konfrontation schließlich bestimmten, und kennen nicht die Wirkung jeder einzelnen Bewegung.

Im September 1962 wurde der Herrscher von Yemen, eines

außerordentlich rückständigen Landes unter altertümlicher feudalistischer Herrschaft, durch die Armee, oder besser gesagt, die Palastwache, abgesetzt. Der junge Imam, der kurz vorher seinem Vater auf den Thron gefolgt war, flüchtete in die Berge. Unter Oberst Abdullah Al-Sallal wurde in Saana, der Hauptstadt, ein Militärregime errichtet. Eine große Zahl von Notablen und Anhängern des Emirs wurden hingerichtet. Der Widerstand der dem Imam ergebenen Bevölkerung und der Bergstämme konnte aber nicht gebrochen werden. Yemen erbat militärische Hilfe der Vereinigten Arabischen Republik – wenn diese Hilfe nicht ohnehin gegeben und beim Umsturz schon maßgebend beteiligt war. Gamal Abdel Nasser, der Diktator Ägyptens, sandte ein Expeditionskorps von 40 000 Mann, um das Militärregime zu stützen, das den modernen arabischen Sozialismus und Nationalismus vertrat. Saudiarabien, auf der anderen Seite, unterstützte die Sache des Imam Saif Al-Badr. Der Bürgerkrieg, der zum Teil stellvertretend von den Armeen Ägyptens und Saudiarabiens ausgefochten wurde, schleppte sich unentschieden hin.

Im Februar 1963 entschloß man sich in Washington, nach den üblichen Meinungsverschiedenheiten zwischen Verteidigungs- und Staatsdepartement, sich um die Beilegung des Konflikts zu bemühen und gleichzeitig Saudiarabien etwas Militärhilfe zu leisten. Unter der Leitung von Robert W. Komer, eines Assistenten von Präsident Kennedy, wurden Vermittlungsverhandlungen geführt. Am 30. April 1963 konnte bekanntgegeben werden, beide Seiten seien jetzt einverstanden, ihre Truppen unter der Aufsicht der Vereinten Nationen aus einer bestimmten Zone zurückzuziehen. Die Vereinigten Staaten von Amerika deuteten an, daß Saudiarabien im Notfall auf ihre Unterstützung rechnen könne, indem sie gemeinsame Manöver der saudiarabischen und der amerikanischen Luftwaffe durchführen ließen. Damit wurde zugleich ein Versprechen eingelöst, das man früher König Feisal gegeben hatte. Die ganze Operation, die von Präsident Kennedy scherzhaft »Komers Krieg« genannt wurde, kann kaum als Intervention bezeichnet werden. Sie ist eher als Vermittlungsversuch in einem kleinen Krieg zu betrachten, dem durch eine begrenzte Entfaltung militärischer Macht Nachdruck verliehen wurde[12]). Schließlich einigten sich Saudiarabien und die Vereinigte Arabische Republik am 30. August 1967, ihre Intervention in Yemen und ihre Einmischung in den Bürgerkrieg zu beenden. Ägypten war dazu gezwungen, durch seine Niederlage im Krieg mit Israel, die ihm keine andere Wahl ließ, als das Expeditionskorps aus Yemen zurückzuziehen, um es zur Verteidigung der Front am Suezkanal einzusetzen. Dieses Abkommen setzte dem Bürgerkrieg aber kein Ende, und auch die Interventionen gingen, nur in unterirdischer Form, weiter. Erst viel später einigten sich die Parteien in Yemen auf eine Kompromißlösung.

Freundlich gesinnte Regierungen

In Amerika herrscht im allgemeinen die Überzeugung, man könne klar unterscheiden zwischen »guten« und »schlechten« Regierungen, zwischen »freundlich gesinnten« und »unfreundlichen« Regimen. Man vergißt dort allzuleicht, daß zwischen Demokratie, wie sie Thomas Jefferson sah und als sein großes Erbe den Vereinigten Staaten hinterließ, auf der einen Seite und totalitärer Herrschaft einer kommunistischen oder nationalsozialistischen Diktatur noch unendlich viele Möglichkeiten und Spielarten von politischen Ordnungen liegen. Wenige geben sich voll Rechenschaft darüber, daß »gut« und »schlecht« nicht eine politische, sondern eine moralische Beurteilung ausdrücken. Wenn derartige moralische Kategorien in einer allzu vereinfachten oder gar in einer emotionalen Weise auf politische Sachverhalte angewendet werden, besteht die Gefahr einer oberflächlichen oder falschen Beurteilung. Auf jeden Fall kann eine Weltmacht ihre Entschlüsse nicht auf solche Kriterien stützen. In Amerika wird auch oft übersehen, daß die Beziehungen zu den Vereinigten Staaten und deren augenblicklicher Zustand nicht immer das wichtigste Anliegen der Regierungen ist und daß viele Nationen ihren Kurs nicht nach dem leuchtenden Leitstern guter Beziehungen zu Washington festlegen. Das ist nicht unbedingt ein Fehler der Amerikaner. Das Streben nach den Reichtümern, die während zwei Jahrzehnten aus dem Füllhorn der amerikanischen Auslandhilfe strömten, verführte viele Politiker und Staatsmänner in aller Welt, den Amerikanern in übertriebener Weise ein ausschließliches Bemühen um ihr Wohlwollen vorzuspiegeln.

In der Entwicklung einer Denkweise, die leicht zu erklären ist als eine überspitzte Gegenbewegung gegen den früheren Isolationismus, begann der Internationalismus übertrieben breiten Raum einzunehmen. Die Vorstellung entstand, jedes Ereignis in der Welt berühre nicht nur mittelbar, sondern in direkter Linie den Frieden, die Sicherheit und das Wohlergehen Amerikas. Ernsthafte und erfahrene Männer wie ein Professor der Rechtsfakultät von Harvard und früherer hoher Beamter im Verteidigungsdepartement konnten Feststellungen machen wie etwa folgende:

> »Die größte Bedrohung der Sicherheit der Vereinigten Staaten besteht im Zusammenbrechen der öffentlichen Ordnung. Die öffentliche Ordnung hat die Neigung zusammenzubrechen vor allem in den weniger entwickelten Teilen der Welt, und zwar aus Gründen, die nicht mit dem expansionistischen Streben kommunistischer Staaten oder Parteien zusammenhängen[13]).«

Der aus solcher Überschätzung des Einflusses innerer Ereignisse in den fernsten Ländern auf Amerika stammende Drang, sich überall in die inneren Verhältnisse einzumischen, und damit ein Hang zum Interventionismus, ist den Tendenzen nicht unähnlich, die sich im neunzehnten und im ersten Viertel des zwanzigsten Jahrhunderts gegenüber Lateinamerika äußerten. Die Interventionen der früheren Periode befassen sich vor allem mit der Fähigkeit der Gesellschaften, die ihr Ziel waren, inneren Frieden, Sicherheit und Ordnung aufrechtzuerhalten und fremde Interessen anzuerkennen und zu schützen, und – vor allem – ihre Schulden zu bezahlen. Die Interventionen der späteren Zeit setzen sich ein weit ehrgeizigeres Ziel: Regierungen zu begünstigen, die entweder den amerikanischen traditionellen Idealen entsprechen und welche die öffentliche Ordnung aufrechterhalten (und also die Sicherheit der Vereinigten Staaten wahren) oder die, wenn das Ideal nicht verwirklicht ist, wenigstens solid antikommunistisch sind.

Bezeichnenderweise enthielt ein Dokument über die strategische Lage Amerikas, das am 25. September 1941 dem Weißen Haus zugeleitet wurde – später als »Siegesprogramm« bekannt – in einem letzten Punkt die Forderung, als Ergebnis des Krieges müßten, soweit möglich, Regierungen ins Leben gerufen werden, die der Wirtschaftsfreiheit und den individuellen Freiheitsrechten günstig gesinnt wären.

Es gibt in Amerika eine umfangreiche Literatur, von ernsten streng wissenschaftlichen Studien bis zum Roman und zur *Science fiction* reichend, die sich mit Interventionen zur Unterstützung freundlich gesinnter »guter« Regierungen befaßt oder mit solchen zum Sturze weniger freundlich gesinnter »schlechter« Regierungen. Die Verwaltung der Auslandshilfe bekennt sich offen zu solchen Zielen; der Kongreß hat immer wieder die Forderung aufgestellt und in die Gesetzgebung eingeschlossen, die Förderung freundlich gesinnter Regierungen müsse das Ziel der wirtschaftlichen, technischen und militärischen Hilfe an fremde Länder sein. Besonders die Kongreßpolitiker gaben sich übertriebenen Hoffnungen auf die politische Wirksamkeit solcher Hilfeleistung hin. Kein geringerer als Verteidigungsminister McNamara prägte das Wort »Sicherheit ist Entwicklung«.

Dem Zentralen Nachrichtendienst, der *Central Intelligence Agency* (CIA), wird sowohl in Amerika wie außerhalb eine umfassende Tätigkeit in aller Welt zugeschrieben oder angedichtet, und eine fast übermenschliche Fähigkeit, Regierungen einzusetzen und zu stürzen.

Da Amerika so sehr bemüht ist, die Art zu bestimmen, nach der andere Länder regiert werden sollten, hat sich eine paradoxe Lage entwickelt. Im Vertrauen darauf, daß die Auslandshilfe eine wirksame Form der Intervention ist, mit der die Entscheidungen und Tendenzen anderer Nationen beeinflußt werden können, wird der Unterstützung feindlich gesinnter Regierungen der Vorrang gegeben vor der Unterstützung befreundeter Nationen. In ganz natürlicher Weise wendet sich das Interesse des Spenders vor allem dem Empfänger der Geschenke zu. Das erweckt den für Amerika so schädlichen Eindruck, der weit verbreitet ist, daß die Vereinigten Staaten mit Vorliebe ihren Gegnern helfen, ihre Freunde dagegen vernachlässigen.

Interventionistischer Eifer macht die Vereinigten Staaten auch anfällig für Druckversuche von außen. Mit der Drohung, sich nach rechts oder nach links zu wenden – in der Richtung, die gerade im betreffenden Augenblick in Amerika nicht erwünscht ist –, können selbst kleine Staaten politische Entscheidungen in Washington beeinflussen. Voraussetzung ist lediglich, daß sie das nötige psychologische Verständnis, die nötige Schlauheit und Hemmungslosigkeit haben, um ihre Karte richtig auszuspielen.

Es konnte nicht ausbleiben, daß auf den interventionistischen Eifer, besonders nach den in Vietnam gesammelten schlimmen Erfahrungen, eine Reaktion, eine Gegenbewegung folgte. Man begann sich die Dinge neu zu überlegen. In einem Artikel »*To intervene or not to intervene*« kommt der in Chicago tätige Gelehrte Hans J. Morgenthau zu dem Schlusse:

> »Wir sind so weit gekommen, in enormer Weise zu überschätzen, was eine Nation für eine andere Nation tun kann, indem sie in ihre Angelegenheiten interveniert – sogar wenn es mit ihrer Zustimmung geschieht[14]).«

Noch deutlicher schrieb Edwin O. Reischauer, früher Botschafter in Japan:

> »Irgendein Regime, das nicht stark genug ist, um sich selber gegen seine inneren Feinde zu verteidigen, kann wahrscheinlich auch von uns nicht verteidigt werden und ist wahrscheinlich überhaupt nicht wert, verteidigt zu werden[15]).«

Es kann hier nicht der Platz sein, alle die bekannten oder halbbekannten Fälle aufzuzählen, in denen eng begrenzte Interventionen zur Unterstützung »guter« oder »freundlich gesinnter« Regierungen von Amerika aus geführt wurden. Nur einige wenige Beispiele seien erwähnt:

Im Juni 1954 wurde die Regierung von Guatemala, an deren Spitze damals der General Jacobo Arbenz stand, durch eine

Militärrevolte gestürzt, die als eine Invasion aus dem benachbarten Honduras getarnt war. Die Vereinigten Staaten hatten schon früher versucht, Waffenlieferungen aus Osteuropa an die Regierung Arbenz zu unterbinden. Staatssekretär John Foster Dulles hatte sich im März 1954 an der Konferenz der *Organization of American States* (OAS) in Caracas darum bemüht, ganz Lateinamerika gegen Guatemala zu mobilisieren. Insgeheim lieferten die Vereinigten Staaten zugleich den Feinden von Präsident Arbenz Waffen und liehen ihnen auch sonstige Unterstützung. Wenn auch die Hand der Vereinigten Staaten bei der Invasion aus Honduras und beim Militärputsch in Guatemala nicht sichtbar wurde, so kommen ihre früheren Bemühungen doch einer Intervention gleich.

1955 wurde ein Angriff Nicaraguas gegen Costa Rica zurückgeschlagen mit der Hilfe von Flugzeugen, die von den Vereinigten Staaten an Costa Rica geliefert worden waren. Diese Waffenlieferung könnte einfach als der Verkauf von Flugzeugen an eine sich in einem Konflikt befindliche Regierung und nicht als eine Intervention beurteilt werden. Sie erschien aber als eine Intervention, weil Washington selber die Lieferung der Flugzeuge als eine kollektive Aktion zur Wahrung des Friedens unter den amerikanischen Staaten dargestellt hatte, eine Aktion, mit der einem Appell von Costa Rica an die Organisation Amerikanischer Staaten entsprochen worden war.

Ein amerikanischer Forscher, Richard J. Barnet, der während vieler Jahre in mancherlei Eigenschaften im Dienste der Regierung der Vereinigten Staaten gestanden hatte, vermittelt eine interessante, durch viele Beispiele illustrierte Geschichte der Intervention, besonders der amerikanischen Interventionen[16]). Er befaßt sich nicht nur mit den bekannteren und weithin sichtbaren Interventionen, sondern enthüllt auch die Rolle der *Central Intelligence Agency* (CIA) und anderer Regierungsstellen, die sie wirklich oder angeblich bei den verschiedensten revolutionären Bewegungen in verschiedenen Ländern gespielt haben oder gespielt haben sollen. Unter solchen erwähnt er den Umsturz in Ägypten vom Jahre 1952, in dem die Monarchie gestürzt wurde (eine absolut unglaubhafte und in keiner Weise bewiesene Behauptung), Revolutionen in Bolivien von 1952,

Libanon 1952, Iran, als die Regierung Mossadeq 1953 abgesetzt wurde, die Sezessionsbewegung von 1957 in Sumatra gegen das Regime Sukarno, Bewegungen in Kuba, der Dominikanischen Republik, in Britisch-Guyana gegen die Regierung Jagan (1961). Das Buch ist indessen voreingenommen, weil es revolutionäre Bewegungen als solche immer für wünschbar hält und sie als ein Mittel, Veränderungen herbeizuführen, gutheißt, »wenn es nichts Besseres gibt«[17]). Vor allem ist die Schrift aber eine Polemik gegen eine imperialistische und militaristische Weltbetrachtung, die der Verfasser überall wittert. Das läßt Zweifel an der tatsächlichen Richtigkeit mancher Angaben entstehen, vermindert aber die Bedeutung des Buches als einer Kritik an den interventionistischen Tendenzen der amerikanischen Außenpolitik nicht.

Die Eisenhower-Doktrin

Die Politik Präsident Eisenhowers – oder besser die von Staatssekretär John Foster Dulles – im Mittleren Osten fand einen Höhepunkt im Jahre 1955 mit dem Abschluß des Bagdad-Paktes. Dieser brachte so ungleiche Partner zusammen wie Großbritannien, Türkei, Irak, Iran und Pakistan. Der wenig Vertrauen einflößende Pakt schien ein Bindeglied zu sein zwischen dem Nordatlantik-Pakt und dem Südostasien-Pakt, der die SEATO gebildet hatte, durch Vermittlung von Mitgliedern wie Großbritannien, Türkei (NATO) und Großbritannien und Pakistan (SEATO). Das ganze Paktsystem war der Ausdruck von Dulles' festem Glauben, der einer fixen Idee gleichkam, daß sich keine Nation gegen die Angriffe und Machenschaften des sowjetischen Imperialismus verteidigen könne, wenn sie sich nicht einer Allianz anschlösse.

Der Bagdad-Pakt verhinderte jedoch nicht, daß der russische Einfluß in den arabischen Ländern zunahm, und ebensowenig, daß sich Umsturzbewegungen entwickelten, die sich gegen konservative Regierungen wie diejenigen in Saudiarabien, im Libanon, Irak, in Kuweit und Yemen richteten, und die alle mehr oder weniger vom Ägypten Gamal Abdel Nassers aus ferngesteuert waren. Die Konfrontation über Suez, in der sich die Vereinigten Staaten von Amerika eifrig auf die Seite der Araber und der Sowjetunion geschlagen und gegen die europäischen Westmächte Partei ergriffen hatten, verbesserte die Lage nicht. Im ganzen Mittleren Osten schwelte der Brand.

So entschloß sich Washington, die Regierungen, die der Unterwühlung durch Ägypten zu entgehen suchten, das den Mittleren Osten in der Vereinigten Arabischen Republik unter ägyptischer Hegemonie vereinigen wollte, und die zugleich den Lockungen der Sowjetunion widerstanden, zu unterstützen. Die Regierung Eisenhower begann mit der Notwendigkeit von Interventionen im Mittleren Osten zu rechnen und bereitete sich auf solche Operationen vor. Indem Washington seine Entschlossenheit bekanntgab, die Dinge im Mittleren Osten nicht treibenzulassen, hoffte es, Regierungen wie diejenigen von Libanon, Jordanien, Irak, Saudiarabien, Kuweit und Yemen zu ermutigen und zu stärken.

Die Kundgebung der Entschlossenheit erfolgte in Form einer gemeinsamen Resolution beider Häuser des Kongresses, die nach zwei Monaten schwierigen und oft peinlichen Verhandelns und Marktens mit den führenden Politikern zustande gekommen war. Die Erklärung vom 9. März 1957 erhielt den Titel »Gemeinsame Resolution für die Förderung von Frieden und Stabilität im Mittleren Osten«. Sie ging über die Truman-Doktrin hinaus, die sich auf die Pflicht der Vereinigten Staaten von Amerika bezogen hatte, solchen Völkern zu Hilfe zu kommen, die dem Versuch, sie zu unterwerfen, sei es durch bewaffnete Minderheiten oder durch Druck von außen, widerstehen. Die gemeinsame Resolution, der man bald die Etikette »Eisenhower-Doktrin« anheftete, öffnete dagegen allen Hilfesuchenden die Arme weit, indem sie Regierungen ausdrücklich einlud, eine bewaffnete Intervention der Vereinigten Staaten zu erbitten. Auf der anderen Seite enthielt sie ängstliche legalistische Vorbehalte, indem sie die Absicht zu intervenieren beschränkte auf den besonderen Fall einer bewaffneten Aggression, die von einem Lande ausging, das »vom internationalen Kommunismus beherrscht« ist – was immer man darunter verstehen mag. Das entsprach einer weiteren fixen Idee von Staatssekretär Dulles. Der entscheidende Absatz 2 der Resolution lautet:

»Der Präsident ist ermächtigt, in der allgemeinen Zone des Mittleren Ostens Programme militärischer Hilfeleistung einzuleiten mit jeder Nation oder jeder Gruppe von Nationen, die solche Hilfe verlangt. Ferner betrachten es die Vereinigten Staaten als lebenswichtig, für ihre nationalen Interessen und den Weltfrieden, daß die Nationen des Mittleren Ostens ihre Unabhängigkeit und Unversehrtheit behalten. Zu diesem Behufe sind die Vereinigten Staaten bereit, sofern der Präsident es für notwendig hält, Waffengewalt zu gebrauchen, um jede Nation oder jede Gruppe von Nationen zu unterstützen, die Hilfe gegen eine bewaffnete Aggression eines vom internationalen Kommunismus beherrschten Landes verlangen: *Vorausgesetzt*, daß dieser Waffengebrauch in Übereinstimmung mit den vertraglichen Verpflichtungen der Vereinigten Staaten erfolgt und mit den Bestimmungen der Verfassung der Vereinigten Staaten[18]).«

Ein Jahr nachdem die Resolution verkündet worden war, vereinigten sich Syrien und Ägypten in der Vereinigten Arabischen Republik. Syrien wurde unter der Bezeichnung »Syrische Provinz« ein Bestandteil von Ägypten und geriet unter die Herrschaft Gamal Abdel Nassers. Als Gegenzug schlossen Irak und Jordanien einen Bündnisvertrag. Das aber entfesselte die Opposition gegen den König von Jordanien und gegen den König von Irak und vor allem gegen dessen Diktator Nuri-es-Said. Am 14. Juli 1958 wurde die Regierung in Bagdad in einem blutigen Militäraufstand gestürzt, und der Diktator sowie König Feisal II. wurden ermordet.

Am 22. Mai schon hatte Libanon beim Sicherheitsrat der Vereinten Nationen Klage erhoben gegen das Einschmuggeln von Agenten und Waffen aus Ägypten und Syrien. In der Klage wurde ausgeführt, Syrien versorge die innere Opposition in Libanon mit Waffen, und das Ziel Syriens sei offenbar, Libanon als Teil der Vereinigten Arabischen Republik zu annektieren. Gegen Ende Juni hatten sich die Spannungen innerhalb des Libanon so verschärft, daß man von einem Bürgerkrieg sprechen mußte, in dem mehrere Gruppen, von denen die einen für, die anderen gegen den Beitritt zur Vereinigten

Arabischen Republik waren, einander die Macht streitig machten. Die kleine Armee des Libanon beschränkte sich darauf, sich selber und den Sitz der Regierung zu schützen. Die Vereinten Nationen hatten auf Grund einer von Schweden am 11. Juni eingebrachten Resolution Beobachtermissionen an die Grenze zwischen Syrien und Libanon entsandt. Diese beschränkten sich aber darauf, beide Augen zu schließen und grundsätzlich keine Anzeichen oder Beweise einer Infiltration von Syrien her wahrzunehmen.

Am Tage des Staatsstreichs in Bagdad wiederholte die Regierung Chamoun in Libanon das Gesuch, zu ihren Gunsten gemäß dem in der Eisenhower-Doktrin bekanntgegebenen Programm zu intervenieren, um zu verhindern, daß die pro-ägyptischen Kräfte die Oberhand gewinnen. Ein ähnlicher Appell wurde von König Hussein von Jordanien, seiner Regierung und der jordanischen Nationalversammlung an London gerichtet. Beide Regierungen, London wie Washington, hatten, als sie die Hilfsgesuche erhielten, reichlich Zeit gehabt, die Verschlechterung der Lage zu beobachten und sich gegenseitig über die zu unternehmenden Schritte zu konsultieren.

Am 15. und 16. Juli 1958 landete die amerikanische Sechste Flotte drei Bataillonsgruppen von Marineinfanterie nahe von Beirut an der Küste von Libanon; die Truppenlandung stieß auf keinen Widerstand. Am 17. Juli landeten britische Fallschirmtruppen in Jordanien. Zehn Tage später befanden sich 6000 amerikanische Marineinfanteristen und 8000 Mann des Heeres, die durch See- und Lufttransport herangeführt worden waren, in Libanon[19]). Die Gegenwart so starker amerikanischer Streitkräfte bewirkte, daß der Bürgerkrieg durch einen Waffenstillstand beendet wurde. Ein diplomatischer Emissär, Robert Murphy, vermittelte ein Abkommen zwischen dem Oberkommando der libanesischen Armee, das weniger an der militärischen als an der im Untergrund vor sich gehenden politischen Auseinandersetzung wichtigen Anteil genommen hatte, und einigen der Oppositionsgruppen. Am 31. Juli wählte das Parlament von Libanon den Oberbefehlshaber der Armee, General Chehab, als Nachfolger von Präsident Chamoun zum Staatsoberhaupt.

Am Tage der ersten Truppenlandung in Libanon hatten sich

die Vereinigten Staaten an den Sicherheitsrat der Vereinten Nationen gewandt, um ihm die begrenzte Natur der Intervention darzulegen. Einen ähnlichen Schritt unternahm die britische Regierung. Die beiden Regierungen unterbreiteten dem Rat den Entwurf einer Resolution, nach der dieser den Schutz der Sicherheit und der Unversehrtheit der Nationen des Mittleren Ostens Sicherheitskräften der Vereinten Nationen übertragen sollte. Beide hatten es sehr eilig, das Problem so schnell wie möglich zu internationalisieren und sich aus ihren Verpflichtungen wieder zu befreien.

Diese Eile erklärte sich aus der Befürchtung, die Union Sozialistischer Sowjetrepubliken könnte für die Vereinigte Arabische Republik Partei ergreifen, woraus sich eine ernsthafte Konfrontation zwischen den Weltmächten ergeben könnte. Moskau aber beschränkte sich auf den Vorschlag, den es in einem Brief vom 20. Juli an die Regierungschefs der Vereinigten Staaten, des Vereinigten Königreichs, Frankreichs und Indiens vortrug, sich innerhalb von zwei Tagen in Genf zu treffen. Die Antworten der Empfänger der Note waren zögernd und zweideutig. Die Sowjetunion stellte deshalb im Sicherheitsrat den Antrag, eine außerordentliche Session der Generalversammlung der Vereinten Nationen einzuberufen. Die Session fand vom 8. bis zum 21. August 1958 in New York statt. An ihrem letzten Tage stimmte die Versammlung einer Resolution zu, die von zehn arabischen Regierungen eingebracht worden war. Diese forderte die Mitglieder der Vereinten Nationen auf, in Übereinstimmung mit der Satzung zu handeln und die Grundsätze der Respektierung der territorialen Unversehrtheit und der Souveränität jedes Staates, des Verzichts auf jede Aggression und der Nichteinmischung in die inneren Angelegenheiten anderer Staaten unbedingt hochzuhalten[20]). Der Generalsekretär sollte Anordnungen treffen, welche die Grundsätze der Satzung der Vereinten Nationen mit Bezug auf Libanon und Jordanien wahren und den Rückzug der fremden Truppen erleichtern würden. Am 25. Oktober zogen sich die amerikanischen Truppen aus Libanon zurück und am 2. November die britischen Truppen aus Jordanien. Die beiden mittelöstlichen Länder behielten ihre Unabhängigkeit.

In den Debatten der Vereinten Nationen, im Sicherheitsrat und in der Generalversammlung, stellten Großbritannien und die Vereinigten Staaten ihre Interventionen als gewissermaßen abstrakte Maßnahmen dar, die sie im Namen der Sicherheit souveräner Nationen gegen äußere Einmischungen und Unterwühlung, die von anderen Ländern ausging, unternommen hatten. Das war in der Tat der äußere Rahmen der beiden Interventionen gewesen. Ihre wirkliche politische und strategische Bedeutung aber und der wirkliche Beweggrund waren gewesen, eine schwerwiegende Veränderung des Kräftegleichgewichts im Mittelmeer zu verhindern.

Rom und die Dominikanische Republik

Eine der Fernwirkungen der ungarischen Revolution von 1956 und ihrer blutigen Unterdrückung durch die Sowjetunion machte sich mit einiger Verzögerung in Italien bemerkbar: Die von Pietro Nenni geleitete Sozialistische Partei trennte sich von den Kommunisten. Der linke Flügel der Christlich-Demokratischen Partei sah in dieser Trennung eine Möglichkeit, die Regierungskoalition, die bis jetzt von der demokratischen Rechten bis zur Mitte gereicht hatte, zu erweitern und zugleich nach links zu verschieben. Die Liberalen sollten also aus der Regierungskoalition ausgeschlossen werden, und dafür würden die nun von den Kommunisten getrennten Linkssozialisten die Regierung unterstützen. Es war der Plan der *apertura a sinistra,* der »Öffnung nach links«.

Zur Zeit Eisenhowers und Dulles' hatten die Vereinigten Staaten – eine ihrer unsichtbaren und subtilen Interventionen – diesem Projekt ihr Veto entgegengesetzt. Nach dem Wechsel von einer republikanischen zu einer demokratischen Verwaltung, als Eisenhower durch Kennedy abgelöst war, begann das Weiße Haus den Kurs der Politik mit Bezug auf Rom zu verändern. In einem sehr aufschlußreichen Kapitel seines Buches »Tausend Tage« berichtet Arthur M. Schlesinger jr.[21]) über die Manöver, die 1963 von gewissen Kreisen in Washington eingeleitet wurden, die mit Unterstützung des Vatikans einen Wechsel in Rom herbeiführen wollten. Man ließ die Führer des Zentrums und der Linken in Rom wissen, die Vereinigten Staaten würden eine Öffnung nach links mit Wohlwollen betrachten.

Es ist besonders interessant, wie die Intellektuellen im Weißen Haus, besonders Arthur Schlesinger und der schon erwähnte Robert Komer, sich das Bündnis zwischen Sozialisten und Linkskatholiken als ein Vorbild für Deutschland, Frankreich und – später, wenn es ihnen gelungen sein würde, General Franco zu stürzen – Spanien ausmalten. Es ist bezeichnend für amerikanisches Denken, daß sie sich verantwortlich fühlten für die beste Zusammensetzung künftiger Regierungen europäischer Staaten, die nach ihrer Überzeugung offenbar nicht in der Lage waren, ihre eigenen Bedürfnisse und die Zeichen der Zeit richtig zu beurteilen. Umgekehrt ist es interessant, die Argumente zu lesen, die das Staatsdepartement gegen eine Öffnung nach links in Italien vorbrachte. Im Außenministerium, wo man die Umtriebe des Weißen Hauses ablehnte, meinte man, wenn Amerika die *apertura a sinistra* »erlaube«, so würde das Moskau dazu verleiten, die Entschlossenheit und Festigkeit des Westens zu unterschätzen ...

Im Dezember 1963 führte die Operation – mit Unterstützung der freundlichen Gesten, welche die katholische Kirche unter Papst Johannes XXIII. in Richtung auf die Linksparteien einschließlich der Kommunisten machte – endlich zum Erfolg. Nenni trat in die italienische Regierung ein. Die amerikanische Intervention eröffnete Jahre der Unstabilität und schwerer Krisen für Italien.

Die Dominikanische Republik war während hundert Jahren der Schauplatz häufiger Interventionen der Vereinigten Staaten von Amerika. Man kann allerdings sagen, Intervention sei – wenn sie je gerechtfertigt war – im Falle der Dominikanischen Republik richtig gewesen. Ihr politisches Leben war vollkommen chaotisch; Gewalttat, Mord und Totschlag, Korruption und das Fehlen jeder Sicherheit für Dominikaner und Ausländer waren für sie bezeichnend.

Am 24. April 1965 brach in der Hauptstadt Santo Domingo wieder einmal eine Revolte aus. Sie wandte sich gegen die Militärdiktatur, die etwa zwei Jahre früher nach der im Mai 1961 erfolgten Ermordung des Diktators Rafael Trujillo aufgerichtet worden war. Die amerikanische Botschaft war bestürzt über den besonders heftigen Verlauf der Kämpfe. Getäuscht durch Informationen von interessierter Seite schloß sie, daß eine kommunistische Machtübernahme drohe, und sandte entsprechende alarmierende Berichte nach Washington. Präsident Lyndon B. Johnson fürchtete, »ein zweites Kuba« könnte entstehen. Auch stand er unter dem Druck von Berichten über Kämpfe, Blutvergießen und schwere Gefahren für die amerikanischen Bürger in der Dominikanischen Republik. Am 28. April 1965 befahl er der Marineinfanterie, die in dominikanischen Gewässern in Bereitschaft gehalten worden war, an Land zu gehen.

Das Echo in Lateinamerika und in der ganzen Welt, die bereits wegen der Ereignisse in Vietnam gereizt und aufgebracht war, spiegelte allgemeine Entrüstung über die Intervention. So bemühten sich die Vereinigten Staaten sofort, das Unternehmen zu internationalisieren und sich aus dem schlecht überlegten Abenteuer wieder herauszuziehen. Der Rat der Organisation Amerikanischer Staaten wurde einberufen und versammelte sich sofort. Schon am 1. Mai entsandte er eine Spezialkommission nach Santo Domingo, der es auch gelang, eine Art Waffenstillstand zwischen den sich bekriegenden Parteien zu vermitteln. Die OAS forderte ihre Mitglieder auf, Truppen nach der Dominikanischen Republik zu entsenden. Am 22. Mai wurden sie als eine Interamerikanische Friedensstreitkraft einem einheitlichen Kommando unterstellt. Befehlshaber wurde ein Brasilianer, sein Stellvertreter war ein Offizier der Armee der Vereinigten Staaten. Am 31. August 1965 wurde unter der Vermittlung der Organisation Amerikanischer Staaten ein *Act of Dominican Reconciliation* unterzeichnet; die ausländischen Sicherheitskräfte konnten Schritt für Schritt zurückgezogen werden.

Die dominikanische Intervention ist besonders interessant. Sie begann im Zeichen eines impulsiven Entschlusses – des naheliegenden Bedürfnisses, eine »freundlich gesinnte Regierung« zu schützen und einen Umsturz zu verhindern, der im Jargon des kalten Krieges die Gefahr einer kommunistischen Machtergreifung in sich schloß. Wie bald festgestellt wurde, gab es keine Beweise für eine wirkliche kommunistische Gefahr. Die Lage, welche auf dem Gebiet der internationalen Beziehungen durch die Truppenlandung heraufbeschworen worden war, wurde für das Ansehen der Vereinigten Staaten so nachteilig, daß sofort die Internationalisierung der Intervention versucht werden mußte.

Die lateinamerikanischen Regierungen zögerten ebensowenig zu intervenieren, wie die Vereinigten Staaten gezögert hatten. Sie zögerten nicht, weil sie es kollektiv tun konnten und weil die Dominikaner sich der Intervention nicht widersetzten, sobald sie aus einer individuellen Intervention der USA in eine kollektive Intervention der OAS verwandelt worden war.

Inmitten der dominikanischen Wirren und der von ihnen verursachten Aufregung sprach am 28. Mai 1965 Präsident Lyndon B. Johnson vor den Studenten der Universität Baylor. Er pries den Grundsatz der kollektiven Intervention – einen Monat früher hatte er ihn selber vernachlässigt – und versah die traditionelle Politik der Unterstützung freundlich gesinnter Regierungen mit einigen neuen Schattierungen. Die alte These, daß eine kommunistische Machtergreifung verhindert werden müsse, wurde in ihrer Gültigkeit nun auf die westliche Hemisphäre begrenzt. Interventionen werden in diesem Falle kollektiv von der Organisation Amerikanischer Staaten unternommen. Dann fügte der Präsident einen neuen Beweggrund für eine Intervention bei: Man müsse sich denen entgegenstellen, die »ein feudales System aufrechterhalten und sozialer Gerechtigkeit und dem Fortschritt Widerstand leisten«. Johnson sagte:

> »In früheren Zeiten pflegten Großmächte ihre Macht zu gebrauchen, um kleineren Nationen ihren Willen aufzuzwingen. Heute haben wir unsere Streitkräfte den Nationen dieser Hemisphäre zur Verfügung gestellt, um den Völkern dieser Nationen das Recht zu sichern, ihren eigenen Willen in Freiheit zu betätigen. In Übereinstimmung mit der Resolution der Achten Ministerkonferenz in Punta del Este werden wir uns mit den anderen Nationen der OAS verbinden, um eine kommunistische Machtergreifung in dieser Hemisphäre zu verhindern.
>
> In Übereinstimmung mit der Charta von Punta del Este wer-

den wir uns auch mit anderen Nationen der OAS verbinden, um jene unter Druck zu setzen, die ein feudales System aufrechterhalten wollen – ein Feudalsystem, das soziale Gerechtigkeit und wirtschaftlichen Fortschritt den einfachen Menschen dieser Hemisphäre verweigert.

Wir fordern für die Völker dieser Hemisphäre nur das, was sie für sich selber fordern – Freiheit, Gerechtigkeit, Würde, ein besseres Leben für alle[22]).«

Den lateinamerikanischen Völkern wurde also das in den Mund gelegt, was Washington dachte, sie müßten es sich wünschen, weil es das selber wünschte.

KAPITEL VIII

INTERVENTION HEUTE: KONGO, VIETNAM, BRESCHNJEW-DOKTRIN

Intervention innerhalb einer Konfrontation

Drei Fälle moderner Intervention sind in den Kapiteln über Konfrontationen erwähnt worden, weil sie eng mit drei der eindrucksvollsten Konfrontationen unserer Zeit verwoben waren: Suez, Kongo, Zypern.

Die französisch-britische Operation gegen Ägypten im Jahre 1956, der ein Angriff Israels gegen das Opfer der Operation vorangegangen war, stellte nichts anderes dar als eine Intervention im Stile des neunzehnten Jahrhunderts. Sie war vor allem darauf angelegt, den Suezkanal zurückzuerobern, der von Ägypten in einem einseitigen und zweifellos widerrechtlichen Akt nationalisiert worden war. Das stand für Großbritannien im Vordergrund. Für Frankreich waren zwei Beweggründe maßgebend. Es hatte große finanzielle Interessen am Kanal. Weit wichtiger aber war der Wunsch, die Unterstützung mit Kriegsmaterial und Propaganda an der Quelle zu unterbinden, welche die Rebellion in Algerien, die 1954 ausgebrochen war, von Kairo empfing, und die überhaupt ohne die Leitung Kairos nicht möglich gewesen wäre. Aus dieser Intervention von zwei Großmächten wurde sehr bald eine kollektive Intervention der Vereinten Nationen – allerdings mit ganz anderem Ziel.

Die französisch-britische Operation mußte scheitern, weil sie zu spät unternommen und zu schleppend ausgeführt wurde, weil die Kommandostruktur des kombinierten britisch-französischen Expeditionskorps unklar und unübersichtlich, weil sein Übermittlungssystem unpraktisch war, und aus der verfehlten Strategie, die darin bestand, daß man zuerst Israel zu seinem Angriff ermuntert hatte und es dann hinderte, seinen Anteil wirklich zu übernehmen und die am Anfang erzielten Erfolge auszuwerten[1]). In der sich aus der Intervention ergebenden Konfrontation mit der Sowjetunion mußten die beiden Westmächte zurückweichen, weil sie von der Gegenpartei vollständig ausmanövriert wurden, vor allem aber auch, weil die Vereinigten Staaten sich auf die Seite der Sowjetunion schlugen. Das und die nukleare Drohung Moskaus, kombiniert mit einer geschickt und kraftvoll geführten diplomatischen Gegenaktion, die sich der außerordentlichen Session der Generalversammlung der Vereinten Nationen, die am 31. Oktober 1956 zusammengetreten war, bedienen konnte, waren die entscheidenden Elemente.

Der Waffenstillstand vom 6. November 1956 war das unmittelbare Ergebnis einer erfolgreichen Intervention der Vereinten Nationen. Diese gründete sich auf einen Vorschlag des kanadischen Außenministers Lester Pearson, den er am 2. November der Generalversammlung unterbreitete, die Vereinten Nationen möchten eine Friedensstreitkraft am Suezkanal aufstellen. Sofort boten vier Regierungen Truppen an, und innerhalb weniger Tage stieg die Zahl der Angebote auf vierundzwanzig. Diejenigen Brasiliens, Kanadas, Kolumbiens, Dänemarks, Finnlands, Indiens, Indonesiens, Jugoslawiens, Norwegens und Schwedens wurden schließlich angenommen. Am 15. November brachten schweizerische Flugzeuge, die von der Regierung der Schweiz gechartert worden waren, die Truppen der Vereinten Nationen nach Ägypten. Vorausabteilungen dieser neuen *United Nations Emergency Force* (UNEF) waren schon früher in der umstrittenen Zone eingetroffen[2]). Diese internationale Intervention war zugleich der kraftvolle Ausdruck des Standes der öffentlichen Meinung in der Welt; ohne ihren Druck auf Großbritannien und Frankreich und innerhalb dieser Länder wären die Drohungen der Sowjetunion wahrscheinlich nicht so wirksam gewesen.

Es ist eine bedeutsame Tatsache, daß zwei europäische Mächte, einst Großmächte und immer noch Nationen, die über beträchtliche Kräfte verfügten, die gut ausgebildete und einigermaßen modern ausgerüstete Truppen für ihre Intervention verwenden konnten, zwei Regierungen, die einen rechtlich unanfechtbaren Anspruch zu verteidigen hatten – gegen die rechtswidrige Nationalisierung des Suezkanals im Widerspruch zu vielen Verträgen, die Ägypten freiwillig unterzeichnet hatte –, mit ihrem Unternehmen vollständig scheiterten. Die Intervention wandte sich gegen ein schwaches und keineswegs stabiles Regime mit einer schlecht ausgebildeten und überhaupt nicht kampfkräftigen Armee. Trotzdem erwies sich in dem damals herrschenden internationalen Klima und in der allgemeinen Konstellation der Kräfte eine Intervention als unmöglich. Die Suez-Krise, mit der sich aus ihr ergebenden Niederlage von Frankreich und Großbritannien, muß deshalb als der eigentliche Wendepunkt in der Geschichte der Intervention gelten.

Die Krise im Kongo von 1960 gab Anlaß zu der nächsten großen Intervention der Vereinten Nationen. Sie unterschied sich von der ersten Intervention vergleichbarer Größe, derjenigen in Korea von 1950, weil inzwischen die internationale Szene weit schwieriger zu beherrschen und zu überblicken war; in einer anderen Hinsicht war sie ähnlich, da im Zusammenhang auch mit ihr beträchtliche militärische Kräfte entfaltet wurden.

Am 12. Juli 1960 richtete Präsident Kasavubu der neu errichteten Republik Kongo zusammen mit seinem Premierminister Lumumba ein Telegramm an den Generalsekretär der Vereinten Nationen. Darin bat er um die Hilfe der Weltorganisation gegen einen »äußeren Angriff« und gegen die Sezession der Provinz Katanga. Als »äußeren Angriff« bezeichneten die kongolesischen Führer die Intervention belgischer Streitkräfte, die nach der Meuterei der *Force Publique* von Europa nach dem Kongo gebracht worden waren, um das Leben und Eigentum der vielen Belgier und sonstigen Ausländer zu schützen, die tatsächlich aufs höchste gefährdet waren.

Auf Grund der Anträge des Generalsekretärs stimmte der Sicherheitsrat der Vereinten Nationen am 14. Juli 1960 einer Resolution zu, in der Belgien aufgefordert wurde, seine Truppen wieder zurückzuziehen. Zugleich gab sie dem Generalsekretär den Auftrag, der kongolesischen Regierung militärische und technische Hilfe zu gewähren, bis ihre eigenen Sicherheitskräfte Frieden und Sicherheit gewährleisten könnten. Kaum war die Resolution genehmigt, stellte der Generalsekretär eine besondere Organisation unter dem Titel *Opération des Nations Unies au Congo* (ONUC) auf. Der eine Zweig der neuen Organisation war dazu bestimmt, den zivilen Behörden der jungen afrikanischen Republik bei ihrer Aufgabe zu helfen, der andere hatte den Auftrag, eine Armee aufzustellen, die aus Kontingenten verschiedener Mitgliedstaaten bestehen sollte, die weder Großmächte noch Weltmächte sein durften.

Generalsekretär Dag Hammarskjöld wandte sich zuerst an zwei afrikanische Regierungen, Äthiopien und Tunesien, die sich auch bereit erklärten, mitzuarbeiten; Tunesien unter dem Vorbehalt, daß auch Marokko Truppen sende. Marokko stimmte zu, und am 18. Juli wurden Kontingente von drei Nationen mit Flugzeugen der amerikanischen Luftwaffe nach Léopoldville gebracht. Ghana sandte spontan eine Vorausabteilung seiner Armee. Eine Woche später wurde ein schwedisches Bataillon, das im Dienste der Vereinten Nationen in Gaza, zwischen Israel und Ägypten, den Sicherheitsdienst versah, in den Kongo geflogen. In den drei folgenden Tagen trafen Truppen Ghanas und ein irisches Freiwilligenbataillon ein. Politische Rivalitäten mischten sich, wie zu erwarten, sehr bald ein. Als die Vereinigte Arabische Republik Truppen anbot, verlangte der Sudan sofort, daß dann auch seine Truppen angenommen werden müßten; das gleiche spielte sich mit Indien und Pakistan ab. Im September 1960 verfügte ONUC über 20 000 Mann. Die belgischen Truppen waren abgezogen worden. Für die Unterstützung der Zivilverwaltung stellten die Vereinten Nationen 120 Fachleute zur Verfügung[3]).

Nachdem Oberst Mobutu am 13. September 1960 in Léopoldville die Regierung abgesetzt und eine Art Militärregierung errichtet hatte, machten sich vier politische Gruppen, jede mit einer eigenen Armee, die Macht streitig. Die Vereinten Nationen mußten deshalb zwischen den vier Gruppen hin und her lavieren und, um ihre Aufgabe auszuführen, jeweils mit der in einer bestimmten Region des Riesenlandes gerade die Macht ausübenden Partei zusammenarbeiten. Diese Aufgabe bestand darin, bewaffnete Zusammenstöße zwischen den Parteien nach Möglichkeit zu verhindern, Kämpfende zu entwaffnen, die wehrlose Bevölkerung zu schützen, wichtige Einrichtungen vor der Zerstörung zu bewahren und bedrohte Politiker in Obhut zu nehmen. Rückblickend kann man diesen Teil der Intervention als erfolgreich bezeichnen, weil am 2. August 1961 eine zentrale Regierung mit wirklichen Kompetenzen zustande kam und weil genügend viele der wenigen fähigen politischen Persönlichkeiten den brudermörderischen Krieg überlebt hatten, um einigermaßen funktionierende politische Einrichtungen zu schaffen.

Ein besonders schwieriges Problem der internationalen Intervention ergab sich aus der Sezession der Provinz Katanga. Nach der Erklärung der Unabhängigkeit des Kongo versuchte die Provinz, geleitet von Moise Tshombé, hinter dem die enormen europäischen Interessen an der mächtigen Montanindustrie dieses wertvollsten Teils des Kongo standen, sich als selbständiges, souveränes afrikanisches Staatswesen zu konstituieren. Die Zentralregierung unter Lumumba forderte sofort von den Vereinten Nationen, die abtrünnige Provinz mit Waffengewalt zurückzuerobern. Hammarskjöld lehnte das ab. Durch friedliche Verhandlungen verstand er es, indem er sich mit Belgien und mit den Behörden des Katanga ins Einvernehmen setzte, einen Kompromiß zu finden, nach dem die belgischen Truppen in Katanga durch solche der Vereinten Nationen ersetzt wurden.

Die Gegenwart von ONUC im Katanga konnte es nicht verhindern, daß eine große Zahl fremder »Berater« für die Provinzregierung Tshombés eintrafen und mit ihnen ausländische Söldner, die in die Gendarmerie des Katanga eingereiht wurden. Es handelte sich dabei um eine unterirdische Infiltration, die vom Ausland gefördert und finanziert war, nicht unähnlich der Infiltration, welche die Sowjetunion am Anfang der Kongo-Krisen in Léopoldville versucht hatte. Der Sicherheitsrat forderte deshalb am 21. Februar 1961, daß alles ausländische Personal aus dem Katanga ausgewiesen werde, nötigenfalls mit Waffengewalt.

Als im August die neue Zentralregierung in Léopoldville gebildet war, nahm sie Verhandlungen mit Tshombé auf, um die Sezession zu beenden und den Katanga wieder zu einem Teil des Gebietes des Gesamtstaates zu machen. Diese Verhandlungen nahmen zeitweise dramatische Formen an. So verhaftete die Zentralregierung Tshombé, um ihn zu zwingen, ihre Vorschläge anzunehmen. Trotz aller Bemühungen konnte man sich nicht einigen. Darauf ersuchte die Zentralregierung um den Beistand von ONUC, um die Söldner zu vertreiben, die im Dienste des Katanga standen, und auf die sich der Widerstand Tshombés hauptsächlich stützte.

Die Vereinten Nationen gingen auf den Wunsch der Zentralregierung ein, womit ihre Intervention in einen neuen Abschnitt eintrat. Nach der Resolution des Sicherheitsrats vom 9. August 1960 sollten die Sicherheitskräfte der Vereinten Nationen »in keinem inneren Konflikt Partei ergreifen oder sonst in einen solchen intervenieren oder gebraucht werden, um dessen Ausgang zu beeinflussen, handle es sich um einen Verfassungskonflikt oder einen solchen anderer Art«. Ein Jahr nachdem diese Resolution angenommen worden war, mußten die Vereinten Nationen, unter dem Drucke der afrikanischen, asiatischen und kommunistischen Mitglieder, viel weiter gehen und an der Seite der Zentralregierung in einen inneren Konflikt intervenieren, indem sie gegen die Behörden des Katanga oder die Kräfte, die hinter ihnen steckten, Partei ergriffen.

Am 28. August 1961 umzingelten Truppen der ONUC im Süd-Katanga das Hauptquartier der Gendarmerie, besetzten den Radiosender Elisabethville und nahmen einen großen Teil der Söldner fest. Sie wurden des Landes verwiesen und abgeschoben. Nicht wenige aber waren dem Netz entschlüpft. ONUC wiederholte deshalb die Operation am 13. September. Aber diesmal war die Gendarmerie auf ihrer Hut und leistete Widerstand. Um einen Waffenstillstand herbeizuführen, eilte Generalsekretär Hammarskjöld nach Afrika. Er hatte mit Tshombé verabredet, daß sie sich auf neutralem Boden, in Ndola in Nord-Rhodesien, treffen würden. Am 18. September aber fand er auf dem Weg zu dem Treffpunkt zusammen mit allen seinen Begleitern bei einem Flugzeugunglück den Tod. Andere Beamte der Vereinten Nationen brachten schließlich an seiner Stelle den Waffenstillstand mit Tshombé zustande.

Trotzdem ging der Konflikt weiter. Die Sicherheitskräfte der UN gerieten unter immer stärkeren Druck der Streitkräfte des Katanga. Diese gingen gegen ONUC hauptsächlich in der Weise vor, daß sie Straßensperren errichteten, um mit diesem Mittel und mit anderen Methoden verschiedenster Art, in deren Erfindung sie sich sehr fruchtbar erwiesen, den Truppen der Vereinten Nationen jede Bewegungsfreiheit zu rauben. Darauf ermächtigte der Sicherheitsrat die Sicherheitsstreitkräfte der Vereinten Nationen in einer Resolution vom 24. November ausdrücklich, gegen die Söldner die Waffen zu gebrauchen. Um ihre Bewegungsfreiheit zurückzugewinnen, begannen die UN-Truppen am 5. Dezember 1961 mit Waffengewalt gegen die Söldner vorzugehen. Es entspannen sich einige Kämpfe, die bis zum 19. Dezember dauerten. Von diesem Datum an konnten ONUC sich in der ganzen Provinz wieder unbehindert bewegen. Die Provinzbehörden bequemten sich zu neuen Verhandlungen mit der Zentralregierung, an denen diesmal die Vereinten Nationen als Vermittler teilnahmen. Ihre Vermittlung bestand teilweise darin, daß sie die Unterhändler aus dem Katanga vor dem im Kongo üblichen Verfahren schützten, einen unbotmäßigen Verhandlungspartner einfach gefangenzusetzen.

Da sich die Kongolesen selber nicht einigen konnten, unterbreiteten ihnen die Vereinten Nationen im August 1962 einen »Plan der nationalen Versöhnung«. Er sah eine bundesstaatliche Verfassung vor, nach der die Provinz Katanga eine gewisse Autonomie genießen und einen Teil ihrer Einkünfte selbst verwalten sollte. Dieser Plan wurde von beiden Seiten angenommen, aber der Katanga erfüllte die darin übernommenen Verpflichtungen nicht. Am 13. Dezember 1962 ersuchte der Generalsekretär der Vereinten Nationen mehrere Mitgliedstaaten, Wirtschaftssanktionen gegen Katanga zu verhängen, um seine Regierung zum Einlenken zu zwingen. Als Folge dieser Drohung begann die Gendarmerie wieder mit ihren alten Methoden gegen die Sicherheitskräfte der UN vorzugehen. Am 28. Dezember 1962 begannen diese, gewaltsam alle Straßensperren zu beseitigen, fanden dabei aber nur noch schwachen Widerstand. Am 13. Januar 1963 erklärte sich die Regierung des Katanga endlich bereit, mit ONUC zusammenzuarbeiten und die Sezessionsbewegung zu beenden. Gegen Ende Januar traf ein Vertreter der Zentralregierung in Elisabethville ein und ließ sich dort dauernd nieder.

Diese internationale Intervention stellte eine neue Wendung dar. Ein Unternehmen, das ursprünglich dazu bestimmt gewesen war, Ordnung und Sicherheit herzustellen und Grausamkeiten zu verhindern – also im Grunde eine humanitäre Intervention –, mußte nach und nach erweitert werden. Nach dem ursprünglichen Auftrag wäre es völlig der Gesellschaft, die das Ziel der

Intervention war, überlassen geblieben, über ihre Verfassungsform zu bestimmen und ihre Führer zu wählen. Die Macht der Tatsachen zwang den Intervenierenden, sein Ziel weiter zu stecken. Er mußte nun Partei ergreifen für eines der beiden im Kampfe stehenden Prinzipien – in diesem Falle für die Erhaltung der Integrität des Landes innerhalb der Grenzen des früheren Kolonialreichs und gegen das Recht einer Minderheit, selber die nationale Unabhängigkeit zu gewinnen. Er mußte militärische Operationen unternehmen, um die eine Partei des Bürgerkrieges zu entwaffnen, und ergriff damit für die andere Seite Partei. Er mußte dem intervenierten Land einen Verfassungsentwurf mit sanfter Gewalt aufzwingen.

All das taten die Vereinten Nationen. Das Ergebnis war am Schluß nicht allzuschlecht, da es gelang, eine Art Staatsautorität zu errichten und eine zentrale Regierung und Verwaltung ins Leben zu rufen, die schrittweise ihren Einfluß über das ganze riesige Land ausdehnte.

Zypern wurde zu Beginn der fünfziger Jahre die Quelle von Wirren und Krisen, die, wie wir schon gesehen haben, zu einer ernsten Konfrontation zwischen der Türkei und Griechenland führten, bei der sich die Großmächte vorsichtig im Hintergrund hielten, sich aber doch nicht ganz jeder Einmischung enthalten konnten.

Trotz den Übereinkommen, die 1958 und 1959 in Zürich und London mit Bezug auf die Zukunft der Insel und das Schicksal ihrer Bewohner getroffen wurden und ihnen die volle Unabhängigkeit verliehen, blieb der neuen Nation der innere Friede und weiten Teilen der Bevölkerung Sicherheit und Gleichberechtigung versagt. Der Konflikt zwischen der Mehrheit griechischer Abstammung und der türkischsprechenden Minderheit wuchs sich im Dezember 1963 zu ernsten Kämpfen aus. Die drei Garantiemächte, die der Vertrag von 1959 nannte, Großbritannien, Griechenland und die Türkei, sandten Vertreter nach London zu Verhandlungen über die Lage. Da die drei Staaten Mitglieder des Nordatlantik-Bündnisses waren, einigten sie sich dahin, der Regierung Zyperns eine von der NATO gestellte Friedensstreitkraft zur Verfügung zu stellen. Das Angebot einer solchen Truppe wurde aber von der Regierung Zyperns unter Erzbischof Makarios zurückgewiesen.

Der Sicherheitsrat der Vereinten Nationen, der von Zypern angerufen worden war, beschloß am 4. März 1964, Sicherheitskräfte nach Zypern zu senden. Sie sollten aus Truppen Australiens, Kanadas, Dänemarks, Finnlands, Großbritanniens, Irlands, Neuseelands, Österreichs und Schwedens zusammengesetzt sein und von einem indischen General kommandiert werden. Die Krise auf der Insel verschlimmerte sich aber schneller, als es dem Tempo der Weltorganisation unter ihrem neuen Generalsekretär U Thant entsprach. Am 13. März richtete die türkische Regierung ein Ultimatum an Erzbischof Makarios und drohte mit einer Invasion. Der Sicherheitsrat antwortete mit einer Resolution, in der er die Mitglieder ermahnte, von militärischen Drohungen abzusehen.

Eine Vorausabteilung der *United Nations Force in Cyprus* (UNFICYP), bestehend aus ein paar kanadischen Offizieren und Soldaten, wurde eilends nach der Insel geschickt. Das machte es für die Türkei möglich, ihr Ultimatum zurückzuziehen, ohne dabei das Gesicht zu verlieren. Die eigentlichen Sicherheitskräfte, die wegen Schwierigkeiten der Finanzierung nur zögernd aufgestellt werden konnten, nahmen ihre Stellungen in Zypern am 27. März ein.

UNFICYP konnte die Gewalttätigkeiten zwischen den beiden ethnischen Gruppen auf Zypern aber nicht völlig verhindern. Beide wurden von außen, von Griechenland und der Türkei, mit Waffen versorgt und auch sonstwie gefördert. Immerhin aber gelang es den Vereinten Nationen, während voller drei Jahre allzu blutige Ausbrüche zu verhindern, eine Art Gleichgewicht zu bewahren und Zeit zu gewinnen für Verhandlung und Vermittlung.

Die Intervention richtete sich nach den Grundsätzen und Weisungen, die der Sicherheitsrat für die UN-Sicherheitskräfte in der ersten Phase der Intervention im Kongo aufgestellt und erlassen hatte. In einem *aide-mémoire* vom 10. April 1964 vermittelte Generalsekretär U Thant eine sorgfältig formulierte Auslegung der Vollmachten, die den Sicherheitskräften durch den Sicherheitsrat erteilt worden waren. Er führte darin aus:

»Die Truppen der Sicherheitskräfte sind bewaffnet, wobei sie ihre Waffen aber nur zur Selbstverteidigung gebrauchen sollen, wenn das nötig werden sollte bei dem Wahrnehmen ihrer Aufgaben, die im Interesse der Wahrung des internationalen Friedens und der Sicherheit, im Verhindern des Wiederauflebens der Kämpfe und in Beiträgen zur Erhaltung und Wiederherstellung von Gesetz und Ordnung und zur Rückkehr zu normalen Verhältnissen bestehen. Die Angehörigen der Sicherheitskräfte müssen zurückhaltend und völlig unparteiisch gegenüber den Mitgliedern der griechisch- und der türkisch-zypriotischen Gemeinschaften handeln[4].«

Das Dokument legt dann genau dar, was unter Selbstverteidigung zu verstehen sei.

Anders als im Kongo, wo ONUC, die Armee der Vereinten Nationen, wenigstens in der zweiten Phase die Weisung hatte, mit Waffengewalt die Sezession des Katanga zu beenden, durften die Sicherheitskräfte auf Zypern nie im Bürgerkrieg Partei ergreifen. Das spiegelt den völlig veränderten Zustand der internationalen Umwelt und entspricht dem Stand der die Intervention umhüllenden Konfrontation, deren Bestandteil die Operation der Vereinten Nationen war. Im Kongo wurde ein übermächtiger Druck der Sowjetunion und der afrikanischen und asiatischen Regierungen ausgeübt, die alle den Katanga unter die Herrschaft der Zentralregierung in Léopoldville bringen wollten. Der Generalsekretär der Vereinten Nationen und die Westmächte, die in einem souveränen und von Léopoldville unabhängigen Katanga große Vorteile gesehen hätten, mußten sich diesem Wunsche fügen. Im Falle Zypern waren die Entwicklungsländer nicht interessiert, und die beiden Weltmächte hatten auf beide der kämpfenden Gruppen in Zypern und auf beide hinter dem Bürgerkrieg stehenden Länder Rücksicht zu nehmen. Die Vereinigten Staaten mußten nach Möglichkeit vermeiden, sich den einen wie den anderen ihrer beiden Verbündeten Türkei und Griechenland zu entfremden. Die Sowjetunion suchte einen Konflikt mit Erzbischof Makarios zu vermeiden, dessen feindselige Haltung gegen die Westmächte ihr nützlich war; zugleich war eine Annäherung an die Türkei eingeleitet worden, die vielversprechend schien. Weder für die eine noch für die andere Weltmacht wäre es möglich gewesen, Partei zu ergreifen. So konnten die Sicherheitskräfte der UN der neutrale Intervenient und Vermittler bleiben.

Vietnam

Der Krieg in Vietnam, dessen Ursprünge in noch früheren Ereignissen zu suchen sind als in den Kompromissen, die 1954 in der Indochinakonferenz in Genf ausgehandelt worden waren, bietet ein Beispiel dafür, wie technische, wirtschaftliche und militärische Hilfe, verbunden mit politischer Beratung – alles verhältnismäßig wirksame und harmlose Mittel, um einer freundlich gesinnten Regierung in den Sattel zu helfen –, so entarten kann, daß sie zur militärischen Intervention führt und die Intervention zu einem großen Krieg. Er zeigt am Beispiel, wie eine Weltmacht, durch ihr eigenes Missionsbewußtsein blind gemacht für das Erkennen der Wirklichkeit und unfähig, die wirklichen Interessen und politischen Strukturen der Gesellschaft klar zu beurteilen, um die man sich bemüht, eine Intervention unternimmt, die schließlich viel weitergeht, als ursprünglich vorgesehen gewesen war. Diese Ausdehnung der Intervention bringt schließlich eine Regierung in Gegensatz nicht nur zu ihrem ursprünglichen Gegner, sondern zu ihrem eigenen Volke, ihren Freunden, der intervenierten Nation und zu ihren eigenen Interessen.

Das Unternehmen der Vereinigten Staaten von Amerika in Südvietnam unterscheidet sich von jeder anderen Intervention, die wir bis jetzt betrachtet haben. Was waren die charakteristischen Züge der bis jetzt untersuchten Interventionen? Ein kurzer Rückblick wird helfen, die grundlegenden Unterschiede, aber auch einige Ähnlichkeiten zu entdecken zwischen diesen Interventionen und derjenigen in Vietnam.

Die Intervention Amerikas in dem in Griechenland wütenden Bürgerkrieg im Jahre 1947 stand im Zusammenhang mit einem früher entstandenen Konflikt. Die Verantwortung für dessen Ausgang war von einem Alliierten den USA sozusagen in den

Schoß gelegt worden. Mit Rücksicht auf die Bedeutung für das Kräftegleichgewicht wurde diese Verantwortung auch übernommen.

Die Intervention in Korea von 1950 war ursprünglich auf den Schutz einer Nation gegen einen Angriff angelegt gewesen. Sie bedeutete, daß in einem schon begonnenen Krieg Partei ergriffen wurde, wobei eine große Zahl von Nationen die Aktion unterstützten.

Die Intervention der Sowjetunion in Ungarn von 1956 wandte sich gegen eine Regierung, die sich entschlossen hatte, einen Vertrag und die Verpflichtungen aus einer Allianz abzuschütteln, die von ihren Vorgängern übernommen worden waren. Die Intervention beseitigte die abtrünnige Regierung und stellte das Machtgleichgewicht in der Form, in der es vorher bestanden hatte, wieder her.

Die Intervention Frankreichs und Großbritanniens in Ägypten im Jahre 1956 war darauf angelegt, eine früher gehaltene Position zurückzugewinnen und ein Regime zu stürzen, das in den Augen der intervenierenden Mächte nicht mehr vertrauenswürdig und sogar für ihre Interessen schädlich war.

Die Intervention der Vereinigten Staaten im Libanon 1958 erfolgte auf Grund eines Hilfsgesuches einer Regierung, die in Gefahr stand, von ihren inneren und äußeren Feinden gestürzt zu werden, und zugleich, um das Kräftegleichgewicht aufrechtzuerhalten.

Die Intervention Großbritanniens und der Arabischen Liga in Kuweit im Jahre 1964 war dazu bestimmt, die Unabhängigkeit einer kleinen Nation gegenüber den Angriffsabsichten eines ihrer Nachbarn zu schützen, einer Unabhängigkeit, die zugleich den Interessen der Ölindustrie in diesem Lande nützlich war.

Die beiden sich begegnenden und bekämpfenden Interventionen der Vereinigten Arabischen Republik und Saudiarabiens in Yemen von 1965 versuchten den Ausgang eines bereits begonnenen Bürgerkrieges zu wenden und damit das Land in den eigenen Machtbereich hineinzuziehen.

Die Intervention der Vereinigten Staaten in der Dominikanischen Republik von 1965 versuchte ebenfalls den Ausgang eines bereits ausgebrochenen Bürgerkrieges mitzubestimmen.

Vietnam war anders. Hier war ein Land, das aus einem Jahrhundert kolonialer Abhängigkeit auftauchte, durch einen Waffenstillstand in zwei Hälften geteilt, die vorausbestimmt waren, bittere Feinde zu werden. Die Vereinigten Staaten, die keinen Anteil gehabt hatten an den Verhandlungen über den Waffenstillstand und an den daraus hervorgehenden Abmachungen, versprachen Wirtschaftshilfe, politische Beratung und Hilfe beim Aufbau einer Armee, einschließlich der Lieferung einer ganz neuen Bewaffnung, an einen der entstandenen Halbstaaten, Südvietnam. Hier wurde nicht angesichts eines schon bestehenden Konflikts interveniert, wie in allen anderen Fällen, sondern eine Intervention wuchs langsam, zusammen mit einer neuen, sich langsam entwickelnden Krise.

Die Amerikaner hätten wahrscheinlich diese schleichende und langsam wachsende Verwicklung vermeiden können, wenn sie das Wissen und die Kenntnisse, die ihnen zur Verfügung standen, angewendet hätten. In den zehn Jahren, die seit dem Ende des Zweiten Weltkriegs verflossen waren, hatte Amerika jede Gelegenheit, die unglückselige Entwicklung in Vietnam zu verfolgen: Befreiung von japanischer Besetzung durch die Alliierten in Zusammenarbeit mit nationalen und nationalistischen Kräften, einschließlich Kommunisten; Errichtung eines unabhängigen Staates unter Ho Chi Minh und seiner Vietminh-Partei durch die Franzosen im Rahmen der Französischen Union. Früh schon, im November 1946, kam es zum offenen Bruch zwischen Ho Chi Minh und Frankreich; Paris antwortete mit der Errichtung eines Regimes unter dem »Kaiser« Bao Dai, dem ganz Indochina unterstellt war, und mit militärischen Operationen gegen den Vietminh.

Nach dem endgültigen Sturz des Regimes Tschiang Kai-schek in China bemächtigte sich Amerikas außenpolitischer Eifer, der rational nicht völlig zu erklären ist. Es handelte sich eher um eine Psychose, zum Teil eine Ausgeburt politischer Angst[5]). Man unternahm es, das Regime Tschiang Kai-schek in Formosa zu schützen, Korea zu verteidigen und die Sowjetunion in Europa innerhalb der Grenzen, die Moskau im Krieg erobert hatte, festzuhalten. Die umfassende Absichterklärung der Truman-Doktrin »ich glaube, daß wir freien Völkern helfen müssen, ihr

Schicksal auf ihre eigene Weise zu gestalten« trug dazu bei, daß in Amerika ein kolossales Bild eines Kreuzzuges entstand, der gegen einen einzigen, festgefügten Feind, den »sowjet-chinesischen Kommunismus«, zu führen sei.

Die amerikanische Haltung gegenüber Indochina in allen diesen Jahren, und schon viel früher, schon unter der Regierung von Franklin D. Roosevelt, hatte die Unabhängigkeit ganz Indochinas von der französischen Kolonialherrschaft gefördert. Dieser Kurs wurde unter dem Eindruck des antikommunistischen Komplexes aufgegeben. Obwohl man in Washington die Schwäche der französischen Herrschaft in Indochina kannte und obwohl man stets der französischen Politik alle erdenklichen Hindernisse in den Weg gelegt hatte, schloß der Staatssekretär Präsident Trumans, Dean Acheson, am 8. Mai 1950 ein Abkommen mit Paris, in dem amerikanische Hilfe im Krieg gegen den Vietminh zugesichert wurde. Die französische Position brach 1954 zusammen. Dem Zusammenbruch waren verzweifelte Bemühungen Washingtons vorausgegangen, zu einem Entschluß über Maßnahmen zu kommen, mit denen diese Position noch zu retten wäre. Eine militärische Intervention, einschließlich nuklearer Bombardierungen, wurde von der Regierung Eisenhower ernstlich erwogen und wieder verworfen.

Nachdem in Genf 1954 die Teilung von Vietnam beschlossen worden war, unternahmen es die Vereinigten Staaten, die sich durch das Waffenstillstandsabkommen nicht gebunden fühlten, an dem sie nicht teilgenommen hatten, mit fast enthusiastischer Hingabe, den Platz der abgezogenen Franzosen einzunehmen, aber im Geiste ihres traditionellen Antikolonialismus. Die Vereinigten Staaten betrachteten es als ihre Pflicht, in Südvietnam eine unabhängige, gesunde, wohlhabende, demokratische, nichtkommunistische asiatische Nation ins Leben zu rufen. Zur gleichen Zeit nahmen sie die Möglichkeit wahr, ein »Bollwerk gegen den Kommunismus« – kurzum ein Meisterwerk und Vorbild für die ganze Welt – zu bauen. Daß das von Krieg, Besetzung und Bürgerkrieg zerrüttete, korrupte und unter französischer Herrschaft verfaulte Indochina mit seinen Hunderten von Völkerstämmen niemals in ein solches Gebäude verwandelt werden konnte, wollten die Planer und Architekten in Washington nicht sehen.

Die nun unternommene Anstrengung war so wirr, wie die Kräfte, die dahinterstanden, verschiedenartig waren. Linksstehende Intellektuelle, das Militär, leidenschaftliche Antikommunisten, Idealisten mit missionarischem Auftrag, starke katholische Kreise – alle wollten zu dem Aufbau einer Nation auf dem Schlamm und Sumpf Südostasiens beitragen. Als Zentrum und Sammelpunkt der neuen Nation wurde ein Mann gewählt, dessen antifranzösischer, antijapanischer, antikommunistischer und nationalistischer Hintergrund ihn allen Beteiligten, wenn auch aus ganz verschiedenen Gründen, empfahl, Ngo Dinh Diem, ein frommer Katholik aus einer der großen Familien des Landes. Als dieses Regime einmal eingesetzt war, wollte es auf keinen Fall das Risiko der allgemeinen Wahlen auf sich nehmen, die nach dem Waffenstillstandsabkommen, das 1954 in Genf geschlossen worden war, spätestens 1956 als erster Schritt auf die Wiedervereinigung des Landes hin hätten abgehalten werden sollen. Die Vereinigten Staaten begrüßten und unterstützten diese Ablehnung.

Die Weigerung, allgemeine Wahlen abzuhalten, wurde vom Vietminh als das Signal betrachtet, im Süden den Terrorismus zu verstärken und seine Kräfte vom Norden her im Süden einzuschleusen. Ein Jahr später brannte das Feuer des Bürgerkrieges. Die Beziehung zwischen Nichtabhalten der Wahlen und Bürgerkrieg ist zwar eine von Ursache und Wirkung. Aber man kann die Wechselwirkung nicht in der Weise betrachten, als hätte die Nichterfüllung einer der Bedingungen des Waffenstillstandes den gerechten Zorn von Ho Chi Minh herausgefordert und ihn so zur Eröffnung des Krieges provoziert. Die Politik ist realistischer: Als Ho Chi Minh erkannte, daß die Eroberung des Südens nicht durch das leichte und einfache Mittel von Wahlen, wie ihm versprochen worden war, bewirkt werden könne, entschloß er sich für die Eroberung mit Waffengewalt. Man kann allerdings sagen, daß Ho Chi Minh mit Recht erbittert sein konnte, weil ihm 1954 in Genf die Früchte seines militärischen Sieges über die Franzosen durch den Teilungsbeschluß, der aus den vereinten Anstrengungen Indiens, Großbritanniens, der Sowjetunion, Chinas und Frankreichs hervorgegangen war, weggeschnappt worden waren.

1960 zählte die *United Staates Military Aid and Advisory Group* (MAAG), die an den Platz der französischen Berater und ihrer Truppen getreten war – die jetzt in Algerien alle Hände voll zu tun hatten – nicht mehr als tausend Personen. Im Laufe des Jahres 1961 wurde es offenbar, daß das Regime von Ngo Dinh Diem im Begriffe war, den Bürgerkrieg zu verlieren. Präsident John F. Kennedy mußte im Dezember 1961 entscheiden, welches nun die Haltung Amerikas sein solle. Er tat es, nachdem er mehrere Untersuchungs- und Aufklärungsmissionen nach Südvietnam geschickt hatte. Ihre Berichte scheinen widerspruchsvoll gewesen zu sein. Es wird erzählt, die Mitglieder einer der Missionen hätten dem Präsidenten so sehr voneinander abweichende Berichte erstattet, daß er sie fragte: »Sind Sie sicher, daß Sie alle das gleiche Land besucht haben?« Trotz dieser wohlbegründeten Skepsis lautete nach langem Erwägen des *pro* und *contra* der Entschluß des Präsidenten, die Zahl der Berater auf 16 000 zu erhöhen und ihnen den euphemistischen Titel *»combat advisers«* zu verleihen. Ihre Aufgabe wurde in dem Sinne erweitert, daß sie die südvietnamesische Armee nicht nur ausbilden, sondern auch im Kampfe führen und unterstützen sollten.

Dieser folgenschwere Entschluß Präsident Kennedys war ein Teil der Konfrontation zwischen den Vereinigten Staaten und der Sowjetunion, die dem Jahre 1961 den Stempel aufdrückte – Treffen in Wien, Ultimatum über Berlin, Bau der Mauer in Berlin, Nuklearexplosionen in der Sowjetunion. Arthur Schlesinger bemerkt, »der Präsident fühlte zweifellos, daß ein amerikanischer Rückzug in Asien das ganze Machtgleichgewicht in der Welt verändern könnte«[6]).

Am 1. November 1963 veranstalteten einige südvietnamesische Generäle eine Palastrevolution gegen das tyrannisch gewordene Regime von Ngo Dinh Diem und seines Bruders Nhu. Die Interventionsmacht, die Vereinigten Staaten, hatten die Urheber des Staatsstreiches mindestens nicht entmutigt. Diese aber machten ihn zur Tragödie, die beiden vietnamesischen Führer wurden ermordet. Eine Reihe von unstabilen Regierungen war nun die Folge des Umsturzes.

Der Aufstand des Vietkong in Südvietnam war jetzt schon

massiv unterstützt durch die Armee von Nordvietnam. Unter der neuen Verwaltung von Präsident Lyndon B. Johnson wandte sich Amerika der Frage zu, wie die Intervention aus dem Norden aufgehalten und wie der Krieg überhaupt beendet werden könnte. Man entschied sich schließlich für einen Versuch mit abgestufter Abschreckung. Am 4. August 1964 meldeten zwei im Golf von Tonking kreuzende amerikanische Zerstörer, »Turner Joy« und »Maddox«, daß sie von Motortorpedobooten angegriffen würden. Das war das Signal für »begrenzte und angemessene Vergeltung«, wie sich Präsident Johnson ausdrückte. Diese bestand in Luftangriffen gegen die Basen der Motortorpedoboote und gegen das Treibstoffdepot an der Küste Nordvietnams, aus dem sie sich versorgten. Entsprechend den modernen Theorien des begrenzten Krieges sollte die Bombardierung als ein Signal an Nordvietnam wirken, das dem Gegner zu verstehen gab, die Vereinigten Staaten seien zu einer Eskalation des Konfliktes bereit. Hanoi könnte darauf, so hoffte man, versuchen, Verhandlungen aufzunehmen und sich aus dem Konflikt herauszulösen. Diese Hoffnung sollte sich als trügerisch erweisen.

Im Februar 1965 folgte der zweite begrenzte Schritt auf der Leiter des Eskalation. Er bestand in der systematischen Bombardierung ausgewählter Ziele in Nordvietnam, die irgendwie mit der Kriegführung im Süden zusammenhingen. Doch auch damit konnte Ho Chi Minh nicht bewogen werden, sich an den Verhandlungstisch zu setzen. Er hatte eigentlich auch gar keinen Grund einzulenken, weil das Regime in Südvietnam dem Zusammenbruch nahe war und weil in der ganzen westlichen Welt und insbesondere in Amerika die öffentliche Meinung so erfolgreich gegen die Intervention mobilisiert worden war, daß Ho Chi Minh nicht mehr daran zweifelte, er könne den Krieg siegreich beenden.

Die verschiedenen Gründe für dieses Versagen der amerikanischen Strategie werden von Robert E. Osgood in einer eingehenden Betrachtung der strategischen Aspekte der Intervention abgewogen. Einer der Gründe ist gewiß, daß die Strategie der gelenkten und begrenzten Eskalation von ihren Erfindern vor allem für die Anwendung in einer Konfrontation zwischen der

Sowjetunion und den Vereinigten Staaten gedacht war. Ein zweiter Grund ist, daß aus psychologischen Rücksichten ständig betont wurde, die Ziele in Nordvietnam seien militärische Ziele, die aus taktischen Gründen angegriffen werden müßten. Damit wurde die Funktion der Bombardierungen als ein bloßes Druckmittel zum Aushandeln von Konzessionen auch in den Augen des Gegners, an den sie gerichtet waren, verwischt. Der dritte Grund liegt in der geringen Wirkung von Luftbombardementen auf den Widerstandswillen eines Gegners überhaupt. Das gilt noch mehr für ein unterentwickeltes Land als ein verwundbareres industrialisiertes Land. Kurzum – Hanoi spielte das Spiel nach den von Amerika entworfenen Regeln einfach nicht mit[7]).

Als das Regime in Südvietnam in höchster Not war, wurden als dringende Rettungsmaßnahme im Sommer 1965 100 000 Mann amerikanischer Truppen nach Südostasien geschickt. Die Truppenstärke wurde schrittweise erhöht, bis sie Ende 1967 die Zahl von 485 000 erreichte. Parallel zu der sprunghaft sich ausdehnenden Verwicklung in den Krieg stieg auch die daran geübte Kritik in Amerika selber. Sie erreichte solche Schärfe und solchen Umfang, daß sie Präsident Johnson zwang, in einer Rede vom 31. März 1968 anzukünden, er werde die Bombardierungen in Nordvietnam entschieden vermindern und eng begrenzen und zugleich auf eine Kandidatur für die Wiederwahl als Präsident im November des gleichen Jahres verzichten.

Einer der Schlüsse, die aus diesen außergewöhnlichen Ereignissen und aus diesem unglücklichen Kriege gezogen werden müssen, lautet, daß eine Intervention an der Seite einer schwachen Regierung, die ernsthaft in ihrer Existenz bedroht ist, fast unausweichlich zu einer Intervention von ganz unerwünschtem Umfang führt. Das Beispiel zeigt, wie leicht einem die Ereignisse entgleiten können, wie sehr das eigentliche Planen den Planern durch äußere Kräfte abgenommen wird und wie oft eine intervenierende Macht gezwungen wird, gerade das zu tun, was sie nicht tun wollte. Der Plan lautete in diesem Fall, einer schwachen Regierung zu helfen, festen Grund unter den Füßen zu gewinnen und damit beizutragen, Unstabilität in Südostasien, Unruhe und die Gefahr eines großen Konfliktes von Südostasien abzuwenden. Ein Krieg in Asien war nach der Erfahrung von

Korea das allerletzte, was die Vereinigten Staaten wünschen konnten und sich wünschten. Die Methode aber, die zur Vermeidung aller dieser Übel eingeschlagen wurde, erwies sich als unwirksam.

Was immer auch in Zukunft die Folgen dieser Intervention für die internationale Stellung der Vereinigten Staaten von Amerika und für die Entwicklung in ihrem Innern sein mögen, so steht doch fest, daß sich nur wegen ihr die Waage des Kräftegleichgewichts in Asien nicht auf die Seite der Sowjetunion oder Chinas oder beider neigte. Die Frage ist dabei nicht beantwortet, ob die ungeheuren Kosten der Operation an Menschenleben, Leiden der Bevölkerung, in Geld, äußerem Ansehen und innerer Harmonie, welche die Vereinigten Staaten bezahlen müssen, in einem annehmbaren Verhältnis zu diesem Ergebnis standen.

Die Breschnew-Doktrin

Mit ihrer Intervention in Ungarn im Jahre 1956 hatte die Sowjetunion ihre Entschlossenheit bewiesen, kein einziges der Glieder des Schutzgürtels aus Satellitenstaaten preiszugeben, den sie am Ende des Zweiten Weltkrieges militärisch besetzt und den sie sich mit subversiven Mitteln, durch die Errichtung von kommunistischen Regimen, politisch gesichert hatte. Als etwa zehn Jahre nach den Ereignissen in Ungarn andere Satelliten die Neigung zeigten, sich durch Angebote westlicher Staaten, durch ihren wirtschaftlichen Wohlstand und durch das freie Leben, das dort möglich war, anziehen zu lassen, begaben sie sich auf eine ihnen entschieden gefährliche Bahn.

Mit Kundgebungen zugunsten einer neuen und freieren Auffassung des kommunistischen Systems, welche der tschechoslowakische Schriftstellerverband im Sommer 1967 veröffentlichte, beginnt die Kette der Ereignisse, die schließlich zu einer der dramatischsten Interventionen der modernen Welt führen sollte. Im Spätherbst wurden in Prag einige studentische Demonstrationen von der Polizei auf brutale Weise behandelt. Die Unzufriedenheit im Volke der Slowakei mit der Vernachlässigung und gar Unterdrückung durch das stalinistische zentralistische

Regime in Prag wuchs. Am 4. Januar 1968 zwang das Plenum des Zentralkomitees der Kommunistischen Partei der Tschechoslowakei den Präsidenten der Republik, Antonin Novótny, vom Amte des Sekretärs der Kommunistischen Partei zurückzutreten, das er gleichzeitig mit dem Amt des Staatsoberhauptes innehatte. An seiner Stelle wurde Alexander Dubček als Parteisekretär gewählt, der erste Slowake, der in diese zentrale Stellung emporstieg. Am 22. März wurde Novótny gezwungen, auch als Präsident der Republik zurückzutreten, und zugleich aus dem Zentralkomitee ausgestoßen. In einem klugen Schachzug, der das Unternehmen gegen eine Intervention der Sowjetunion abschirmen sollte, wurde General Ludwig Svoboda, der als ein Träger hoher sowjetischer Auszeichnungen und erfolgreicher General in der Roten Armee im Kriege gegen Deutschland in Moskau Ansehen genoß, zum Präsidenten der Republik gewählt.

Am 5. April stimmte das Zentralkomitee in Prag einem Aktionsprogramm zu, das eine freiere Gestaltung der Wirtschaft, freie Wahl des Arbeitsplatzes, Redefreiheit, Pressefreiheit, Freiheit vor willkürlicher Verhaftung und die Rehabilitierung der Opfer der terroristischen Verfolgungen und der Schauprozesse der stalinistischen Zeit ankündete. Die Sowjetunion antwortete zuerst in ihrer Presse, in der die Gedanken der Reformer scharf angegriffen wurden. Im Rahmen des Warschaupaktes wurden militärische Stabsübungen auf dem Boden der Tschechoslowakei auf den 20. Juni angesetzt. Für den Fall, daß Prag diese Signale nicht verstehen sollte, wurden auch sowjetische Panzer nach der Tschechoslowakei geschickt, um an den Stabsübungen teilzunehmen.

Der nächste Schritt war eine Einladung an die führenden Persönlichkeiten der tschechoslowakischen Regierung und Partei zu einer Aussprache in Rußland. Den Tschechen ist das tragische Schicksal von Johannes Hus stets gegenwärtig. Wie man weiß, war dieser Reformator, der zugleich ein Vorkämpfer der politischen Unabhängigkeit seines Volkes gewesen war, vor das Konzil von Konstanz zitiert worden. Er folgte der Einladung, nachdem ihm der Kaiser feierlich freies Geleit zugesichert hatte. In Konstanz wurde er aber der Ketzerei schuldig befunden und 1415 auf dem Scheiterhaufen hingerichtet. Auch das Schicksal von Präsident Emil Hacha konnten die Tschechen kaum vergessen haben, der am 15. März 1939 nach Deutschland vor Hitler zitiert und dort unter Anwendung physischer Gewalt gezwungen worden war, seine Unterschrift unter ein Dokument zu setzen, das die Unabhängigkeit der Tschechoslowakei preisgab. So lehnten es die tschechoslowakischen Führer ab, nach Rußland zu kommen. Sie drehten den Spieß um und verlangten, die sowjetischen Truppen müßten aus dem Lande zurückgezogen werden.

Nachdem so die ersten Signale das gewünschte Ergebnis nicht erzielt hatten, ging der Kreml zu Verhandlungen über. Ende Juni begegneten sich die obersten Führer der Sowjetunion und die Führer der Tschechoslowakei in Cierna na Tisou in der Slowakei, aber nur einen Steinwurf weit von der sowjetischen Grenze. Man einigte sich dort auf einen Kompromiß, der in einer zweiten in Bratislava gehaltenen Konferenz bestätigt wurde, an der auch die anderen Mitglieder des Warschaupaktes durch Delegationen vertreten waren. Im Austausch gegen einige Konzessionen Prags von verhältnismäßig geringer Tragweite schienen sich die Sowjets mit den Reformen Prags abzufinden.

In den Kreml zurückgekehrt, müssen sich die Partei- und Regierungschefs einer »schmerzlichen Neuüberprüfung« der Lage gewidmet haben. Im Morgengrauen des 21. August 1968 wurden die militärisch wichtigsten Punkte der Tschechoslowakei durch sowjetische Luftlandetruppen besetzt; sowjetische, ungarische, bulgarische und polnische Truppen und deutsches Militär aus der DDR überschritten die Grenzen. Natürlich wurde ihnen kein militärischer Widerstand geleistet. Sofort versuchten die Intervenierenden, am ersten Tage der Invasion, eine Marionettenregierung einzusetzen, ähnlich der Regierung Kadar, die 1956 in Budapest gebraucht wurde, um das Opfer der Intervention völlig zu unterwerfen. Der Versuch der Regierungsbildung aber scheiterte, weil kein bekannter tschechischer oder slowakischer Politiker es wagte, sich den Russen zur Verfügung zu stellen und in einer derartigen Regierung einen Posten anzunehmen. Militärischer Widerstand von seiten der Tschechoslowakei blieb zwar aus, aber die Bevölkerung leistete passiven Widerstand und zeigte außerordentlichen Erfindungsreichtum, wenn es galt,

Verfolgte vor der russischen Polizei in Sicherheit zu bringen, gewisse Verbindungen aufrechtzuerhalten, das Volk über die wirklichen Ereignisse informiert zu halten und der intervenierenden Macht und ihren Helfershelfern das Leben so sauer wie möglich zu machen.

Erst nach Ablauf eines Jahres war der Widerstandsgeist gebrochen und die Möglichkeit, letzte Reste von Freiheit zu verteidigen, erschöpft. Jetzt fanden sich auch nach und nach die Politiker zusammen, welche die Sache der Sowjetunion vertraten. Damit hatte sie ihre unumschränkte Herrschaft über den Satelliten wiederhergestellt, der nun keinen Schritt mehr von den Direktiven Moskaus, weder in der inneren noch in der äußeren Politik, abweichen konnte.

Ein bemerkenswerter Zug dieser Intervention ist, daß sie als eine kollektive Unternehmung der Mitglieder des Warschaupaktes verkleidet auftrat. Für eine Macht von der Größe der Sowjetunion wäre es natürlich ein leichtes gewesen, ein kleines Land wie die Tschechoslowakei allein zu überwältigen, auch wenn es Widerstand geleistet hätte. Die Hilfe der Alliierten war für Moskau in einem materiellen Sinne keineswegs erforderlich. Die Union Sozialistischer Sowjetrepubliken aber legte großes Gewicht darauf, die Intervention nicht allein durchzuführen, sondern in Gesellschaft der Armeen von vier anderen Mitgliedern der Allianz. Indem es so vorging, suchte Moskau der Intervention einen internationalen Aspekt zu geben und damit eine Art Anstrich der Legalität.

Der gegen die Tschechoslowakei geführte Schlag wurde der Welt gegenüber endgültig – und nachträglich – durch eine allgemeine Erklärung zur Außenpolitik des Führers aller sozialistischen Länder gerechtfertigt und gedeutet. Sie erschien in der Parteizeitung »Prawda« in Moskau in der Ausgabe vom 26. September 1968 in Form eines von Sergei Kovalyov gezeichneten Artikels. Die wichtigsten Stellen des Artikels lauten:

»Die Souveränität jedes einzelnen sozialistischen Landes darf nicht im Gegensatz stehen zu den Interessen der sozialistischen Welt und den Interessen der weltrevolutionären Bewegung.

Die sozialistischen Staaten achten die demokratischen Lehren des Völkerrechts. Sie haben das mehr als einmal in der Praxis bewiesen, indem sie entschieden gegen die Versuche des Imperialismus Stellung bezogen haben, die Souveränität und Unabhängigkeit einer Nation zu verletzen. Es ist aus diesem selben Grunde, daß sie die linksabweichende und abenteuerliche Auffassung verwerfen, die in ›der Ausfuhr der Revolution‹ und im Versuch besteht, andere Völker ›glücklich zu machen‹. Indessen dürfen vom marxistischen Standpunkt aus die rechtlichen Prinzipien, einschließlich der Prinzipien, welche die gegenseitigen Beziehungen der sozialistischen Länder regeln, nicht eng oder in formalistischer Weise oder getrennt von dem allgemeinen Zusammenhang des Klassenkampfes in der modernen Welt ausgelegt werden. Die sozialistischen Länder wenden sich entschieden gegen die Ausfuhr oder Einfuhr der Konterrevolution.
Jede kommunistische Partei ist frei, die Grundsätze des Marxismus-Leninismus und des Sozialismus in ihrem Lande anzuwenden, aber sie darf von diesen Grundsätzen nicht abweichen (vorausgesetzt natürlich, daß sie eine kommunistische Partei bleibt). Konkret bedeutet das vor allem, daß in ihrer Tätigkeit keine kommunistische Partei eine so grundlegende Tatsache unserer Zeit außer acht lassen darf, wie es der Kampf zwischen zwei gegensätzlichen sozialen Systemen ist – Kapitalismus und Sozialismus.

Es ist nötig zu betonen, daß ein sozialistisches Land, wenn es versucht, eine ›nichtverpflichtete‹ Stellung einzunehmen, in Tat und Wahrheit seine nationale Unabhängigkeit nur dank der Macht der sozialistischen Gemeinschaft behält, und vor allem derjenigen der Sowjetunion als ihrer zentralen Macht, die auch die Schlagkraft ihrer Armeen mit einschließt. Die Schwächung irgendeines der Glieder des sozialistischen Weltsystems berührt unmittelbar alle sozialistischen Länder, denen das nicht gleichgültig bleiben kann.

... ›Selbstbestimmung‹ ... würde den vitalen Interessen der Völker dieser Länder widersprechen und wäre in fundamen-

> talem Gegensatz zu den Rechten dieser Völker auf sozialistische Selbstbestimmung. Um ihren internationalistischen brüderlichen Pflichten gegenüber den Völkern der Tschechoslowakei zu genügen, und um ihren eigenen sozialistischen Fortschritt zu verteidigen, mußten die Sowjetunion und die anderen sozialistischen Staaten entschieden handeln, und sie handelten denn auch gegen die antisozialistischen Kräfte in der Tschechoslowakei[8]).«

Die Rechtfertigung einer Intervention, die Formulierung einer Rechtsverpflichtung der Sowjetunion, als die zentrale Macht zu intervenieren, selbst mit Waffengewalt, die Beschränkung der Souveränität und des Selbstbestimmungsrechts der sozialistischen Nationen durch die höheren Interessen der anderen sozialistischen Völker und besonders der Sowjetunion, die in diesen Erklärungen enthalten sind, erhielt im Westen bald die Bezeichnung der »Breschnew-Doktrin«. In Moskau wurde heftig bestritten, daß eine solche Doktrin überhaupt existiere. Sie wurde indessen auch bei zahlreichen anderen Gelegenheiten bestätigt. Leonid Breschnew, der Sekretär der Kommunistischen Partei der Sowjetunion, sagte zum Beispiel in Warschau am 21. Juli 1969 bei der Feier des fünfundzwanzigjährigen Bestehens des kommunistischen Regimes in Polen:

> »Die Stärkung der Stellung des Weltsozialismus als Ganzes, die Errungenschaften jedes einzelnen sozialistischen Landes sind unauflöslich verbunden mit den solidarischen Aktionen der sozialistischen Staaten, mit ihrer gegenseitigen Hilfe. Sozialistischer Internationalismus ist gleichbedeutend mit höchster Verantwortung für das Schicksal des Sozialismus, nicht nur im eigenen Lande, sondern in der ganzen Welt[9]).«

In einem Artikel in der Ausgabe vom August 1969 der tschechoslowakischen Zeitschrift »Probleme von Frieden und Sozialismus« bot Breschnew die Intervention der Sowjetunion zugunsten aller Völker an, »die einer Aggression ausgesetzt sind, die gegen den Imperialismus kämpfen, für ihre nationale, politische und wirtschaftliche Befreiung, für den sozialen Fortschritt«[10]).

Am 3. April 1970 bekräftigte er erneut in einer Rede in Budapest seine Interventionsdoktrin.

Wie wir gesehen haben, hat die Intervention in der Tschechoslowakei eine neue Lehre von der begrenzten Souveränität einzelner Nationen nach sich gezogen und damit die Tür weit geöffnet für alle Großmachtinterventionen der Sowjetunion. Diese Doktrin ähnelt der früheren Auffassung, wie sie im neunzehnten und zu Beginn des zwanzigsten Jahrhunderts bestand, die Vereinigten Staaten von Amerika seien verantwortlich für ihre Mündel in Lateinamerika. Allerdings begrenzt der oben wiedergegebene Text im zweiten Abschnitt des Zitats auch das Recht zur Intervention. Indem Moskau für sich selber das Recht zum Exportieren der Revolution und sowohl den Export und den Import von Konterrevolutionen verbietet, widersetzt es sich den interventionistischen Tendenzen gewisser Regierungen, wie derjenigen von China und von Kuba, wie auch dem Anspruch nichtkommunistischer Nationen, gegen ein kommunistisches Regime oder eine kommunistische Bewegung innerhalb eines anderen Landes zu intervenieren. Die Ablehnung des Exports der Revolution ist indessen wieder eingeschränkt; das Gesetz des ewig fortgesetzten Klassenkampfes kann, wie im Falle der Tschechoslowakei und wahrscheinlich aller sogenannten »nationalen Befreiungskriege«, die Intervention der Sowjetunion notwendig machen.

Die Nixon-Doktrin

Die Enttäuschung über den Verlauf der Intervention in Vietnam, die innenpolitische Krise, die sich in den Vereinigten Staaten aus ihr ergeben hat, und die Trübung der Beziehungen zu anderen Nationen durch den Krieg in Vietnam eröffneten eine Periode der Neuüberprüfung der außenpolitischen Doktrinen, wie sie von den Präsidenten Truman, Eisenhower, Kennedy und Johnson verkündet worden sind. Im Verlaufe einer Reise durch asiatische Länder, die Präsident Richard M. Nixon vom 25. Juli bis 1. August 1969 unternahm, wurde der neue Stil in Reden und formlosen Bemerkungen des Präsidenten dargelegt.

Auf einer Pressekonferenz auf der Insel Guam im Pazifischen Ozean sagte der Präsident am 25. Juli 1969 unter anderem:

»Wenn die USA auf dem Wege einfach fortschreiten würden, auf dem sie Hilfegesuchen entsprechen, auf dem sie die Verantwortung erster Hand für die Verteidigung dieser Völker übernehmen, wenn diese innere oder äußere Probleme haben, dann werden sie niemals für sich selber sorgen können[11]).«

In einem Austausch formeller Begrüßungsreden in Bangkok am 28. Juli 1969 erklärte Präsident Nixon, die Nationen Asiens müßten und könnten die Verantwortung für die Herstellung von Frieden und Fortschritt in zunehmendem Maße übernehmen. Er sagte dabei:

»Das große Problem, das sich unserer Einsicht, unserer Weisheit stellt, ist, die Anstrengungen der asiatischen Völker, sich selber zu verteidigen und sich zu entwickeln, zu unterstützen, ohne aber den Versuch zu machen, ihnen Verantwortungen abzunehmen, die ihnen allein gehören. Denn, so wie die Herrschaft eines Aggressors die Freiheit einer Nation zerstören kann, kann zu große Abhängigkeit von einer Schutzmacht schließlich ihre nationale Würde untergraben[12]).«

Nach und nach zeichneten sich die Umrisse einer außenpolitischen Doktrin ab, die nicht nur in Asien, wo sie ursprünglich verkündet worden war, sondern in allen Teilen der Welt, in denen die Vereinigten Staaten Verantwortung übernommen haben, angewendet werden sollte. Der zentrale Gedanke dieser Doktrin ist, Interventionen zu begrenzen. Während die Vereinigten Staaten fest zu ihren vertraglichen Verpflichtungen stehen wollen, die sie zur Teilnahme an Bemühungen im Sinne der internationalen Sicherheit verpflichten, würden sie sich in Zukunft der Intervention in Fällen innerer Wirren enthalten. Hilfe in solchen Fällen soll auf materielle Unterstützung beschränkt werden, wenn solche erbeten wird, wobei jede Hilfeleistung ausgeschlossen sein soll, welche den Einsatz von Truppen nach sich ziehen könnte. Diese Absichtserklärung, diese neue

Haltung gegenüber dem Problem der Intervention wurde bald die »Doktrin von Guam« oder die »Nixon-Doktrin« genannt.

In der Botschaft über die Lage der Nation, welche Präsident Nixon am 22. Januar 1970 vor den beiden versammelten Häusern des Kongresses verlas, faßte er die neue Politik mit den folgenden Worten zusammen:

> »Heute haben die großen Industrienationen Europas ebenso wie auch Japan ihre Wirtschaftskraft zurückgewonnen, und die Nationen von Lateinamerika – und viele Nationen, die ihre Befreiung vom Kolonialismus nach dem Zweiten Weltkrieg erlangten – zeigen einen neuen Sinn für Stolz und Würde und die Entschlossenheit, die Verantwortung für ihre eigene Verteidigung zu tragen.
> Das ist die Grundlage der Doktrin, die ich in Guam ankündigte.
> Weder die Verteidigung noch die Entwicklung anderer Nationen kann eine ausschließlich oder doch primär amerikanische Aufgabe sein. Die Nationen jeder Weltgegend sollten ihre primäre Verantwortung für ihr eigenes Wohlergehen übernehmen; und sie sollten selber entscheiden, was sie unter ihrem eigenen Wohlergehen verstehen wollen.
> Wir werden treu zu unseren vertraglichen Verpflichtungen stehen, aber wir werden unsere Gegenwart und unsere Verwicklungen in den Angelegenheiten anderer Nationen vermindern[13]).«

Damit wendet sich Amerika von einer Politik ab, in der es sich ständig um die Sicherheit anderer Nationen, sowohl nach außen wie im Innern, kümmerte, von Verwicklungen, welche die Regierungen Truman, Eisenhower, Kennedy und Johnson so bereitwillig, ja begierig auf sich nahmen. Es wendet sich auch von den Auffassungen des neunzehnten Jahrhunderts ab, nach denen es als unumstößliche Wahrheit galt, daß fremde Nationen desto glücklicher sein würden, je näher sie dem amerikanischen Vorbild kämen. In Zukunft werden also, selbst in amerikanischen Augen, die Nationen der Welt selber verantwortlich sein für ihre Wohlfahrt, und sie werden selber am besten wissen müssen, was die Bedingungen dieser Wohlfahrt sein sollen.

Der Weg wird allerdings lang sein von der offiziellen Verkündung neuer außenpolitischer Grundsätze bis zu der Wandlung des Denkens. Mit einer bloßen Erklärung ist eine interventionistische Tradition, die sich auf Ideale stützt, die schon bei der Gründung der Republik Patendienste leistete, nicht ausgelöscht. Und daß der Weg auch lang ist vom Festlegen gesunder außenpolitischer Grundsätze bis zu ihrer Verwirklichung gegenüber den harten Tatsachen einer von Kampf und Streit erfüllten Welt souveräner Nationen, hat sich im Verlauf des Krieges in Vietnam mit der zusätzlichen Intervention in Kambodscha im Frühjahr 1970 erwiesen.

Ob im weiteren Sinne die Proklamation einer neuen Doktrin einen Zeitabschnitt eröffnet, in dem Interventionen immer seltener, immer unwahrscheinlicher werden, ist eine weitere Frage. Das hängt selbstverständlich nicht von einer politischen Entscheidung der Administration in Washington ab, oder wenigstens nicht allein von ihr. Es hängt davon ab, ob es möglich ist, im bestehenden internationalen Klima eine Politik zu führen, die sich von allzu großen Verwicklungen fernhält und in der Wahl ihrer Mittel zurückhaltend ist, ohne daß die Rolle einer Weltmacht, die ihre Weltverantwortung tragen muß, soll der Friede erhalten bleiben, preisgegeben wird. Und es wird vor allem, ja noch viel mehr davon abhängen, wie lange die Sowjetunion an ihrer unzeitgemäßen, reaktionären, den Geist des neunzehnten Jahrhunderts atmenden Breschnew-Doktrin festhalten will, und das im Angesicht einer die ganze Welt umfassenden Bewegung gegen Interventionen jeder Art.

KAPITEL IX

VÖLKERRECHT UND INTERVENTION

Gerechtfertigt oder ungerechtfertigt?

Wir haben Intervention als eine in ihrer Dauer begrenzte Aktion beschrieben, bei der eine überlegene Macht oder eine internationale Organisation den Rahmen bestehender Beziehungen verläßt und versucht, einer Nation ihren Willen aufzuzwingen oder ihr die ihr eigene überlegene Macht zu leihen, im Namen einer bestimmten Anschauung der wünschbaren politischen, rechtlichen oder moralischen Ordnung. Wie in den vorangegangenen Kapiteln gezeigt wurde, kommen derartige Akte in der Geschichte überaus häufig vor. Sie sind ein wichtiger Bestandteil der gegenwärtigen internationalen Beziehungen. Das Völkerrecht, dessen erste Aufgabe es ist, die Beziehungen zwischen Staaten zu ordnen, hat sich denn auch, was nur natürlich ist, des Problems der Intervention angenommen. Eine große Zahl von Regeln und Grundsätzen des öffentlichen internationalen Rechts befassen sich mit Intervention. Das Recht auf Intervention wie auch Verbote von Interventionen sind entwickelt worden.

Die Praxis der Mächte, die sich für berechtigt hielten, in anderen Ländern im Namen von Moral und Recht zu intervenieren, und die juristischen Argumente, welche sie gebrauchten, um ihren Interventionen, wenn sie vorgenommen wurden, einen Mantel der Legitimität umzuhängen, sind eine der Quellen des Rechts der Intervention. Die Bemühungen der kleineren Staaten zur Abwehr solcher Eingriffe, von Staaten, die in einer Lage waren, in der sie leicht zum Gegenstand einer Intervention werden konnten, sind eine andere Quelle des Rechts.

Die Rechtswissenschaft hat eine eindrucksvolle Liste interventionistischer Akte entworfen und sie mit passenden Namen versehen: Interferenz, Interzession (eine Regierung unaufgefordert unterstützen), Intervention (wenn die Unterstützung angefordert worden ist), Interposition (das berechtigte Bemühen, einen anderen Staat zu zwingen, gewisse Regeln des Völkerrechts zu beachten), Selbsthilfe (ein besonders starker Fall der Interposition), Kooperation (Gebrauch von Gewalt, um Gutmachung für eine rechtswidrige Tat im Interesse eines anderen zu erlangen), Repressalien (schädigende Maßnahmen gegen einen Missetäter, um ihn zu bestrafen), Retorsion (völkerrechtlich zulässige Handlung als Vergeltung für eine völkerrechtliche zulässige, aber der anderen Partei schädliche Handlung), humanitäre Intervention (gerechtfertigt, wenn gegen klare Ungerechtigkeiten gerichtet), Supervision (der USA über ganz Lateinamerika), Regionalkontrolle (der USA über Zentralamerika).

Das Bemühen der Juristen drehte sich um die Unterscheidung zwischen gerechtfertigter und ungerechtfertigter Intervention. Eine elaborierte Terminologie ist natürlich noch keine große Hilfe für das Unterscheiden von legalen und illegalen Akten. Alle in der Liste verschiedener Bezeichnungen enthaltenen Akte sind Interventionen im Sinne der politischen Wissenschaft. Die von der Rechtswissenschaft vorgeschlagenen Unterscheidungen, die hier vielleicht nicht erschöpfend aufgezählt werden konnten, sind im Grunde genommen gar nicht juristische Verschiedenheiten, sondern Bezeichnungen für verschiedene Methoden und verschiedene Strategien der Intervention. Ob sie legal oder illegal, gerechtfertigt oder ungerechtfertigt seien, kann nur nach den Umständen jedes einzelnen Falles entschieden werden, nach den Motiven der beteiligten Regierungen und der Beziehung dieser Motive zum bestehenden Völkerrecht, so wie es in vertraglichen Verpflichtungen oder in allgemeinen Rechtsregeln enthalten ist. Ob Recht oder Unrecht, hängt nicht von der angewandten Methode oder der Etikette ab, welche die Beteiligten dem Vorgang anheften. Was die früheren völkerrechtlichen Auseinandersetzungen über das Institut der Intervention bieten, ist nicht viel mehr als ein Versuch, politische Akte in das Rahmenwerk juristischer Spekulation hineinzupressen.

In diese Richtung weist zum Beispiel die Auseinandersetzung um die Regel oder das Prinzip, daß eine gewisse Art internationaler Konflikte wegen ihrer besonderen Rechtsnatur nicht schiedsgerichtlich gelöst oder gerichtlich beurteilt werden können und daß in allen diesen Fällen ein Staat also berechtigt sei, einseitig vorzugehen und auch unter Umständen gewaltsam in einem anderen Staat zu intervenieren. Diese Auffassung, die aus den Schriften Emmerich von Vattels (1758) abgeleitet ist, ist von der modernen Völkerrechtswissenschaft abgelehnt worden[1]). Das heutige Völkerrecht hält daran fest, daß es keinen Fall, keinen Konflikt in den Völkerbeziehungen gibt, der juristisch ungeeignet ist, friedlich beigelegt zu werden. Es gibt dagegen zu, daß Staaten ganz natürlicherweise nach Veränderungen bestehender Verhältnisse und nach Lösung bestimmter Probleme aus politischen Gründen streben und dabei Argumente, die ausschließlich aus der Politik stammen, verwenden, ohne auch nur im geringsten zu behaupten, ein rechtswidriger Zustand im Sinne des Völkerrechts solle aufgehoben oder korrigiert werden.

Zu Beginn dieses Jahrhunderts dehnten sich die Beziehungen wirtschaftlicher und finanzieller Art von Europa und Nordamerika zu der Entwicklungswelt – eine solche gab es *avant la lettre* – in gewaltigem Maße, ja stürmisch aus. Daraus ergab sich, daß Interventionen, deren Ziel es war, von Schuldnern öffentlicher oder privater Darlehen Zahlung von Kapital oder Zinsen zu erlangen, häufig vorkamen. Das wurde von den unterentwickelten Schuldnern als ungerecht und unmoralisch verurteilt. Sogar die Großmächte begriffen inmitten des lebhaften Wettlaufs um Kolonien und Einfluß, mit dem sie beschäftigt waren, daß solche Interventionen auch die Quelle von unerwünschten Konflikten zwischen Mitgliedern ihres eigenen Kreises werden konnten. Deshalb wandte sich die Zweite Internationale Friedenskonferenz im Haag von 1907 auch diesem Problemkreis zu. Das Ergebnis war die Konvention zur Beschränkung des Gewaltgebrauchs zum Eintreiben vertraglicher Schulden vom 18. Oktober 1907. Sie wurde bekannt unter dem Namen der führenden Unterhändler, die sie ausgearbeitet hatten, des früheren Außenministers Argentiniens Luis M. Drago und des früheren amerikanischen Botschafters Horace Porter, und heißt die Drago-Porter-Konvention.

Der einzige materiell erhebliche Artikel der Drago-Porter-Konvention ist Artikel 1. Er bestimmt:

»Die vertragschließenden Parteien verpflichten sich, nicht zu Waffengewalt Zuflucht zu nehmen, um die Bezahlung vertraglich eingegangener Schulden zu erzwingen, die von der Regierung eines Landes von der Regierung eines anderen Landes als einem ihrer Staatsangehörigen zustehend gefordert wird. Dieser Vertrag kann jedoch nicht angewendet werden, wenn der schuldnerische Staat es ablehnt oder versäumt, auf das Angebot einer schiedsgerichtlichen Regelung zu antworten, oder wenn er, nachdem er das Angebot angenommen hat, verhindert, daß ein Schiedsspruch zustande kommt oder wenn ein Schiedsspruch vorliegt, sich ihm nicht unterzieht[2]).«

Dieser Text erklärt bewaffnete Intervention rechtswidrig in einem der Fälle, in dem sie am häufigsten angewendet wurde. Nach ihm wird Intervention aber rechtmäßig, wenn der säumige Schuldner sich den Rechtsverfahren nicht unterwirft, die in dem Vertrag vorgesehen sind. Da das Eintreiben von Schulden für die eigenen Staatsangehörigen doch im Grunde ein äußerst schwacher Beweggrund ist, um gegen eine andere Nation die Waffen sprechen zu lassen, beweist die Drago-Porter-Konvention, daß für ernstere Fälle zu jener Zeit die Intervention allgemein als gerechtfertigt und rechtmäßig betrachtet wurde.

Das Recht zur Intervention wurde auch aus dem Naturrecht und aus den Gesetzen der Geopolitik abgeleitet. Elihu Root, Kriegsminister der Vereinigten Staaten von Amerika unter Theodore Roosevelt, gab dieser Denkweise in einer Rede in Chicago am 22. Februar 1904 beredten Ausdruck. Er unternahm es, die bewaffnete Intervention von Präsident Theodore Roosevelt in Kolumbien im Zusammenhang mit dem Plan, den Panamakanal zu bauen, zu rechtfertigen:

»Nach den Regeln von Recht und Gerechtigkeit, die von den Menschen allgemein anerkannt sind und die das Völkerrecht bilden, war die Souveränität von Kolumbien über den Isthmus keine absolute, sondern beschränkt durch das Recht anderer zivilisierter Nationen dieser Erde, einen Kanal durch diesen Isthmus zu bauen und ihn für die freie und unbehinderte Durchfahrt offenzuhalten[3]).«

Das Gesetz der nicht absoluten, sondern beschränkten Souveränität sollte 64 Jahre später wiederauferstehen, nicht als eine Folge der Geopolitik, sondern als Ergebnis der Lehren des Marxismus-Leninismus. Die »Prawda« schrieb 1968:

> »Die Souveränität jedes einzelnen sozialistischen Landes darf nicht im Gegensatz stehen zu den Interessen der sozialistischen Welt und den Interessen der weltrevolutionären Bewegung.«

Unsere Zeit steht im Zeichen von vielerlei Bemühungen, die Welt durch Systeme der kollektiven Sicherheit stabiler zu machen. In diesem Rahmen ist ein Recht der Intervention entwickelt worden, das sich nicht auf eine statische Auffassung stützt, das nicht einfach untersucht, was gemäß festgelegten formellen Regeln rechtsmäßig oder unrechtsmäßig ist. Es geht vielmehr von einer dynamischen Anschauung aus, einer aktivistischen Art der Beurteilung, die nur danach fragt, wie Unrecht im zwischenstaatlichen Bereich vermieden werden kann und, wenn es begangen wird, wie der Schaden wieder gutzumachen wäre.

Parallel zu den allgemeinen Regeln und Rechten der Intervention, wie sie das Völkerrecht entwickelt hat, sind Interventionsrechte durch bilaterale oder multilaterale Verträge geschaffen worden. Das klassische Beispiel ist das Platt Amendment von 1903.

Als die Vereinigten Staaten von Amerika die Insel Kuba den Spaniern in dem Kriege entrissen, der durch den Vertrag von Paris vom 22. Dezember 1898 beendet wurde, setzten sie in dem eroberten Lande eine verfassunggebende Versammlung ein, welche die Unabhängigkeit Kubas vorbereiten sollte. In einem Zusatz (Amendment) zu dem Gesetz über die Kreditzuteilungen an die Armee, der von Senator H. Platt aus Connecticut vorgeschlagen worden war und der vom Kongreß beschlossen und von Präsident William McKinley am 2. März 1903 unterzeichnet wurde, verlangten die Vereinigten Staaten von Kuba, in seine neue Verfassung neben verschiedenen anderen Bestimmungen, mit denen die Verwirklichung der Monroe-Doktrin gesichert werden sollte, einen besonderen Interventionsartikel aufzunehmen. Dieser Artikel sollte bestimmen:

»... die Regierung von Kuba ist damit einverstanden, daß die Vereinigten Staaten das Recht ausüben zu intervenieren für den Schutz der Unabhängigkeit Kubas, die Aufrechterhaltung einer Regierung, welche imstande ist, Leben, Eigentum und individuelle Freiheit zu beschützen und die Verpflichtungen zu erfüllen, die im Verhältnis zu Kuba durch den Vertrag von Paris den Vereinigten Staaten auferlegt worden sind, und die nun durch die Regierung von Kuba zu übernehmen sind.«

Eine entsprechende Bestimmung wurde in den Vertrag vom Mai 1903 übernommen, der die Beziehungen zwischen den Vereinigten Staaten von Amerika und dem neuen Staate Kuba regelte. Der Vertrag wurde denn auch zur Grundlage der Interventionen von 1906 und 1917. Als 1933 die Konvention über die Rechte und Pflichten von Staaten in Montevideo unterzeichnet wurde, war jener Vertrag von 1903 längst überholt und toter Buchstabe, mit Ausnahme seiner Bestimmungen über die amerikanische Flottenbasis von Guantanamo. Er wurde durch einen neuen Vertrag vom 29. Mai 1934 ersetzt, welcher Ausfluß der Politik der guten Nachbarschaft war, welche die Administration von Präsident Franklin D. Roosevelt eingeleitet hatte[4]).

In dem Bündel von Abkommen, die in Zürich und London 1959 abgeschlossen worden waren, um den unabhängigen Staat Zypern ins Leben zu rufen, wurden weitgehende Rechte der Intervention, einschließlich bewaffneter Intervention, den Regierungen von Großbritannien, der Türkei und Griechenland einzeln und gesamt eingeräumt. Artikel 3 des in London unterzeichneten Vertrags zwischen Großbritannien, der Türkei und Griechenland führt aus:

»Wenn die Vorschriften des Vertrags gebrochen werden, so verpflichten sich Griechenland, das Vereinigte Königreich und die Türkei, sich gegenseitig zu konsultieren über die zu machenden Vorstellungen oder die zu treffenden Maßnahmen, mit denen die Beachtung dieser Bestimmungen herbeigeführt werden kann.

Sofern eine gemeinsame Aktion sich als unmöglich erweisen sollte, behält sich jede der drei Garantiemächte das Recht vor,

Maßnahmen zu ergreifen mit dem einzigen Ziel, den Zustand wiederherzustellen, der durch den Vertrag geschaffen worden ist[5]).«

Das Gegenteil dieses Abkommens, ein Nichtinterventionsvertrag, wurde im Zusammenhang mit dem Bürgerkrieg, der 1936 in Spanien ausgebrochen war, vereinbart. In diesem Falle schlug die französische Regierung Grundsätze vor, denen die einzelnen Regierungen einzeln zustimmen sollten. Diese Regeln wurden von allen europäischen Regierungen mit Ausnahme derjenigen der Schweiz angenommen. Die Schweiz bemerkte, ihre Neutralität sei eine dauernde und nicht auf den gegenwärtigen Fall beschränkt. Die sich aus der Annahme dieser Regeln ergebende Politik der Nichtintervention und die damit zusammenhängenden internationalen Abmachungen sind bereits in Kapitel VI über die Intervention behandelt worden[6]).

Eine der am meisten angerufenen Begründungen und Rechtfertigungen für Interventionen, aus denen geradezu ein Recht und eine rechtliche Verpflichtung zu intervenieren abgeleitet wird, ist natürlich die, daß die Nation oder die Regierung, die das Ziel der Intervention ist, diese angefordert und eingeladen habe. Wir haben schon früher im Zusammenhang mit dem Versuch, eine klare Definition der Intervention herauszuarbeiten, gesehen, daß eine Abmachung zwischen dem Intervenierenden und dem Intervenierten mit dem Begriff der Intervention gar nicht vereinbar ist. Besteht eine Abmachung oder ein Abkommen zwischen den beiden, was vorauszusetzen ist, wenn eine Einladung zu intervenieren ergangen sein soll, dann fehlt ja der Gegensatz des Willens zwischen den beiden. Gegensätzlicher Wille ist aber ein Wesensmerkmal der Intervention. Ein solcher Willensgegensatz muß als vorhanden vermutet werden, sobald eine Intervention vor sich geht, ohne jede Rücksicht darauf, ob eine Einladung ergangen ist oder nicht.

Wir müssen uns aber mit dem Problem der Einladung oder Aufforderung aus zwei Gründen befassen. Der eine ist, daß, wie wir gesehen haben, Interventionsverträge immer wieder vorkommen. Diese Verträge schließen es nicht aus, daß Interventionen tatsächlich erfolgen und als solche im Rechtssinn zu betrachten sind. Das ist der Fall, wenn der Vertrag, auch wenn er zwischen dem Intervenienten und seinem Opfer geschlossen worden ist, nicht eine einzelne, besondere Lage im Auge hatte, sondern eher eine ganz allgemeine Absicht, einen allgemeingültigen Rechtszustand zu schaffen, bei dem die Regeln über die Achtung der Souveränität einer Nation und das Verbot der Intervention in den Beziehungen zwischen zwei bestimmten Staaten außer Kraft gesetzt werden. Ein anderer Fall, in dem derartige Abkommen eine Intervention nicht schon begrifflich ausschließen, liegt vor, wenn sie nicht mit der Nation, gegen die sich die Intervention richten soll, geschlossen sind, sondern zwischen dritten Parteien. Das geschah zum Beispiel im Zusammenhang mit Zypern.

Der zweite Grund ist die überaus unsichere Natur der Einladung oder Aufforderung zur Intervention. In der Staatenpraxis werden gewiß viele Fälle, in denen eine Intervention verlangt worden ist, als solche betrachtet und behandelt werden, sowohl im Rechtssinn wie auch begrifflich. Zahlreiche Beispiele dafür finden sich in diesem Buch, so die Interventionen im Libanon und Jordanien, in Südvietnam, in Kuweit, im Kongo und in Gabon. Der Grund dafür, daß sie trotz Einladung als Interventionen bezeichnet werden dürfen, ist die höchst zweifelhafte Natur der Aufforderung. In vielen Fällen wird es unmöglich sein festzustellen, ob die Einladung überhaupt ergangen ist oder nicht. Die Frage muß gestellt werden und wird meist unbeantwortet bleiben, ob die Einladung dem Opfer der Intervention abgezwungen worden ist, was nicht selten den ersten Schritt einer solchen Operation bedeutet. Und in den häufigen Fällen, in denen eine Regierung im Kampfe gegen eine Aufstandsbewegung steht, oder wenn in einem Bürgerkrieg beide Parteien behaupten, die rechtmäßige Regierung zu sein, dann kann es höchst zweifelhaft sein, wer eigentlich das Recht hat, im Namen der Nation zu sprechen und eine Intervention von außen zu fordern.

Für die juristische Beurteilung wird es daher ratsam sein, in allen Fällen, in denen überhaupt ein Zweifel besteht, die Einladung oder Aufforderung als nichtbestehend zu betrachten und sich mit der Intervention so auseinanderzusetzen, wie wenn eine Einladung überhaupt nie ergangen wäre.

Das interamerikanische System

Bis zum Ende des Zweiten Weltkriegs und ehe die früheren Kolonialreiche in eine Welt neuer souveräner Nationen verwandelt worden waren, entsprach Lateinamerika oder Iberoamerika mehr oder weniger dem, was wir heute die Entwicklungswelt nennen. Lateinamerika war, wie wir gesehen haben, der eigentliche Schauplatz des Interventionismus. Es darf deshalb nicht überraschen, daß die Nationen jenes Erdteils, zu deren Eliten ja besonders viele vorzügliche und welterfahrene Juristen gehören, sich dem Problem der Intervention mit besonderem Interesse zuwandten. Die Panamerikanische Union, deren Ursprünge auf die Konferenz amerikanischer Staaten in Washington von 1889 und 1890 zurückreichen, und die 1910 gegründet wurde, ist der eigentliche Pionier nicht nur für alle heute bestehenden institutionellen internationalen Systeme, sondern besonders auch für das moderne Recht der Intervention.

Als die Sechste Panamerikanische Konferenz am 16. Januar 1928 in Havanna eröffnet wurde, waren zum erstenmal alle amerikanischen Nationen vertreten. Der Präsident der Vereinigten Staaten, Calvin Coolidge, war selber anwesend. Das hohe Ziel dieser Konferenz war die Kodifikation des Völkerrechts für die westliche Hemisphäre. Dieses Ziel wurde nicht erreicht. Aber es wurden nicht weniger als achtzig Konventionen und Resolutionen ausgearbeitet und gebilligt. Eine der umstrittensten und dringendsten Fragen im Rahmen dieses Versuches, das Völkerrecht zu kodifizieren, war, wie leicht zu erraten ist, das Recht der Intervention[7]).

In einer geplanten Erklärung über die Rechte und Pflichten der Nationen stand ein Artikel 3, der Interventionen in die inneren Angelegenheiten anderer Nationen verbot. Diese geplante Erklärung wurde wegen des Widerstandes der Vereinigten Staaten von Amerika nicht zum Beschluß der Konferenz erhoben. Deren Delegation hielt an dem Standpunkt fest, das Recht der Interposition müsse vorbehalten werden in allen Fällen, in denen in einem Mitgliedstaat der Panamerikanischen Union Gewalttat und Anarchie ausbrechen sollten, so daß ein Eingreifen zum Schutze des Lebens und Eigentums von Ausländern unausweichlich würde.

Die ganze Geschichte der folgenden Panamerikanischen Konferenzen ist zugleich eine Geschichte der Meinungsverschiedenheiten über das Interventionsrecht. 1933 nahmen die Vereinigten Staaten endlich, unter der Administration Franklin D. Roosevelts, in der in Montevideo abgeschlossenen Konvention über die Rechte und Pflichten der Staaten (26. Dezember 1933) das allgemeine Prinzip der Nichtintervention an. Sie brachten aber einen Vorbehalt mit Bezug auf Kuba an. Erst 1936 stimmten die Vereinigten Staaten – zum erstenmal – ohne jeden Vorbehalt einer allgemeinen Ächtung der Intervention zu.

Zu jener Zeit fühlte sich die westliche Hemisphäre durch das wachsende Eindringen von Faschismus und Nationalsozialismus bedroht. Die Monroe-Doktrin von 1823 gewann deshalb neues Leben. Konsultationen zwischen den Regierungen für den Fall einer Bedrohung des Friedens der beiden Amerika wurden ins Auge gefaßt. In den Konferenzen von Havanna, 1940, und Mexiko, 1945, wurden alle Probleme der kollektiven Sicherheit mit dem Interesse behandelt, das durch das Ausbrechen des Zweiten Weltkriegs geweckt worden war. Die Bemühungen um die kollektive Sicherheit fanden schließlich Ausdruck in dem Inter-Amerikanischen Vertrag über gegenseitige Hilfeleistung, der 1947 in Petropolis (Brasilien) unterzeichnet wurde und der allgemein als der Rio-Vertrag bekanntgeworden ist.

Im Augenblick, in dem man den Grundsatz der kollektiven Sicherheit anerkannte, wurde auch klar, wie sehr in gewissen Fällen eine Intervention in einem der vertragschließenden Staaten nötig werden könnte. Die Anerkennung dieser Tatsache erfolgte im folgenden Jahr in dem grundlegenden Dokument der Organisation Amerikanischer Staaten (OAS). Am 2. Mai 1948 stimmte nämlich die Neunte Konferenz der Panamerikanischen Union in Bogotá der Charta der Organisation Amerikanischer Staaten zu. Sie trat am 13. Dezember 1951 in Kraft. In ihren Artikeln 6, 15, 17 und 19 ersetzte sie das frühere Recht der Intervention; sie wurde zur eigentlichen *Magna Charta* der Nichtintervention.

In erster Linie räumt die Charta mit der alten Vorstellung der führenden Großmacht auf, die für andere kleinere Nationen verantwortlich ist, sie schützt, sie erzieht – kurzum, sie als ihre

Mündel betrachtet und entsprechend behandelt, und aus dieser Beziehung von Vormund und Mündel ein eigentliches Recht ableitet, in fremde Angelegenheiten einzugreifen. Artikel 6 spricht den Grundsatz aus, daß alle Staaten rechtlich gleich sind, die gleichen Rechte genießen und die gleichen Pflichten haben. »Die Rechte eines Staates hängen nicht von seiner Fähigkeit ab, sie selber zu wahren, sondern von der bloßen Tatsache seiner Existenz als einer Persönlichkeit des internationalen Rechts.« Deshalb darf selbst eine schwache Nation, die vielleicht durch ihre innere Unstabilität verhindert ist, sich ihrer Rechte zu erfreuen, nicht das Opfer einer Intervention werden.

Die zentrale und maßgebende Bestimmung ist in Artikel 15 enthalten, der ein unzweideutiges Verbot von Interventionen aufstellt. Er lautet:

> »Kein Staat und keine Gruppe von Staaten hat das Recht, aus irgendeinem Grunde direkt oder indirekt in die inneren und äußeren Angelegenheiten eines Staates zu intervenieren.
> Dieses Prinzip verbietet nicht nur den Gebrauch von Waffengewalt, sondern auch jede andere Form der Einmischung oder der versuchten Bedrohung gegen die Persönlichkeit eines Staates oder gegen seine politischen, wirtschaftlichen und kulturellen Belange.«

Artikel 17 fügt bei, daß das Gebiet eines Staates unverletzlich ist; es kann nie, nicht einmal vorübergehend, Gegenstand einer militärischen Besetzung oder von anderen Gewaltakten sein, und zwar direkt oder indirekt und was auch immer der Grund sein möge.

So straffe Regeln sind geeignet, mit dem Grundsatz der kollektiven Sicherheit hart zusammenzustoßen, der ebenfalls, in den Artikeln 24 und 25, Bestandteil der Satzung von Bogotá ist. Im Fall eines bewaffneten Angriffs gegen eine amerikanische Nation oder einer Aggression, die nicht die Form eines bewaffneten Aktes annimmt, verpflichten sich die Mitglieder der Organisation Amerikanischer Staaten gemäß den Vorschriften des Vertrags von Rio, dem Opfer der Aggression Beistand zu leisten, im Rahmen ihres Rechts auf individuelle oder kollektive Selbstverteidigung, um den Angriff abzuwehren. Das kann natürlich die Besetzung von Gebieten anderer Staaten nötig machen und die Entfaltung von Streitkräften, sogar ohne die Zustimmung der anderen Nation, innerhalb des Gebiets, über das sich ihre Souveränität erstreckt. Um derartige Konflikte von Rechten und Pflichten zu vermeiden, erklärt Artikel 19, Maßnahmen zur Aufrechterhaltung von Frieden und Sicherheit gemäß den Bestimmungen schon bestehender Verträge sollen nicht als Verletzungen des Grundsatzes der Nichtintervention gelten.

Derartige Konfliktsmöglichkeiten wurden ganz besonders sichtbar, als Eisenhowers Staatssekretär John Foster Dulles seine Besorgnis und seine fixe Idee mit Bezug auf eine allgegenwärtige kommunistische Gefahr in die Panamerikanische Organisation hineintrug. Auf der Zehnten Interamerikanischen Konferenz, die 1954 in Caracas stattfand, wurde eine Resolution angenommen, nach der die Beherrschung der politischen Einrichtungen eines amerikanischen Staates durch die »internationale kommunistische Bewegung« den Frieden Amerikas angeblich gefährde. In einem solchen Falle sollte eine Konsultativkonferenz der Außenminister einberufen werden, um sich über angemessene Aktionen schlüssig zu werden gemäß den bestehenden Verträgen, insbesondere dem Vertrag von Rio.

Jedermann war es nun klar, daß der Beschluß, gemeinsam einer solchen kommunistischen Herrschaft in einem Staate zu widerstehen, auch zu einer kollektiven Intervention der amerikanischen Staaten selber in einem Staate der Hemisphäre führen müßte. Deshalb wurde eine zusätzliche Bestimmung in die Resolution eingebaut, nach der diese Absichtserklärung dazu bestimmt sei, das unveräußerliche Recht jedes amerikanischen Staates zu schützen und nicht zu schmälern, frei sein Regierungssystem und seine Regierungsform und sein Wirtschaftssystem zu wählen und sein eigenes soziales und kulturelles Leben zu führen. Im Lichte dieser einschränkenden Bestimmung ist es schwierig zu sehen, wie denn aus der Resolution über die Gefahr des Kommunismus in einem amerikanischen Staat ein gesetzliches Recht zu intervenieren abgeleitet werden könnte. Die Resolution war damit praktisch aufgehoben und gegenstandslos gemacht. Wenn ein amerikanischer Staat ein Wirtschaftssystem, das kommunistischen Grundsätzen folgt, und die entsprechende Regierungsform wählen sollte, dann ist schwer zu erkennen, wie die OAS sich dagegen wenden könnte, ohne die bestehenden vertraglichen Bestimmungen zu verletzen.

Eine geschlossene Front der lateinamerikanischen Staaten gegen jede Intervention bestand, solange die einzige Möglichkeit solcher Unternehmungen von den Vereinigten Staaten von Amerika zu befürchten gewesen war. Die Front wurde gespalten, als demokratische oder der Demokratie nahekommende Regime in einigen Ländern Lateinamerikas in scharfen Gegensatz traten mit absoluten Diktaturen, wie derjenigen von Rafael Trujillo in der Dominikanischen Republik, von Dr. Duvallier in Haiti, von General Alfredo Stroessner in Paraguay. Man nahm mit Recht an, daß die Vereinigten Staaten, besonders während der Präsidentschaft Eisenhowers, diese Diktaturen unterstützten, weil sie so entschieden antikommunistisch schienen. Einige lateinamerikanische Regierungen dagegen begannen mit dem Gedanken zu spielen, kollektive Schritte in Form einer Intervention der OAS gegen die Diktatoren zu unternehmen. An der Konsultativkonferenz der Außenminister der OAS in Santiago (Chile) 1959 wurde der Gedanke vorgetragen, der Grundsatz der Nichtintervention könnte eigentlich aufgehoben werden, wenn das Ziel der Intervention der Sturz einer Diktatur sei. Nun wurde der Staatssekretär der Vereinigten Staaten, damals Christian Herter, als Nachfolger von Dulles, paradoxerweise der Vertreter des Grundsatzes strikter Nichtintervention. Er betonte, der Grundsatz der Nichtintervention müsse immer gelten. Er dürfe nicht geschwächt werden im Zuge eines Versuches, einer Nation von außen eine bestimmte Regierungsform aufzuzwingen...

Die entschiedene Abneigung eines großen Teils der Mitglieder der OAS gegen die Diktatoren in ihrer Mitte fand schließlich öffentlich Ausdruck nicht in einer Vollmacht für Interventionen gegen sie, sondern in einer in starke Worte gekleideten Erklärung vom 18. August 1959, nach der antidemokratische Regime die Grundsätze der OAS verletzen und die Solidarität und den Frieden der westlichen Hemisphäre gefährden. Ergänzend dazu wurde das Studium von Wegen und Mitteln ins Auge gefaßt und in Auftrag gegeben, wie Umtriebe von außen gegen legale Regierungen verhindert werden könnten.

Der Schluß, der aus diesen interamerikanischen Auseinandersetzungen um Intervention und Nichtintervention gezogen werdern muß, lautet einfach, daß, sobald man den Grundsatz der Nichtintervention in Frage stellt – auch wenn es aus durchaus zu rechtfertigenden politischen und moralischen Beweggründen geschieht – das Ergebnis nur in einem Verlust an Stabilität und in wachsender Gefahr von Konflikten bestehen kann.

Das System des Völkerbundes

Der leitende Gedanke, den das Weltsystem, das im Völkerbundpakt vom 28. Juni 1919 geschaffen wurde, zu verwirklichen hoffte, war die kollektive Sicherheit. Der Grundsatz wurde in Artikel 11 des Paktes niedergelegt, nach dem jeder Krieg oder jede Kriegsdrohung eine Angelegenheit des ganzen Bundes sei, und daß der Völkerbund »jede Maßnahme ergreifen kann, die als angemessen und wirksam betrachtet wird, um den Völkerfrieden zu wahren«. Ein zweiter wichtiger Grundsatz kam in dem von den Mitgliedern gemeinsam abgelegten Versprechen zum Ausdruck, die territoriale Unversehrtheit und die bestehende politische Unabhängigkeit aller Mitglieder des Völkerbundes zu achten und gegen äußere Angriffe zu schützen (Artikel 10).

Dieser Artikel des Völkerbundpaktes schloß stillschweigend den Grundsatz der Nichtintervention ein. Ob der Völkerbund der Vorschrift über die Achtung der territorialen Unversehrtheit und der politischen Unabhängigkeit Nachachtung verschaffen würde, hing natürlich von Beschlüssen ab, die je nach der Lage des Falles von den Organen der Organisation zu treffen waren, die vor allem zu entscheiden hatten, ob eine bestimmte Intervention, welche die territoriale Unversehrtheit und die politische Unabhängigkeit in Mitleidenschaft zog, ein Angriff genannt werden konnte oder nicht. Man durfte erwarten, daß in Zukunft jeder Staat, der das Opfer einer Intervention einer Großmacht würde, sich auf Artikel 10 berufen werde. Damit konnte er den Völkerbundrat zwingen, »sich schlüssig zu werden über die Mittel, mit denen diese Verpflichtung erfüllt werden könne«.

Gegen diesen Artikel erhob sich heftiger Widerstand. In den Verhandlungen über den Text des Völkerbundpaktes wurde mit Nachdruck auf die Möglichkeit hingewiesen, daß der Artikel auch »legale« Interventionen erschweren werde. Im Senat der Vereinigten Staaten von Amerika gebrauchten die Gegner des Vertrags von Versailles und des Beitritts zum Völkerbund vor allem das Argument des Artikels 10. Dieser Artikel war in der Tat nicht ohne weiteres mit der Monroe-Doktrin zu vereinbaren und mit der Auffassung, der die Vereinigten Staaten damals noch anhingen, sie seien der Vormund der lateinamerikanischen Nationen. Die Regierung Kanadas schlug kurzerhand die Streichung des Artikels 10 vor.

Wie weit dieser Artikel des Völkerbundpaktes in Tat und Wahrheit und in der praktischen Anwendung das Interventionsrecht einschränken würde, wurde nie ganz klar festgestellt. Eine Juristenkommission, die 1921 eingesetzt wurde, um eine authentische Interpretation des Artikels zu erarbeiten, kam zu Schlüssen, die zum mindesten bezweifelten, daß er in Fällen von Interventionen angewendet werden könne. Ihr Gutachten lautete, der Artikel beziehe sich nur auf dauernde Änderungen am territorialen Besitz und in der politischen Unabhängigkeit eines Staates. Daraus war zu schließen, daß Interventionen, die ihrem Wesen nach nur vorübergehender Natur sind, vom Artikel 10 nicht erfaßt seien[8]).

Allgemein bemühte man sich während der ersten Lebensjahre des Völkerbundes, die Tragweite des Artikels 10 nach Möglichkeit einzuschränken. So führte zum Beispiel ein früherer italienischer Außenminister, Vittorio Scialoja, anläßlich der Vierten Völkerbundversammlung im Jahre 1924 aus, Verletzung der aus dem Artikel hervorgehenden Verpflichtungen dürfe keine Rechtsfolgen nach sich ziehen. Der Artikel verkünde zwar einen hehren Grundsatz, aber keine Rechtsvorschrift. Nach und nach würde dieser Grundsatz Teil des Bewußtseins der Völker werden und damit viel wirkungsvoller als eine zwingende Rechtsvorschrift[9]). Heute kann man sagen, daß das ein geradezu prophetischer Ausspruch war.

Gestützt auf Bestimmungen des Vertrags von Versailles wurden 1919 und 1920 Abkommen mit der Tschechoslowakei und mit Polen geschlossen, deren Ziel der Schutz der Minderheiten war. Sie sollten die Rechte von Einwohnern der betreffenden Staaten sichern, »die sich von der Mehrheit der Bevölkerung nach Rasse, Sprache oder Religion unterscheiden« – also Deutsche, Russen und Ungarn. Nach diesen Verträgen waren die Mitglieder des Völkerbundrats ermächtigt, sofern der Rat zustimmte, alle Maßnahmen zu treffen, die ihnen nötig und wirksam erschienen, um die Rechte dieser Minderheiten zu wahren. Damit verliehen die Verträge ein weitgehendes Recht, in die inneren Angelegenheiten eines anderen Landes zu intervenieren.

Auch in den Friedensvertrag mit Bulgarien, den die Mächte am 27. November 1919 in Neuilly unterzeichneten, wurden Bestimmungen über den Schutz der Minderheiten aufgenommen. Sie betrafen vor allem die 70 000 Griechen im südlichen Bulgarien. Der Friedensvertrag verlieh den Mitgliedern des Völkerbundrates, also dem Britischen Reich, Frankreich, Italien, Japan und vier von Zeit zu Zeit wechselnden Staaten, weitgespannte Interventionsrechte. Die entsprechende Bestimmung lautete:

> »Bulgarien erklärt sein Einverständnis, daß jedes Mitglied des Völkerbundrats dem Rate jede Verletzung oder jede drohende Verletzung irgendeiner dieser Bestimmung zur Kenntnis bringen darf, und daß der Rat daraufhin jede Maßnahme treffen und jede Weisung erteilen kann, die er nach Lage der Dinge als richtig und wirksam erachtet.«

Ein Vertrag zum Schutze der Minderheiten wurde am 10. August 1920 mit Griechenland geschlossen, der sich zugunsten der Einwohner slawischen Ursprungs auswirken sollte. Das waren etwa 150 000 meist bulgarischsprechende Menschen in Thrazien und Mazedonien, die griechischer Herrschaft unterworfen waren.

Alle diese Verträge begründeten Interventionsrechte. Praktisch aber gründete sich nie eine Intervention auf diese Bestimmungen, mit Ausnahme vielleicht einer Aktion des Völkerbundes, der eine große Zahl bulgarischer Flüchtlinge aus Thrazien und Mazedonien neu ansiedelte.

Das Recht des Völkerbundes, »jede Maßnahme zu ergreifen, die als angemessen und wirksam betrachtet wird, um den Völkerfrieden zu wahren«, umfaßte in diesem weitgespannten Auftrag gewiß auch das Recht der Intervention. Der Völkerbundrat konnte den Regierungen empfehlen, welche Erd-, See- und Luftstreitkräfte sie einer Streitmacht zur Verfügung stellen sollten, der die Verteidigung des Völkerbundpaktes anvertraut werden könnte. Der Völkerbund indessen, dem die Universalität abging, und der fast ausschließlich auf Europa beschränkt war, hatte weder die Gelegenheit noch die Machtvollkommenheit, je in einem wichtigen Fall zu intervenieren oder um je gegen eine unrechtmäßige Intervention einzuschreiten. Als er sich 1931 und 1937 vor die massiven Aggressionen Japans gegen China gestellt sah, die ja von Japan als Interventionen bezeichnet wurden, erwies sich der Völkerbund als machtlos und zur Untätigkeit verurteilt.

In zwei Fällen allerdings wurden Polizeikräfte aufgestellt, um Volksbefragungen möglich zu machen, die unter der Aufsicht des Völkerbundes stattfinden sollten. Im ersten waren sie dazu bestimmt, die Volksbefragung in Wilna, die 1920 hätte stattfinden sollen, zu sichern. Die Ereignisse verhinderten dann das Plebiszit. Der zweite Fall war die Abstimmung im Saargebiet. Gemäß einer Resolution vom Dezember 1934 wurden internationale militärische Sicherheitskräfte, die aus Detachementen von vier Nationen zusammengestellt waren, der Regierungskommission für die Saar beigegeben, und sie erwiesen sich als wirksam.

1933 und 1934 wurden militärische Verbände aus Kolumbien als internationale Sicherheitskräfte des Völkerbundes bezeichnet, um einer Kommission aus Genf beizustehen, die während kurzer Zeit das Gebiet von Leticia verwaltete. Leticia, an der Stelle gelegen, wo sich die Grenzen von Brasilien, Kolumbien und Peru begegnen, wurde von diesen beiden letzteren Ländern beansprucht und vom Völkerbund schließlich Kolumbien zugeteilt.

Als in Dumbarton Oaks und in San Francisco der Grundstein für die Vereinten Nationen gelegt wurde, standen die Juristen und Politiker, die sich dieser großen Aufgabe widmeten, noch unter dem Eindruck des Versagens des Völkerbundes. Er war nicht imstande gewesen, der internationalen Entwicklung Einhalt zu gebieten, die zum Zweiten Weltkrieg führte, und hatte diese große Katastrophe nicht verhindert. Die Gründer der neuen Weltsicherheitsorganisation versuchten deshalb, alle Schwächen ihrer Vorgängerin, so wie sie sie damals sahen, auszumerzen. Man glaubte, neue und bessere Lösungen gefunden zu haben.

Das Ergebnis dieser Bemühungen war unter anderem das Kapitel VII der Satzung der Vereinten Nationen vom 26. Juni 1945. Nach seinem Artikel 39 soll der Sicherheitsrat der Vereinten Nationen jede Bedrohung des Friedens, jeden Friedensbruch oder jede Aggression feststellen und Empfehlungen machen oder Maßnahmen treffen, die geeignet sind, internationalen Frieden und internationale Sicherheit zu erhalten oder wiederherzustellen.

Er kann vielerlei Maßnahmen treffen. Sie reichen vom Abbrechen der wirtschaftlichen Beziehungen bis zum Eingreifen mit militärischer Gewalt. Anstelle der Formel der kollektiven Sicherheit, wie sie im Völkerbundpakt enthalten gewesen war, und die sich auf die Hoffnung gegründet hatte, sie werde automatisch wirken, betrat nun der Sicherheitsrat die Bühne. Er war mit weitgehenden Vollmachten ausgerüstet, die allerdings in der politischen Wirklichkeit praktisch aufgehoben sind durch die Vorschrift der Einstimmigkeit der fünf ständigen Mitglieder des Rates.

Aber auch die Macht der Vereinten Nationen, die sich im Vergleich mit den engbegrenzten Möglichkeiten des Völkerbundes auf den ersten Blick so imposant präsentierte, ist juristischen Grenzen unterworfen. Artikel 51 der Satzung behält den Mitgliedern ausdrücklich das Recht der Selbsthilfe, sei es einzeln oder kollektiv, im Falle eines bewaffneten Angriffs vor. Und an weithin sichtbarer Stelle, in Artikel 2, wird den Vereinten

Nationen selber verboten, in innere Angelegenheiten der Mitglieder zu intervenieren. Es heißt dort in Ziffer 7:

»Keine Bestimmung der gegenwärtigen Satzung soll den Vereinten Nationen das Recht verleihen, sich mit Fragen zu befassen, die im wesentlichen zu den inneren Angelegenheiten irgendeines Staates gehören, oder soll die Mitglieder verpflichten, sich der Lösung solcher Fragen gemäß den Bestimmungen dieser Satzung zu unterwerfen. Dieser Grundsatz schließt jedoch die Anwendung von Zwangsmaßnahmen gemäß Kapitel VII nicht aus.«

Wir stehen also beim System der Vereinten Nationen vor einem Verbot, das sich an die Weltorganisation selber wendet, in innere Angelegenheiten von Mitgliedstaaten zu intervenieren. Was Intervention darstellt, ist allerdings nicht klar umschrieben. Das Verbot umfaßt direkte Zwangsmaßnahmen, wie sie zum Rüstzeug der UN gehören, aber auch eine indirekte Intervention, die darin bestehen würde, daß ein innerer Konflikt irgendeines Landes – wie zum Beispiel ein Bürgerkrieg – dem Verfahren unterworfen wird, das die Satzung für die Beilegung internationaler Konflikte vorsieht.

Das Verbot wendet sich an die Organisation als solche. Es gibt keinen entsprechenden Satz, der sich an die einzelnen Mitglieder oder an regionale Organisationen richtet, welche die Mitgliedstaaten ja bilden dürfen. Zwei Ziffern von Artikel 2 können indessen als ein unausgesprochenes Verbot der Intervention durch einzelne Mitglieder ausgelegt werden. Sie verbieten allgemein den Gewaltgebrauch in den internationalen Beziehungen, indem sie ausführen:

»3. Alle Mitglieder sollen ihre internationalen Streitigkeiten durch friedliche Mittel beilegen und so, daß der Völkerfrieden und die internationale Sicherheit und Gerechtigkeit nicht gefährdet werden.

4. Alle Mitglieder sollen sich in ihren internationalen Beziehungen jeder Drohung oder des Gebrauchs von Gewalt, die gegen die territoriale Unversehrtheit oder politische Unab-

> hängigkeit irgendeines Staates gerichtet oder sonst mit den Zielen der Vereinten Nationen unvereinbar ist, enthalten.«

Diese allgemeinen Grundsätze verhinderten keineswegs, wie wir gesehen haben, die amerikanische Intervention in Griechenland 1947, die Intervention der Sowjetunion in der Tschechoslowakei 1948, die von der Sowjetunion geförderte Intervention und Aggression in Südkorea 1950. Dieser Angriff veranlaßte die Vereinten Nationen, ihre Haltung gegenüber Interventionen zu klären, indem sie ausdrücklich die Ächtung der Intervention, wie sie in der Satzung enthalten ist, bestätigten.

Die Fünfte Generalversammlung der Vereinten Nationen stimmte am 17. November 1950 einer Resolution zu, die den Titel »Frieden durch Taten« erhielt. Sie war von acht Delegationen vorgeschlagen worden, denjenigen Boliviens, Frankreichs, Libanons, Indiens, Mexikos, der Niederlande, des Vereinigten Königreichs und der Vereinigten Staaten. Der wichtigste Satz lautet:

> »Die Versammlung verurteilt die Intervention eines Staates in die inneren Angelegenheiten eines anderen Staates mit der Absicht, seine rechtmäßig eingesetzte Regierung durch Drohungen mit Gewalt oder durch Gewaltgebrauch zu ändern, und
>
> 1. bestätigt feierlich, daß, was auch immer die verwendeten Waffen sein mögen, jede Aggression, ob offen begangen oder durch Erregung innerer Wirren im Interesse einer ausländischen Macht oder auf irgendeine andere Weise, das größte aller Verbrechen gegen den Frieden oder die Sicherheit in der ganzen Welt ist[10]).«

Demgemäß besteht ein vollständiges Verbot, in die stärksten Ausdrücke gekleidet, gegen jede individuelle Intervention, sofern sie Formen annimmt, die Aggression – offene oder solche durch Unterwühlung – genannt werden können.

Der Verantwortlichkeit der Vereinten Nationen für die Erhaltung von Frieden und Sicherheit entspricht die zentrale Stellung des Sicherheitsrates und seines Rechtes gemäß Kapitel VII der Satzung, das Vorhandensein einer Friedensbedrohung oder eines Friedensbruchs oder einer Aggression festzustellen und entsprechend zu handeln. Die Maßnahmen, die er ergreift, können sich in einfachen Empfehlungen erschöpfen oder in Ermahnungen, die er an die Parteien richtet. Sobald aber seine Maßnahmen weitergehen, werden sie Interventionen im vollen Sinne des Wortes. Sie können aus Zwangsmaßnahmen bestehen – die gewöhnlich mit dem Sammelbegriff »Sanktionen« bezeichnet werden –, wie das teilweise oder gänzliche Unterbrechen des wirtschaftlichen Austauschs, das Sperren von Eisenbahn-, See-, Luft- und Postverbindungen, die Einstellung des telegraphischen und telefonischen und sonstigen Nachrichtenverkehrs, und der Abbruch der diplomatischen Beziehungen. Erscheinen diese Maßnahmen ungenügend, oder erweisen sie sich später als ungenügend, kann der Sicherheitsrat militärische Sanktionen anordnen, einschließlich Demonstrationen, Blockaden oder Operationen von Luft-, See- oder Landstreitkräften von Mitgliedern der Vereinten Nationen.

Bis jetzt haben solche Interventionen nur in zwei Fällen die Gestalt eigentlicher militärischer Unternehmungen angenommen, nämlich in Korea von 1950 bis 1953 und im Kongo und in Katanga von 1961 bis 1963. In allen anderen Fällen bestand die Intervention in der Aufstellung und Entsendung von Beobachtergruppen oder von Sicherheitskräften, deren Aufgabe es nicht war, in die Kämpfe einzugreifen, sondern die Gegner zu trennen und voneinander fernzuhalten. Ferner konnten diese Organe der UN, indem sie dem Sicherheitsrat berichteten, wenn eine der Parteien die ihnen erteilten Ratschläge und Weisungen mißachtete, sie von neuen Verletzungen der internationalen Anordnungen abhalten oder abschrecken.

Beobachtergruppen und Sicherheitskräfte der Vereinten Nationen, obwohl sie so wichtige Werkzeuge der internationalen Intervention in Konfliktsfällen sind, werden merkwürdigerweise in der Satzung überhaupt nicht erwähnt. Das Grundgesetz der Weltsicherheitsorganisation bestimmt lediglich, daß die Mitglieder dem Sicherheitsrat militärische Kräfte, Hilfe und Erleichterungen zur Verfügung stellen sollen, einschließlich Durchmarschrechte. Nach allgemeiner übereinstimmender Auffassung aber besitzen die Vereinten Nationen das volle Recht, Streitkräfte aufzustellen und sich ihrer zu bedienen, ohne daß das in der Satzung ausdrücklich festgestellt wird. Das gehört zu den inhärenten Fähigkeiten der Organisation, die sich aus dem programmatischen Artikel 1 ableiten lassen. Der Internationale Gerichtshof äußerte sich in diesem Sinne im Jahre 1949 in einem Rechtsgutachten:

> »Nach Völkerrecht muß man der Organisation die Vollmachten zubilligen, welche, auch wenn sie in der Satzung nicht ausdrücklich genannt werden, ihr notwendigerweise *implicite* verliehen sind, weil für die Erfüllung ihrer Aufgabe unerläßlich[11]).«

Die Vereinten Nationen haben, wie man weiß und wie wir in den vorangegangenen Kapiteln sehen konnten, von ihrem Recht, militärisch zu intervenieren, weiten Gebrauch gemacht, wenn es sich darum handelte, einen internationalen Streitfall beizulegen oder sein Ausbrechen überhaupt zu verhindern, indem sie die Gegner voneinander trennten oder Waffenstillstandsabkommen überwachten, wenn es zu einem Konflikt gekommen war.

Diese Rechte und Vollmachten sind aber beschränkt auf internationale Streitfälle, auf Lagen und Handlungen, welche den internationalen Frieden und die allgemeine Sicherheit gefährden. Intervention in innere Konflikte ist durch Artikel 2, Ziffer 7, ausgeschlossen, der die Behandlung innerer Angelegenheiten der Staaten nach den Verfahrensregeln der Satzung verbietet. Um in solchen Fällen trotzdem intervenieren zu können, wenn der Sicherheitsrat oder die Generalversammlung es für nötig erachten, muß angenommen werden, daß der Völkerfriede oder die allgemeine Sicherheit bedroht seien, oder eine solche Bedrohung muß künstlich konstruiert werden. Regierungsformen in anderen Ländern, die man ablehnt, mit dem Völkerfrieden in Verbindung zu bringen und zu behaupten, daß sie den Frieden bedrohen, ist ein alter und allgemein üblicher Trick. Wir müssen uns nur Präsident Trumans Rede vom 12. März 1947 erinnern, in der er sagte: »Totalitäre Regime, die freien Völkern aufgezwungen werden ... untergraben die Grundlagen des internationalen Friedens und damit die Sicherheit der Vereinigten Staaten.«

Diese Methode wurde gegenüber Spanien angewendet. Mehrere Mitglieder der Vereinten Nationen traten nachdrücklich für irgendeine Art internationaler Intervention ein, um das diktatorische Regime unter General Francisco Franco zu stürzen und um in Madrid ein demokratisches Regime ins Leben zu rufen. Um die Vereinten Nationen in die Lage zu versetzen, eine Aktion zu unternehmen, wie sie durch Artikel 2, Ziffer 7, verboten ist – und zwar nicht nur mit Bezug auf Mitglieder, sondern auf jeden Staat –, forderte Polen im April 1946 den Sicherheitsrat auf, das Regime Franco in Spanien als eine Bedrohung des Völkerfriedens und der Weltsicherheit zu erklären. Weil eine Entscheidung in dieser delikaten Frage geeignet war, einen Präzedenzfall zu setzen, mußte sie sorgfältig geprüft werden. Der Sicherheitsrat setzte deshalb ein Sub-Komitee aus fünf Mitgliedern ein. Am 6. Juni 1946 legte es einen Mehrheitsbericht vor, der von einer abweichenden Meinung der Minderheit begleitet war. Das Gutachten lautete, die Tätigkeit der spanischen Regierung stelle zwar keine gegenwärtige Bedrohung des Völkerfriedens dar, schließe jedoch die Möglichkeit einer künftigen Bedrohung in sich. Das Sub-Komitee regte an, dieses Ergebnis der Generalversammlung zu unterbreiten mit der Empfehlung, die diplomatischen Beziehungen zu Madrid abzubrechen. Ein dahingehender Beschluß des Sicherheitsrats wurde durch das Veto der Sowjetunion durchkreuzt, welche die Meinung vertrat, das Regime Franco sei nicht nur eine mögliche, sondern eine gegenwärtige Bedrohung, und der Sicherheitsrat, nicht die Versammlung, müsse über die zu ergreifenden Sanktionen befinden.

Die Generalversammlung griff aber auf die Vorschläge des Sub-Komitees des Sicherheitsrats zurück und stimmte am 12. Dezember 1946 einer Resolution zu, welche alle Mitglieder aufforderte, ihre diplomatischen Vertretungen in Madrid abzuberufen. Sie lud gleichzeitig den Sicherheitsrat ein, nach Maßnahmen Ausschau zu halten, mit denen sich ein demokratisches Regime in Spanien errichten ließe. Die meisten Mitglieder der Vereinten Nationen unterzogen sich den Empfehlungen der Versammlung. Die Maßnahme stellte eine – sehr milde –

Intervention dar, und sie erwies sich auch als wirkungslos. Am 5. November 1950 widerrief die Fünfte Generalversammlung der Vereinten Nationen die Resolution der Ersten Versammlung von 1946.

Um in einem anderen Fall ein Problem, das ausschließlich zur Innenpolitik eines Mitglieds gehörte, in den Bereich der Zuständigkeit der Vereinten Nationen zu bringen und um die Tür für eine Intervention zu öffnen, faßte der Sicherheitsrat am 1. April 1960 eine Resolution, die ausdrücklich das Vorhandensein einer Friedensbedrohung behauptete. Es handelte sich um die blutigen Zwischenfälle, die sich im März 1960 in Sharpville in der Republik Südafrika abgespielt hatten. Die Resolution führte aus:

> »Die Lage in der Union war derart, daß sie zu internationalen Friktionen führen konnte und, wenn sie andauern sollte, zu einer Gefährdung des Völkerfriedens und der internationalen Sicherheit[12]).«

Am 17. November 1966 stimmte die Generalversammlung einer Resolution zu, in der sie das Vereinigte Königreich aufforderte, gegen das Regime von Ian Smith in Rhodesien zu intervenieren. Sie führte aus, dieses Regime sei rechtswidrig, weil es die Herrschaft einer von Rassenvorurteilen besessenen Minderheit darstelle. Die Resolution verlangte von Großbritannien, die nötigen Schritte einzuleiten, einschließlich des Gebrauchs von Waffengewalt, um diesem Regime ein Ende zu bereiten. In einer anschließenden Resolution vom 16. Dezember 1966 stellte auch der Sicherheitsrat fest, die Lage in Rhodesien bedeute eine Bedrohung des Völkerfriedens und der internationalen Sicherheit[13]). Sie bestätigte den Aufruf zu Wirtschaftssanktionen, der schon in früheren Resolutionen enthalten gewesen war, einschließlich einer vollständigen Sperre der Einfuhren und der Ausfuhren. Es war das erstemal, daß Wirtschaftssanktionen gemäß Kapitel VII der Satzung beschlossen wurden. Der Beschluß eröffnete ganz offensichtlich eine Intervention, war das Ziel doch eine Änderung der politischen Struktur der Gesellschaft, an die er sich wandte.

Wir erkennen demnach eine Rechtspraxis der Vereinten Nationen, welche Interventionen gegen Regierungen oder

Regierungsformen ermöglichen soll, die den Ansichten und Idealen der Mehrheit der Mitglieder nicht entsprechen. Sie bedient sich dabei stets der Fiktion, es liege eine Bedrohung des Völkerfriedens und der internationalen Sicherheit vor, um dergestalt das Interventionsverbot von Artikel 2, Ziffer 7, zu umgehen. Diese Doktrin erscheint etwas gekünstelt. Wenn aus den Beziehungen zu solchen Regierungen – unerwünschten Regierungen – sich eine Friedensbedrohung entwickeln sollte, so ist dafür in der Regel nicht das Regime verantwortlich, gegen das sich die Sanktionen richten wollen, sondern die Feindschaft anderer gegen dieses Regime.

Das System der Nichtintervention, wie es sich aus dem Text der Satzung der UN ergibt, wurde in San Francisco für einen ganz besonderen Fall aufgehoben oder doch eingeschränkt. Artikel 107 besagt, keine Bestimmung der Satzung könne Maßnahmen aufheben oder ausschließen, die infolge des Zweiten Weltkriegs gegen einen Staat, der während dieses Krieges der Feind irgendeines Unterzeichners der Satzung war, von den Regierungen als Ergebnis dieses Krieges unternommen oder gestattet werden, welche die Verantwortung für solche Maßnahmen tragen. Artikel 53 fügt eine Bestimmung bei, nach der solche Maßnahmen auch ohne Zustimmung des Sicherheitsrats unternommen werden dürfen.

Auf diese Bestimmung wurde von der Sowjetunion häufig Bezug genommen, besonders seit 1967 im Zusammenhang mit ihrem gegen die Bundesrepublik Deutschland gerichteten Feldzug der Beschimpfung und versuchten Einschüchterung. Zweifellos sind aber die Artikel 107 und 53 der Satzung durch die seit dem Abschluß des Krieges verstrichene Zeit ausgelöscht worden. Frankreich, Großbritannien und die Vereinigten Staaten von Amerika haben auf das in Art. 107 begründete Recht schon in den in Bonn am 26. Mai 1952 und in Paris am 23. Oktober 1954 abgeschlossenen Abkommen ausdrücklich verzichtet. Als Italien am 14. Dezember 1955 als Mitglied in die Vereinten Nationen aufgenommen wurde, erklärte seine Regierung, damit seien nun Artikel 107 und 53 in den Beziehungen zu ihr ungültig geworden. Niemand widersprach, so daß die Erklärung Rechtskraft erlangte.

Man muß sich daran erinnern, daß alle Nationen, die 1945 »Feinde« waren – mit der einzigen Ausnahme Deutschlands – inzwischen Mitglieder der Vereinten Nationen geworden sind, nämlich Österreich, Bulgarien, Finnland, Ungarn, Italien, Japan, Rumänien. Sie sind also Unterzeichner der Satzung geworden, und so könnte man behaupten, sie dürften sich nun auch auf Artikel 107 berufen. Das wäre natürlich absurd und beleuchtet die Tatsache, daß Artikel 107 und 53 ihren Sinngehalt verloren haben. Heute würde niemand mehr ernstlich ein unbegrenztes, willkürlich auszuübendes Interventionsrecht in diesem Sinne behaupten.

Einzig die Sowjetunion vertrat lange die Auffassung, diese Ausnahmebestimmung sei mit Bezug auf die Bundesrepublik Deutschland immer noch gültig. Sie würde auch durch einen Vertrag über Gewaltverzicht in den gegenseitigen Beziehungen oder durch den Beitritt der Bundesrepublik zu den Vereinten Nationen, wenn er einmal erfolge, nicht aufgehoben. In einem Schreiben vom 15. September 1966 an die Vereinten Nationen betonte der ständige Delegierte der Sowjetunion diesen Punkt ganz besonders. Eine Erklärung Moskaus vom 21. November 1967 über die Frage eines Gewaltverzichts[14]) faßte die Argumente zusammen. Besonders betonte sie, nur der Abschluß eines Friedensvertrags könne diese Rechte der Sowjetunion, die sich aus der Satzung ergeben, aufheben.

Gegen diese Ansicht wenden sich, wenigstens mittelbar, zahlreiche völkerrechtlich erhebliche Erklärungen. So nahm die Konferenz der Nichtkernwaffenstaaten in Genf mit großer Mehrheit (52 gegen 5, mit 26 Enthaltungen) am 27. September 1968 eine Resolution an des Inhalts, »daß alle Staaten ohne Ausnahme das gleiche und unveräußerliche Recht haben, die in Artikel 2 der Charta der UN anerkannten Grundsätze zu ihren Gunsten in Anspruch zu nehmen«[15]).

Zwei juristische Argumente stehen im Vordergrund des Beweises für die Tatsache, daß Artikel 107 und 53 der Satzung in der modernen Welt nicht mehr anwendbar sind. Zum ersten wird festgehalten, daß sie nach ihrer Stellung in der Satzung und ihrem Wortlaut gar keine Rechtsgrundlage für eine Intervention darstellen können, sondern nur die Sieger im Zweiten

Weltkrieg gegenüber früheren Feinden von den in der Satzung enthaltenen Verfahrensvorschriften freistellten[16]). Es handelt sich also nicht um materielles, sondern nur um formelles Recht. Zum zweiten wird angeführt, ein ausdrückliches Bekenntnis zu Artikel 2, Ziffer 7 der Satzung sei stärker als die Ausnahme-, Übergangs- und Verfahrensbestimmung des Artikels 107. Es setze ihn außer Kraft. So erklärte der Außenminister der Vereinigten Staaten, Staatssekretär William P. Rogers, bei der Unterzeichnung des Nicht-Proliferationsvertrags durch die Bundesrepublik Deutschland am 28. November 1969:

»In dieser Hinsicht ist klar, daß die Artikel 53 und 107 der Charta der Vereinten Nationen kein Recht gewähren, einseitig mit Gewalt in der Bundesrepublik Deutschland zu intervenieren. Die drei Mächte, die Vereinigten Staaten, Großbritannien und Frankreich, haben ihrerseits förmlich erklärt, daß sie sich in ihren Beziehungen mit der Bundesrepublik von den Grundsätzen des Artikels 2 der Satzung der Vereinten Nationen leiten lassen werden. Alle übrigen Mitglieder des Nordatlantikpakts haben sich dieser Erklärung angeschlossen[17]).«

Soweit der Aspekt, den man die ordnungspolitische Seite nennen kann. Zur sicherheitspolitischen Seite äußerte sich Staatssekretär Rogers ebenfalls, als er sagte:

»Darüber hinaus steht die Bundesrepublik als vollwertiger und gleichberechtigter Partner des Nordatlantikpakts selbstverständlich unter dem Schutze dieses Vertrags, auf Grund dessen ein bewaffneter Angriff auf ein Mitglied von den Verbündeten unmittelbar mit Maßnahmen der Selbstverteidigung gemäß dem Nordatlantikpakt erwidert würde.«

Es besteht kein Zweifel, daß die Sowjetunion mit Bezug auf die Deutsche Demokratische Republik, sofern es jemandem einfallen würde, Artikel 107 anzurufen, sich symmetrisch auf den gleichen Standpunkt stellen würde.

Die entscheidende Wendung kam aber in dem Vertrag, der von der Bundesrepublik Deutschland und der Sowjetunion am 12. August 1970 in Moskau unterzeichnet wurde. In den Verhandlungen über diesen Vertrag hatte Bonn betont, die Artikel 107 und 53 seien gegenstandslos geworden, und daß das Bekenntnis zu Artikel 2 der Satzung das endgültig besiegle. Die Sowjetunion verzichtete schließlich auf Einwände gegen diese Auffassung, womit die Frage wohl endgültig erledigt ist. Zusammenfassend kann man sagen, daß die erwähnten Artikel als Übergangsbestimmungen zu betrachten waren, für die unmittelbare Nachkriegszeit bestimmt, und daß sie das heute bestehende System des Verbots individueller Interventionen nicht berühren. Dieses System ersetzt die individuelle Intervention durch die kollektive Intervention, die aber nur in Fällen in Frage kommt, in denen von einer Bedrohung des Völkerfriedens und der internationalen Sicherheit die Rede sein kann.

Interventionen sind wesensgemäß eines der Probleme, mit denen sich die Vereinten Nationen besonders auseinandersetzen mußten und auch in Zukunft auseinandersetzen werden müssen. Interventionen sind auch Probleme, die sich ständig der Organisation Amerikanischer Staaten (OAS) und der Organisation der Afrikanischen Einheit (OAU) stellen und überhaupt allen regionalen internationalen Sicherheitsorganisationen.

Als im Herbst 1965 die Zwanzigste Generalversammlung der Vereinten Nationen in New York tagte, befand sich die Intervention der Vereinigten Staaten von Amerika in Vietnam auf einem Höhepunkt. Die Landung der amerikanischen Marinetruppen in der Dominikanischen Republik, der Konflikt um Zypern, in dem die Türkei mit Intervention gedroht hatte, und die Infiltration und Subversion, die von Ghana gegen seine Nachbarn gerichtet worden war, standen im Vordergrund der Erinnerung. Am 21. Dezember 1965 erließ die Generalversammlung deshalb einstimmig eine Erklärung über Interventionen, die als eine neue Charta der Nichtintervention gedacht war. Sie enthält keine neuen, nicht schon bestehenden, bekannten und anerkannten Rechtssätze, sondern ist eher eine Zusammenfassung und Bekräftigung einer heute anerkannten Doktrin, die sie in dem wortreichen und blumigen Stil der Äußerungen der Vereinten Nationen vorträgt.

In ihrer Präambel bestätigt die Deklaration die Prinzipien der Satzungen der Organisation Amerikanischer Staaten, wie sie aus den Konferenzen von Montevideo, Buenos Aires, Chapultepec und Bogotá hervorgegangen ist, der Arabischen Liga und der Organisation der Afrikanischen Einheit. Ebenso bestätigt sie die Beschlüsse der Konferenz asiatischer und afrikanischer Staaten von Bandung, diejenigen der ersten Konferenz von Staats- oder Regierungschefs von unverpflichteten Ländern in Belgrad (1961), das Programm für Frieden und internationale Zusammenarbeit, das am Ende der zweiten Konferenz von Staats- oder Regierungschefs unverpflichteter Länder in Kairo, und die Erklärung über das Problem der Subversion, die in Accra von den afrikanischen Staats- und Regierungschefs angenommen worden war[18]). Der Hauptteil der Deklaration vom Dezember 1965 führt folgendes aus:

»Jeder Staat hat das unveräußerliche Recht, sein politisches, wirtschaftliches, soziales und kulturelles System zu wählen, frei von jeder Einmischung eines anderen Staates. Kein Staat hat das Recht, direkt oder indirekt, aus irgendeinem Grund, in die inneren oder äußeren Angelegenheiten eines anderen Staates zu intervenieren. Deshalb ist bewaffnete Intervention und jede andere Form von Einmischung oder versuchter Drohung gegen die Persönlichkeit des Staates oder gegen seine politischen, wirtschaftlichen und kulturellen Elemente geächtet. Alle Staaten müssen es unterlassen, bewaffnete Unternehmungen terroristischer oder umstürzlerischer Natur zu organisieren, zu unterstützen, anzustiften, zu finanzieren, zu ermutigen oder zu dulden, die dazu bestimmt sind, mit Gewalt ein Regierungssystem eines anderen Staates zu ändern oder in die inneren Auseinandersetzungen eines anderen Staates zu intervenieren. Nichts, was in dieser Erklärung enthalten ist, darf in einem Sinne ausgelegt werden, der in irgendeiner Weise die Anwendung der Bestimmungen der Satzung der Vereinten Nationen berühren würde, die sich der Erhaltung des Völkerfriedens und der internationalen Sicherheit widmen, besonders derjenigen in den Kapiteln VI, VII und VIII.«

Die Essenz dieser Erklärung, die von mehr als hundert Regierungen gebilligt wurde, ist die Ächtung individueller Interventionen in allen ihren Formen und Äußerungen. Der ausdrückliche Vorbehalt der Anwendung der Bestimmungen der Charta der Vereinten Nationen über die Erhaltung des Völkerfriedens und der internationalen Sicherheit ersetzt jede Intervention durch eine einzelne Macht durch die Kollektivaktion der Weltorganisation. Die Resolution, welche den Titel trug »Deklaration über die Unzulässigkeit von Interventionen in die inneren Angelegenheiten von Staaten und den Schutz ihrer Unabhängigkeit und Souveränität« wurde von der Generalversammlung am 19. Dezember 1966 erneut ohne Gegenstimme bestätigt.

Artikel 52 der Satzung, der regionale Verbände und Organe ermächtigt, sich mit Fragen der Erhaltung des Völkerfriedens und der internationalen Sicherheit zu befassen, die sich für die Behandlung im regionalen Rahmen eignen, verleiht kollektiven Unternehmungen solcher Organisationen die gleiche Rechtmäßigkeit, die den Unternehmungen der Vereinten Nationen selber zukommt. Unter den Organisationen, die ermächtigt sind, gemäß ihren eigenen Regeln im regionalen Rahmen zu intervenieren, werden nach Artikel 52 nur solche Gruppierungen anerkannt, deren Form und Ziel mit den Grundsätzen und Zielen der Vereinten Nationen vereinbar sind. Als solche Körperschaften kann man betrachten die Organisation Amerikanischer Staaten (OAS), die Arabische Liga, die Organisation der Afrikanischen Einheit (OUA), die 1963 in Addis Abeba gegründet wurde, die *Organisation Communauté Africaine et Malgache* (OCAM), die 1965 aus der *Union Africaine et Malgache* gebildet worden war. Solche Organisationen sind ermächtigt, sich den Herrschermantel der Vereinten Nationen umzulegen, wenn sie auf eigene Faust eine kollektive Intervention unternehmen. Sie können sich aber auch an die Vereinten Nationen wenden, um diese zum Handeln zu bewegen.

Von dieser Gruppe von Organisationen, die durch Artikel 52 zum Handeln an Stelle der Vereinten Nationen ermächtigt werden, sind zu unterscheiden andere mehr spezialisierte Zusammenschlüsse, denen dieses Recht nicht verliehen ist. Zu diesen muß man die Organisationen des Nordatlantikpakts (NATO) zählen, den Warschaupakt (1955), kleinere Bündnisse wie CENTO, SEATO, ANZUS und die vielen afrikanischen Zusammenschlüsse wie OERS, UDEAC, UEAC oder europäische Organisationen wie EWG und EFTA. Ihre Zweckbestimmung ist begrenzt, und ihr Hauptgewicht liegt entweder auf militärischem oder wirtschaftlichem Gebiet, und sie selber erheben auch gar nicht den Anspruch, als regionale Organisationen im Sinne der Satzung der Vereinten Nationen betrachtet und behandelt zu werden.

Parallel zu dem allgemeinen Recht der Weltsicherheitsorganisation, kollektive Interventionen zu unternehmen in den Fällen, in denen der Völkerfrieden oder die internationale Sicherheit bedroht ist, sind besondere Interventionsrechte durch internationale Konventionen geschaffen worden.

Die Konvention zur Verhinderung und Bestrafung des Verbrechens des Völkermordes (Genozid) vom 9. Dezember 1948 enthält in ihrem Artikel 8 eine entsprechende Bestimmung. Diese Konvention hat manche Anregung aus dem Abkommen über die Verfolgung und Bestrafung der Hauptkriegsverbrecher der europäischen Achsenmächte vom 8. August 1945 geschöpft, welches die Grundlage der Prozesse von Nürnberg bildete. Nach diesem Artikel 8 können die Unterzeichner der Konvention die zuständigen Organe der Vereinten Nationen anrufen und sie ersuchen, gemäß den Bestimmungen der Satzung diejenigen Maßnahmen zu treffen, die sie als für die Verhinderung und Unterdrückung eines Völkermordes geeignet betrachten. Personen, die Völkermord begehen oder die konspirieren, um ein Genozid zu verüben, oder öffentlich zu solchen Verbrechen aufstacheln oder auffordern, ob sie Privatpersonen seien oder öffentliche Beamte oder gar verfassungsmäßig verantwortliche Regierende, sollen nach dem Strafrecht der Unterzeichnerstaaten der Konvention bestraft werden. Die Unterzeichner verpflichten sich, die entsprechenden nationalen Gesetze zu erlassen. Ein Beispiel solcher Gesetzgebung bietet das Strafgesetzbuch der Bundesrepublik Deutschland in seiner Fassung vom 25. August 1953 in § 220 a (Völkermord). Er bedroht mit lebenslangem Zuchthaus oder beim Vorliegen mildernder Umstände mit Zuchthaus nicht unter fünf Jahren, wer in der Absicht, eine nationale, rassische, religiöse oder durch ihr Volkstum bestimmte Gruppe als solche ganz oder teilweise zu zerstören, vorsätzlich Genozid begeht.

Da es ganz unwahrscheinlich ist, daß ein Beamter oder ein Staats- oder Regierungschef durch irgendeine Macht innerhalb des gleichen Staates für ein derartiges Verbrechen vor irgendein Gericht dieses Staates gestellt werden darf, kann man sich kaum vorstellen, wie die in der Konvention enthaltenen Bestimmungen anders verwirklicht werden als durch Vermittlung einer Intervention, sei es der Vereinten Nationen oder durch eine solche, die in ihrem Auftrag oder mit ihrer Erlaubnis erfolgt.

Ein weites Feld wird sich für kollektive Interventionen öffnen, wenn einmal allgemein bindende Verträge über Abrüstung oder Rüstungsbeschränkung abgeschlossen werden sollten. Solche Verträge müssen notwendigerweise Bestimmungen über Inspektionen und Sicherheitsvorkehrungen enthalten, die wohl auf irgendeine Weise auch verwirklicht werden müssen. Die internationale Rechtsverwirklichung kann aber kaum anders als durch das Mittel der Intervention gedacht werden.

Artikel III des Vertrages über die Nicht-Proliferation von nuklearen Waffen vom 1. Juli 1968 verpflichtet die Nichtnuklearwaffenstaaten, die dem Vertrag beigetreten sind, sich Sicherheitsvorkehrungen *(Safeguards)* gemäß dem von der Internationalen Atomenergieagentur (IAEA) in Wien entwickelten System zu unterziehen. Das setzt, im Rahmen der Bestimmungen des Vertrags und der mit der IAEA zu schließenden Abkommen, die Tätigkeit internationaler Inspektionsorgane auf dem Gebiet der vertragschließenden Staaten voraus. Die Inspektoren werden über jede Verletzung der vertraglich übernommenen Verpflichtungen berichten, worauf die Wiener Behörde Sanktionen anordnen kann. Ihre Vollmachten und Fähigkeiten, Sanktionen zu verhängen, sind allerdings eng begrenzt. Sie umfassen die Möglichkeit, andere Vertragsstaaten von der Verletzung zu unterrichten, die technische Hilfe, die dem vertragsbrüchigen Staate gewährt wird, zu unterbinden und die Materialien und Einrichtungen zurückzuziehen, die ihm von der IAEA zur Verfügung gestellt worden sind.

Weder Inspektionen noch Sanktionen der erwähnten Art sind natürlich Interventionen im genauen Wortsinn. Ein Bericht aber der Inspektoren, der eine beharrliche Verletzung der sich aus dem Nicht-Proliferationsvertrag ergebenden Pflichten und der Sicherheitsbestimmungen enthüllen sollte, kann indessen weiterreichende Folgen haben. Der Erwerb von Nuklearwaffen entgegen einer vertraglich übernommenen Verpflichtung ist gewiß ein Vorgang, der für den Völkerfrieden und die internationale Sicherheit von großer Bedeutung ist. Er kann deshalb den Mechanismus der Friedenserhaltung, wie er sich aus Artikel VII der Satzung der Vereinten Nationen ergibt, in Bewegung setzen. Und das kann zu einer Intervention, einschließlich militärischer Intervention, führen.

Die Regierungen sind sich der Beziehung zwischen Abkommen über Rüstungsbeschränkungen und Interventionsrecht durchaus bewußt. Eines der Hauptargumente, das in der Bundesrepublik Deutschland gegen die Unterzeichnung des Nicht-Proliferationsvertrags vorgebracht wurde – der dann Ende 1969 doch unterzeichnet wurde –, lautete, daß aus ihm Rechte auf Intervention in die inneren Angelegenheiten der Bundesrepublik abgeleitet werden könnten, auch wenn gar keine Verletzung des Vertrags vorliegen sollte, sondern allein schon aus der Tatsache, daß ein Recht der Inspektion besteht.

Kollektive gegen individuelle Intervention

Wir haben gesehen, daß bis zum Ende des Zweiten Weltkrieges die herrschende Meinung die Möglichkeit individueller Intervention im Rahmen des Völkerrechts zuließ. Eine Macht konnte, wenn gewisse Bedingungen erfüllt waren, »das Gesetz in die eigenen Hände nehmen«. Mit dem Aufstieg und Niedergang des Völkerbundes, mit der Rechtsprechung des Ständigen Internationalen Gerichtshofs, mit dem Ausbau und der Stärkung des Interamerikanischen Systems kann die Zeit zwischen den beiden Weltkriegen als eine Übergangsperiode mit Bezug auf die völkerrechtlichen Auffassungen zur Intervention bezeichnet werden. Schon damals wurde das Recht der Großmächte, zu intervenieren, zweifelhaft und verdächtig. Mit der Gründung der Vereinten Nationen und dem Beginn der Rechtsprechung des

Internationalen Gerichtshofs, mit der Festigung regionaler Organisationen und der Gründung neuer solcher Verbände ergab sich nach dem Ende des Zweiten Weltkriegs ein neues Bild. Die ganz neuen Anschauungen gründen sich vor allem auf zwei moderne Entwicklungen:

Erstens. Die Rechtsgleichheit der Nationen wird vom Völkerrecht vorbehaltlos anerkannt. Die Hegemonie der beiden Weltmächte besteht als eine politische Tatsache, ist aber nicht als ein notwendiger und dauernder Zustand im Völkerrecht anerkannt. Zwei einzige, aber rechtlich eng begrenzte Ausnahmen bilden die Sonderstellung der fünf ständigen Mitglieder des Sicherheitsrats der Vereinten Nationen mit ihrem Vetorecht und die Sonderstellung der Nuklearwaffenstaaten nach dem Nicht-Proliferationsvertrag. Grundsätzlich aber gilt, daß eine Regel des Völkerrechts, die nicht ebenso gut auf den Starken angewandt werden kann wie auf den Schwachen, auf den Großen wie auf den Kleinen, nicht als gutes und wünschbares Völkerrecht betrachtet wird. Der Einfluß kleiner Staaten auf das internationale politische Leben ist gewachsen. Das ist zum Teil auf das Kräftegleichgewicht zurückzuführen, das zwischen den Weltmächten besteht; dieses neutralisiert, wie man weiß, zum Teil ihre Einflußmöglichkeiten und zwingt sie, sich auch mit kleineren Staaten gütlich zu verständigen. Es ist aber auch auf die Tatsache zurückzuführen, daß kleine und kleinste Nationen und ihre Sprecher in den Räten der Vereinten Nationen eine große Rolle zu spielen vermögen.

Zweitens. Die Werkzeuge und Mittel, mit denen die Interessen und Rechte der Nationen in ihren internationalen Beziehungen geschützt werden können, sind verändert, ausgedehnt und verbessert worden. Die Nationen sollen und können sich der Möglichkeiten, welche die Vereinten Nationen bieten oder die auch andere internationale Zusammenschlüsse zur Verfügung stellen, bedienen, um ihre nationalen Ziele in der internationalen Welt zu erreichen. Unter diesem schützenden Mantel ist die nationale Souveränität fast absolut geworden – absolut allerdings nur in ihrem passiven Sinn, daß niemand sich in die inneren Angelegenheiten des Staates einmischen darf. Im aktiven Verstand der Souveränität, die einem Staat unbegrenzte Aktionsfreiheit einräumt, ist die Souveränität durch die Systeme kollektiver Sicherheit im weitesten Sinne stark beschränkt worden.

Das Ergebnis ist, daß die individuelle Intervention durch einen einzelnen Staat in einem anderen Staat allgemein als rechtswidrig und durch das Völkerrecht verboten betrachtet wird. Da aber in der internationalen Um- und Gesamtwelt Veränderung, Anpassung an veränderte Verhältnisse und Zwangsvollstreckung nicht ganz ausgeschaltet werden können, liegt die einzige Lösung in kollektiven Maßnahmen. Nur kollektive Intervention im Rahmen einer internationalen Organisation, die anerkanntermaßen eine größere oder kleinere Gemeinschaft zum Zwecke der Erhaltung des Völkerfriedens und der internationalen Sicherheit vertreten darf und sich an deren bestimmte Regeln hält, wird als rechtmäßig anerkannt.

Sogar eine freiwillig übernommene Vertragsverpflichtung, in der eine Nation den ihr zustehenden Anspruch auf Nichtintervention preisgibt und zum voraus die individuelle Intervention eines anderen Unterzeichners des Vertrags als einen rechtmäßigen Akt annimmt, steht im Widerspruch zu der modernen Rechtsauffassung. Nur wenn ein solcher Vertrag einem Bündnis gleichkommt, einem Vertrag über gegenseitige Hilfeleistung und eine dauernde Grundlage für langdauernde Zusammenarbeit darstellt, nur dann sind seine Bestimmungen mit Bezug auf ein äußeres Eingreifen bindend. Wie wir aber wissen, ist in einem solchen Falle eine Intervention begrifflich in der gegenseitigen Beziehung der Vertragsschließenden gar nicht möglich, weil dann ja kein Konflikt zwischen entgegengesetzten Willen besteht. Eine Interventionsklausel aber im Rahmen eines allgemeineren Allianzvertrags würde, wenn angerufen, abgewehrt werden können, indem das allgemeine Nichtinterventionsrecht angerufen wird.

Ganz im Gegensatz zum klassischen Völkerrecht ist das Verbot individueller Intervention mit militärischer Macht von der modernen Rechtswissenschaft als ein Grundsatz anerkannt, der keine Ausnahme zuläßt. In der modernen juristischen Literatur und Praxis scheint nur die kollektive Intervention durch die Vereinten Nationen oder durch gemäß ihrer Satzung ermächtigte Organisationen noch als rechtmäßig anerkannt zu werden[19]).

Welche Form auch eine Intervention annehmen mag, mit welcher Etikette sie auch von der intervenierenden Macht versehen wird – Selbsthilfe, humanitäre Intervention, Entwicklungshilfe, Selbstverteidigung, Intervention gemäß einer sie zulassenden Vertragsbestimmung oder auf Grund einer Aufforderung oder Einladung des Opfers, Handeln für ein unmündiges Mitglied der Völkerfamilie, Oberaufsicht, beschränkte Souveränität, Handeln im Namen des Weltsozialismus –, alle diese Akte widersprechen dem geltenden Völkerrecht. Wenn immer eine Lage das Eingreifen in die inneren Angelegenheiten eines Staates zu rechtfertigen scheint, so kann es stets nur von einer konstitutionell dazu ermächtigten Gemeinschaft von Nationen vorgenommen werden.

Das ist die Regel des modernen Völkerrechts. Sie ist vollkommen klar und eindeutig. Trotzdem versucht die politische Wissenschaft und die politische Literatur, besonders wenn sie bei der einen oder der anderen der beiden Weltmächte ihren Ursprung hat, gelegentlich zu den Auffassungen des neunzehnten Jahrhunderts zurückzukehren. So wie die Breschnew-Doktrin für die »sozialistischen Länder« das Prinzip der Nichtintervention verwirft, kann von amerikanischer Seite das ebenso einfältige Argument gehört werden, daß »mächtige Nationen ihm nicht anhangen und nicht anhangen können«[20]).

KAPITEL X

DIE STRATEGIE VON INTERVENTION UND KONFRONTATION

Werkzeuge der Konfrontation

Strategie der Konfrontation und Strategie der Intervention haben einen wichtigen Wesenszug gemein: Sie sind Strategien des begrenzten Machtgebrauchs, dessen Ziel das Verwirklichen eines nationalen Zieles ist, der aber die Gefahr des Aufsteigens des Konfliktes auf höhere Ebenen und seiner Ausweitung in einen allgemeineren Konflikt umgeht.

Die Strategien von Konfrontation und Intervention sind aber grundlegend verschieden mit Bezug auf die Machtstruktur der beiden Teilnehmer: Konfrontation kann sich ergeben zwischen einer Großmacht und einem Kleinstaat, wenn dieser letztere gewillt und strukturell auch fähig ist, seinen Willen demjenigen einer Großmacht entgegenzustellen, oder auch zwischen Gleichen oder beinahe Gleichen. Intervention dagegen ist begrifflich nur möglich in den Beziehungen zwischen einer mächtigeren Nation und einer viel kleineren oder wenigstens viel schwächeren. Wenn die beiden Opponenten gleich oder annähernd gleich sind, dann kommt es zur Konfrontation, zu offenem Streit, bewaffneten Zusammenstößen, Krieg – begrenzt oder allgemein –, aber nicht zu einer Intervention.

Die Werkzeuge der Konfrontation können, wie wir festgestellt haben, indem wir Konfrontationen unserer modernen Welt in ihrem historischen Zusammenhang untersuchten, aus dem ganzen weiten Bereich der strategischen Mittel und Möglichkeiten einer Nation bezogen werden. Das bedeutet nicht, daß aus der ganzen langen Reihe der Waffen – Waffen im weitesten politisch-militärischen Sinn gemeint – die eine oder die andere gewählt wird, um eine Konfrontation zu führen, so wie der Golfspieler den richtigen Schläger wählt. Ganz im Gegenteil ist es typisch und charakteristisch für die Konfrontation, daß zwar nicht alle vorhandenen Waffen, aber eine große Zahl von ihnen gleichzeitig ins Spiel gebracht werden müssen, ähnlich etwa den Argumenten des Advokaten, der alle Register ziehen muß, um seinen Fall zu gewinnen.

Keine Konfrontation kann geführt werden, wenn nicht die nichtmilitärischen Kräfte einer Nation mitwirken. Ein Beweis dafür ist der für Frankreich und Großbritannien unglückliche Ausgang der Konfrontation über Suez, der darauf zurückzuführen ist, daß die beiden Regierungen die nötige diplomatische und politische Vorbereitung vernachlässigt hatten und ihre Aktion nicht mit den Mitteln der psychologischen Kriegführung zu begleiten verstanden.

Konfrontation stellt man sich in unserer modernen Welt gewöhnlich als nuklear vor, da sich die Auseinandersetzungen solcher Art mit der größten Tragweite zwischen den beiden Supermächten abgespielt haben, die in der Tat über immense thermonukleare Zerstörungsmittel verfügen. Wie wir aber in den vorhergehenden Kapiteln gesehen haben, ist die Vorstellung, ein solches Kräftemessen müsse nuklear sein, nicht zutreffend. Es hat Konfrontationen gegeben, die trotz dem Vorhandensein von Atomwaffen auf einer Seite oder auf beiden Seiten ganz deutlich konventioneller Art waren. Beispiele sind die Blockade von Berlin, die Kubakrise, der »Pueblo«-Zwischenfall. Es hat Konfrontationen gegeben zwischen Mächten, die keine Nuklearwaffen besitzen oder sie wenigstens zur Zeit der Auseinandersetzung noch nicht hatten, wie zwischen China und Indien, Indonesien und Malaysia, der Türkei und Griechenland.

Konfrontationen, bei denen Drohungen mit konventionellen Waffen angewandt werden, sind vielleicht weniger gefährlich, wenn man es im Sinne der absoluten Gefahr versteht, als solche, bei denen sich nukleare Drohungen einmischen. Für die unmittelbar beteiligten und betroffenen Nationen dagegen kann die Gefahr, im relativen Verhältnis, so groß sein, daß sie in ihrer Wirkung auf den schließlichen Ausgang derjenigen einer nuklearen Drohung gleichkommt. Die moderne Rüstungstechnik und moderne operative und taktische Methoden – Panzer, Flugzeug, vervielfachte Feuerkraft – haben weitreichende und bedeutsame Folgen. Selbst konventioneller Krieg kann so zerstörerisch werden, daß er immer weniger als eine rationale Methode zur Lösung zwischenstaatlicher Probleme betrachtet werden darf –, ganz abgesehen von den moralischen Aspekten. Kriegstechnik und Kampfverfahren verleihen dem modernen konventionellen Krieg eine solche Intensität, daß er den Parteien schnell unerträgliche Verluste zufügen kann. Das Ergebnis ist, daß Nationen, die verschieden sind nach Größe, Bevölkerungszahl und Wirtschaftskraft, einander ähnlich werden, sobald sie sich fragen, welche Verluste sie einem Gegner zufügen können, und was die Verluste sein werden, die sie selber dafür eintauschen.

In der konventionellen Konfrontation – die, wie wir gesehen haben, immer eine Mischung von militärischen Drohungen, diplomatischen und psychologischen Mitteln und anderen Elementen moderner Strategie darstellt – spielt die militärische Front, die man einem Gegner entgegensetzen kann, immer noch eine große Rolle. Was der eine Gegner glaubt, dem anderen zufügen zu können, und was dieser glaubt, daß ihm zugefügt werden könne, und umgekehrt, wird den endlichen Ausgang entscheidend beeinflussen. In einem derartigen Kräftemessen zwischen einer Großmacht und einem kleineren Staat kann der kleinere dank der erhöhten Beweglichkeit und Feuerkraft moderner Armeen, wenn es tatsächlich zur bewaffneten Auseinandersetzung kommen sollte, immer noch hoffen, einen Verteidigungskrieg, wenigstens während einer gewissen Zeit, mit Erfolg zu führen. Damit aber kann die Großmacht – weil auch die Verluste in einem derartigen kleinen Kriege im betreffenden Augenblick als zu groß erscheinen mögen – vielleicht abgeschreckt werden. Aus diesem Grunde zählen wir heute unter den Nichtnuklearwaffenstaaten eine viel größere Zahl gleichartiger Paare als in früheren Zeiten. Das erhöht automatisch die Wahrscheinlichkeit von Konfrontationen, während es die Wahrscheinlichkeit von Interventionen im strengen Sinne unserer Definition herabsetzt.

Moderne konventionelle Waffensysteme sind in viel höherem Maße »Gleichmacher« geworden als die Atombombe. Einige Erforscher strategischer Probleme haben versucht, die Wirkung der Atombombe im internationalen Kräftespiel mit der Wirkung zu vergleichen oder zu illustrieren, die einst der Trommelrevolver im Wilden Westen hatte oder gehabt haben soll – nämlich der des »Gleichmachers«. Diese Waffe hob, wenn geschickt gehandhabt, die Ungleichheit der Körperkraft auf. Diese Analytiker behaupteten, der Besitz von Nuklearwaffen könne den Unterschied zwischen großen und kleineren Mächten aufheben. Eine solche Annahme hat zum Beispiel Frankreich zum Aufbau seiner kostspieligen und unnützen strategischen Nuklearmacht verleitet –, ihre Unrichtigkeit ist seither allgemein erkannt worden. Die Vertreter dieser Meinung nahmen an, selbst eine Weltmacht würde nie irgendwelche Art von Verlusten als noch erträglich betrachten, solange diese durch eine Nuklearwaffe herbeigeführt würden, selbst wenn die Waffe von einem viel kleineren Gegner gegen sie gezückt wird. Das trifft aber kaum zu. In einer Konfrontation zwischen einer Weltmacht und einer kleineren Nuklearmacht – Großbritannien, Frankreich, China – muß der größere der beiden Gegner nur einen begrenzten Schaden in Kauf nehmen und ist gewiß, mit einem großen Teil seiner Bevölkerung, seiner Wirtschaft und seiner Infrastruktur zu überleben, während der kleineren Nation, die einen Nuklearkrieg entfesselt, die unausweichliche, totale und dauernde Vernichtung droht. In einer Auseinandersetzung von so großer Tragweite, daß eine Weltmacht zur nuklearen Drohung greift, wird man annehmen müssen, sie sei auch bereit, ein großes Risiko und sogar schmerzliche Verluste in Kauf zu nehmen. Sie wird sich also durch eine Drohung, die für den Drohenden selber den Untergang bedeutet, in einem solchen Fall nicht abschrecken lassen.

Der kurze Krieg zwischen Indien und Pakistan im September 1965 und der Sechstagekrieg zwischen Israel und den arabischen Ländern im Juni 1967 sind deutliche Hinweise auf diese Entwicklung. Daraus ergibt sich die viel größere Zurückhaltung aller Regierungen, sich auch nur auf einen »kleinen« konventionellen Krieg einzulassen. Daraus ergibt sich auch die große Wirkung einer Drohung selbst »nur« mit konventionellen Waffen in einer Konfrontation, und das sogar bei Paaren materiell ungleicher Nationen.

Es ist hier vielleicht angezeigt, im Geschichtsbuch nachzublättern, um zu prüfen, ob wir uns nicht täuschen lassen, wie so viele vor uns sich beim Auslegen strategischer Gegebenheiten haben täuschen lassen. Alfred Nobel glaubte 1880, seine Erfindung des Dynamits werde den Regierungen der Welt vor Augen führen, daß ihre Armeen im Kriegsfall durch den neuen Sprengstoff völlig vernichtet würden, weshalb sie so große Zurückhaltung üben würden, daß Krieg in Zukunft unmöglich sei. Am Anfang des zwanzigsten Jahrhunderts herrschte allgemein die Ansicht, die modernen Waffen – das Maschinengewehr, das Schnellfeuergeschütz, das schwer gepanzerte und bewaffnete Schlachtschiff, vielleicht auch das Luftschiff – würden jeden Krieg sehr schnell beenden. Das erwies sich als ein schmerzlicher und tragischer Irrtum, und wir müssen ähnliche Irrtümer vermeiden. Aber heute sind die Verhältnisse doch wesentlich anders. Die Entwicklung der Luftmacht, der mechanisierten Verbände, die stärkere Wirkung auch der konventionellen Kriegssprengstoffe, die völlig neuartigen Mittel der Beobachtung und der Übermittlung, all das hat in seiner Gesamtheit eine derartige umwälzende Wirkung, daß alle früheren technischen Durchbrüche daneben verblassen. Ganz objektiv hat sich das Wesen auch des konventionellen Krieges verändert. Er würde nicht nur andere Dimensionen annehmen, sondern auch andere Qualitäten.

Nicht die Menge der in einer Konfrontation gegen den Gegner entfalteten Kräfte ist es, die entscheidet, sondern vielmehr ihre Qualität, ihre Art. Unter den qualitativen Merkmalen ist eines der am besten sichtbaren und darum entscheidenden die Vielgestaltigkeit, die Diversität. Die Zahl von Streitkräften, also Quantität schlechthin, kann in der modernen Welt nicht mehr so leicht festgestellt werden. Im neunzehnten Jahrhundert war es verhältnismäßig einfach, die Zahl der Soldaten zweier gegnerischer Armeen zu kennen und die Zahl der Kanonen zweier gegnerischer Flotten. In der ersten Hälfte des zwanzigsten Jahrhunderts konnte man mit Leichtigkeit die Divisionen zählen, die einander gegenüberstanden. Weil das Gewicht der Bewaffnung und ihre Wirkung auf beiden Seiten annähernd bekannt war, war die Zahl der Divisionen ein verhältnismäßig sicherer Hinweis auf das Kräfteverhältnis.

Heute kennen wir die Zahl der Divisionen, der Flugzeuge,

der Lenkwaffen verschiedener Kaliber und Kategorien, der Kriegsschiffe und die Zahl und Lage von Stützpunkten und Befestigungen. Obwohl aber diese Zahlen bekannt sind, ist es uns unmöglich, die Quantität der Macht festzustellen, weil wir die Wirkung jedes einzelnen Waffensystems, so wie es vom Gegner gehandhabt werden könnte, nicht kennen, und weil wir deshalb nicht wissen, ob und wie wir es in unsere Berechnung einbeziehen sollen. Was ist das wirkliche Kaliber jedes nuklearen Kriegskopfes? Wie viele einzeln zielbare Wiedereintrittskörper sind in ihm enthalten? Wie genau ist das Trägersystem? Wie stark sind die Lenkwaffenstellungen befestigt, und wie wirkungsvoll sind andere Teile der gegnerischen Kräfte geschützt? Wie wirksam ist die Zivilverteidigung der anderen Seite? Wie leistungsfähig ist ihre Kriegswirtschaft? Wie steht es mit der Entschlossenheit von Führung und Volk, quantitative Faktoren zur Geltung zu bringen?

Wir urteilen deshalb eher nach qualitativen Merkmalen, wobei wir zu den Vorzügen, also zu hoher Qualität, vor allem die Vielgestaltigkeit strategischer Kräfte zählen werden. Wir fragen deshalb: Hat er Nuklearwaffen oder nicht? Hat er ein interkontinentales Trägersystem? Besitzt er strategische Beweglichkeit? Ist er so organisiert, daß er psychologischen oder subversiven Krieg führen kann? Hat er ein Raumforschungsprogramm? Unterhält er gute Beziehungen zu den Vereinten Nationen oder innerhalb der Vereinten Nationen oder Beziehungen zu einem anderen Kollektivsystem? Ist er Mitglied einer Allianz, und wie wirksam ist diese? Was ist sein Ruf als Unterhändler?

Bei einer Konfrontation ist deshalb die Fähigkeit, eine große Zahl verschiedener strategischer Werkzeuge, einschließlich derjenigen einer gewandten Diplomatie, zu gebrauchen, für den Ausgang entscheidender als die Zahl der militärischen Machtmittel, die in *The Military Balance* aufgezählt werden[1]).

Der Gebrauch der Werkzeuge in einer Konfrontation

Konfrontation ist eine Art stillschweigenden Verhandelns, ähnlich begrenztem Krieg, ja sogar vielleicht eine Art begrenzter Krieg. Was Thomas C. Schelling so überzeugend als die Umstände beschreibt, die im begrenzten Kriege die Entscheidung herbeiführen, das gilt auch für die Konfrontation und die Werkzeuge, die hier den Ausgang bestimmen. Das sind:

»(1) stillschweigende Übereinkommen, zu denen man durch Teilverhandlungen oder zufälliges Aushandeln gelangt ist, fordern Bedingungen, die qualitativ voneinander unterschieden werden können und die sich nicht nur nach ihrer Größe und ihrem Maß unterscheiden;
(2) wenn ein Übereinkommen erreicht werden muß, ohne daß die Möglichkeit gegenseitigen Mitteilens besteht, oder wenn sie nur zum Teil besteht, dann müssen die Teilnehmer bereit sein, die Lage selber einen zwingenden Einfluß auf das Ergebnis ausüben zu lassen[2]);

Im Ganzen also ist das Problem der Führung eines begrenzten Krieges nicht das der Wahl zwischen einer lückenlosen Reihe von Möglichkeiten von der günstigsten zu der schädlichsten auf jeder Seite; wir befinden uns in einer ungestalten und unzusammenhängenden Welt, der es leichter fällt, qualitative als quantitative Unterschiede zu erkennen, die verwirrt ist durch die Fülle der Möglichkeiten, zwischen denen es zu wählen gilt. Das alles zwingt die Parteien, sich der Macht der Tatsachen zu fügen[3]).«

In nuklearen und ganz besonders in thermonuklearen Konfrontationen sind die Werkzeuge, an die man unwillkürlich zuerst denkt, die nuklearen Sprengladungen in den Wiedereintrittskörpern oder in den Bomben der Flugzeuge, und alle die dazugehörenden Waffenträger. Ihre Zahl spielt eine große Rolle, wie zum Beispiel aus der Lenkwaffenkrise um Kuba deutlich genug hervorgeht, die sich ja aus der Frage entwickelte, wie die Sowjetunion in kürzester Frist die Zahl der Lenkwaffen vergrößern könnte, mit denen sie die Vereinigten Staaten zu erreichen imstande war. Trotzdem aber sind Zahlen, wie wir gesehen haben, beim Betrachten konkreter Fälle von Konfrontation viel weniger wichtig als das Vorhandensein gewisser Waffensysteme, die sich in einer solchen Kraft- und Willensprobe schon als nützliche Werkzeuge erweisen können, auch wenn sie erst in Form von Prototypen vorhanden sind. Die Wirkung ihres Vorhandenseins hängt davon ab, wie sehr sie das Denken und Fühlen des Gegners beeinflussen. Es kommt darauf an, welchen Eindruck ihm die Neuheit einer Waffe macht, ihre vermutete Zerstörungskraft, das sie umgebende Geheimnis, der manifestierte Wille, sie möglicherweise zu gebrauchen, und vielleicht auch die ihm gegenüber gemachte Äußerung, sie könnte auch auf irrationale, unverantwortliche Weise gebraucht werden.

Im August 1961, zwei Wochen nach der Errichtung der Mauer in Berlin, die den Sowjetsektor von den Sektoren der drei Westmächte trennt, kündete die Sowjetunion in einer der dramatischsten Wendungen jener Konfrontation an, daß sie Explosionsversuche mit Nuklearwaffen in der Atmosphäre wiederaufnehmen werde. Das Verfahren entsprach genau dem oben angedeuteten Muster. Erwähnt wurden in der Vorankündigung »noch nie dagewesene kosmische Flüge um die Erde« der sowjetischen Astronauten Gagarin und Titow. Major Gagarins ballistischer Flug um die Erde fand am 12. April 1961 statt und war die erste Leistung dieser Art. Er wurde von den Konfrontationsstrategen in Moskau sofort aufgegriffen, um auf den Gegner, dank der Neuartigkeit des Unternehmens, Druck auszuüben. Die Erwähnung des Fluges wurde verbunden mit der Mitteilung, es seien jetzt thermonukleare Sprengköpfe von 20, 30, 50 und 100 Megatonnen verfügbar. Niemand schien zu fragen, ob denn im sowjetischen Arsenal einer oder zwei oder hundert Sprengköpfe dieser Art seien. Moskau zählte mit einem gewissen Recht auf die Erschütterung, die von seinem Vorsprung in der Raumfahrt vor den Vereinigten Staaten ausgehen werde, von den kolossalen Explosionen, die im Himmel des hohen Nordens gezündet wurden.

Die Begleitmusik des psychologischen Krieges, welche die materielle Drohung mit nuklearer Vernichtung umgibt, ist ebenso wichtig wie das Waffensystem, von dem bei der Instrumentierung Gebrauch gemacht wird, indem man in drohender Weise davon spricht. Der Gegner muß überzeugt werden, daß er einer Macht gegenübersteht, die bereit ist, immer größere Risiken auf sich zu nehmen, und auch nicht zögert, den Konflikt auf eine höhere Stufe der Eskalation aufsteigen zu lassen, wenn er nicht kapituliert. Die psychologische Illustrierung der materiellen Drohung kann dem Gegner das Bild einer entschlossenen und kalt rechnenden Regierung zuspielen, die zwar ungern, aber doch mit unwiderstehlicher Folgerichtigkeit die in ihren Händen befindliche Macht entfaltet, und daß unaufhaltsam die Stunde der Entscheidung näherrückt. Oder aber die Propaganda kann umgekehrt das Bild einer reizbaren, gefährlichen, irrationalen Macht entfalten, die zur ruchlosesten Tat fähig ist, wenn sie herausgefordert wird.

Die Haltung, die der sowjetische Ministerpräsident Chruschtschow in Paris anläßlich der U-2-Konfrontation von 1960 einnahm, entsprach gewiß seinem allgemeinen Charakter, seiner damaligen Stimmung und der Tatsache, daß er von seinen Gegnern im Innern und von seinen Feinden und Kritikern in China schwer gereizt und herausgefordert worden war. Indem er aber scheinbar hemmungslos seine Fähigkeit zur Beschimpfung und zu irrationalem, jähzornigem Verhalten entfaltete, wollte er gewiß auch in berechneter Weise der amerikanischen Regierung die Überzeugung einflößen, die Gefahr eines Nuklearkrieges sei jetzt durchaus in den Bereich des Möglichen gerückt. Die gleiche Methode wurde wieder auf der Session der Generalversammlung der Vereinten Nationen in New York angewandt. Auch hier spielte bei Chruschtschows Auftreten vor der internationalen Versammlung seine schauspielerische Begabung, sein feuriges Temperament eine große Rolle. Gewiß war nicht jede Szene seines Auftretens vorausberechnet. Aber die ganze Vorbereitung der Expedition nach New York, die sie vorbereitenden und begleitenden Erklärungen, die damals bestehende nukleare Konfrontation, führen zu dem Schlusse, daß Chruschtschow wünschte, als ein gefährlicher Mann beurteilt zu werden, der fähig wäre, die rücksichtslosesten und sogar irrationale Entschlüsse zu fassen, wenn man ihm nicht seinen Willen ließ.

Ein wirkungsvolles Werkzeug der psychologischen Kriegführung und bei jeder scharf geführten Unterhandlung ist immer die Fähigkeit, dem Gegner den Eindruck zu vermitteln, man könne die Entwicklung selber nicht mehr sicher steuern, sie könne einem aus der Hand gleiten. Das mag geschehen, indem man den Eindruck vermittelt, daß aus Gründen, für die man nicht einstehen kann, der Konflikt auf höhere Ebenen aufsteigen wird, es sei denn, der Gegner lenke ein. Gründe für eine solche angeblich ungewollte Entwicklung mögen unbezähmbares Temperament der Verantwortlichen sein, unwiderstehlicher innenpolistischer Druck, Druck eines Verbündeten, Unfähigkeit, es zuzulassen, daß ein Präzedenzfall geschaffen wird, und die begrenzten Vollmachten eines Unterhändlers, die es ihm angeblich nicht erlauben, auf die Argumente der Gegenseite einzutreten[4]).

Eine andere Möglichkeit besteht darin, den Gegenstand der Konfrontation künstlich zu verkleinern und dem Gegner weiszumachen, dieser stehe ja in gar keinem vernünftigen Verhältnis zu den Gefahren der Konfrontation. Man muß den Gegner davon überzeugen, daß der mögliche Gewinn den Einsatz nicht wert ist. Die Veränderung, die man vom Gegner erlangen will, muß als geringfügig dargestellt werden, die verlangte Konzession als die einzige und letzte, die man verlangt, und man muß ihn zu dem Glauben bringen, sein Einlenken werde nicht nur die Konfrontation beenden, sondern auch jeden weiteren Konflikt ausschließen und Sicherheit für alle Zeiten bringen[5]).

Daß die Furcht vor einem möglichen irrationalen Verhalten des Sowjetdiktators durch das Mittel psychologischer Kriegführung in den Köpfen und Seelen der in Washington zur Entscheidung Berufenen fest verankert worden war, wurde zu Beginn der sechziger Jahre mehr als einmal deutlich. Zudem verstanden es die Unterhändler der Sowjetunion, den Eindruck zu schaffen, sie verständen die Haltung der Vereinigten Staaten einfach nicht, und sie könnten einfach nicht begreifen, daß die Festigkeit, welche Amerika zeigte, ernst gemeint sei. Durch dieses Verfahren erzeugten sie den Eindruck, sie unterschätzten die Entschlossenheit Washingtons. Präsident Kennedy und seine Berater waren geradezu besessen von der Furcht vor einer »Fehleinschätzung«, einer »Fehlrechnung« der Russen. Eine der Folgen war das Treffen Kennedys und Chruschtschows von 1961 in Wien, bei dem der Präsident in einer heute fast naiv anmutenden Weise geduldig die Haltung der Vereinigten Staaten darlegte und wieder darlegte, um der Gefahr der »Fehleinschätzung« zu begegnen.

Mag die Konfrontation je nach der Art der angewendeten militärischen Drohung konventionell oder nuklear sein, so hängt doch das Ergebnis des Prozesses des Feilschens und Handelns schließlich vor allem von der politischen Situation ab, die für die Gelegenheit geschaffen worden ist. Die Haltung von Alliierten, von unverpflichteten oder neutralen Staaten, die Haltung möglicher Gegner beeinflußt auf manche Weise den Ausgang. Der Ausdruck, den solche Haltungen in den Räten der Vereinten Nationen finden, ist bedeutend wichtiger als die eigentlichen Entscheidungen, die bei den Vereinten Nationen fallen oder nicht fallen. Diese Haltungen sind mitbestimmt durch die öffentliche Meinung, wie sie von den Organen des Massenberichts ausgedrückt oder gespiegelt wird. Ihre Wirkung auf die an der Konfrontation beteiligten Mächte ist eine indirekte, schwierig einzuschätzende und subtile. Aber sie besteht. Da in jeder Konfrontation ein stillschweigender Vorgang des Feilschens und Handelns vor sich geht, ein Wettbewerb der Waghalsigkeit, ein Wettlauf der Willenskraft und Entschlossenheit – kurzum ein psychologischer Prozeß stattfindet –, ist der Umstand, ob die unter der Last der Verantwortung seufzenden und oft einsamen Hauptspieler sich von vielen unterstützt oder aber von vielen bekämpft fühlen, von großer Wichtigkeit.

Der Ausgang jeder Konfrontation, was immer die Größe und Macht der Gegner sein mag, was immer die Eigenschaften des Werkzeuges, das am sichtbarsten geschwungen wird, hängt immer davon ab, daß das ganze in den gegebenen Verhältnissen verfügbare Rüstzeug gleichzeitig und angemessen zusammenwirkt.

Werkzeuge der Intervention sind alle politischen und militärischen Kräfte, die einer Nation deutliche Überlegenheit über die Nation verleihen, die das Ziel der Intervention werden soll. Ohne ganz unzweifelhafte Ungleichheit zwischen den beiden Gegnern gibt es begrifflich keine Intervention. Zwischen Gleichen oder annähernd Gleichen würde die Auseinandersetzung die Form einer Konfrontation annehmen, einer Gewaltprobe, eines Krieges.

Im Rahmen dieser Studie beginnen wir mit der Untersuchung der Strategie gewaltsamer Interventionen, um uns dann andern Methoden zuzuwenden, bei denen keine militärische Gewalt angewendet wird. Der Umstand, daß hier bestimmte Werkzeuge und Methoden erwähnt und betrachtet werden, bedeutet natürlich nicht, daß damit der Gebrauch, der von solchen Werkzeugen und Methoden in Interventionen gemacht wird, auch als rechtmäßig und gerechtfertigt gelten soll.

Bis 1914 war das klassische Werkzeug der bewaffneten Intervention die Seemacht. Kanonenbootdiplomatie war die zivilisierte Sprache, mit der sich die Großmächte – Großbritannien, Frankreich, die Vereinigten Staaten, die Niederlande, das Deutsche Reich, Österreich, Italien, Rußland, Japan – mit weniger zivilisierten und kleineren Nationen in Asien, Afrika und Lateinamerika zu unterhalten pflegten, wenn sie nicht eines Sinnes waren. Kanonenbootdiplomatie bestand im »Zeigen der Flagge« in den Häfen oder auf den Flüssen eines unbotmäßigen Landes. Dabei konnten auch ein paar Granaten auf eine Siedlung oder in den Urwald abgefeuert werden. Man kann das bei Joseph Conrad nachlesen[6]). Oder es wurden Truppen gelandet, oder die Hauptstadt von Marinetruppen besetzt, oder ein oder mehrere Häfen wurden blockiert, oder Schiffe auf hoher See festgehalten oder von der See vertrieben. Die Russen, die naturgemäß Landoperationen mehr zugetan waren, pflegten eine Division oder eine Armee auszuschicken und Höfe und Dörfer niederzubrennen.

Nach dem Zweiten Weltkrieg wurde die Strategie der Intervention ein anspruchsvolleres Gebiet des militärisch-politischen

Manövrierens. Mit symbolischen Gesten konnte nicht mehr viel erreicht werden. So mußte eine Strategie mit eigentlicher und nachhaltigerer Wirkung gefunden werden.

Das erste Problem der Interventionsstrategie entspricht dem ganzen Wesen der Operation und besteht darin, sie in Raum und Zeit zu begrenzen. Bei der ersten Wahl von Methoden und Werkzeugen schon gilt es, den Weg, der wieder aus der Verwicklung hinausführt, und auf dem die Intervention beendet werden kann, im Auge zu behalten. Zu vermeiden, daß das Manöver über die Grenzen des dafür gewählten Gebietes hinübergreift und daß andere Mächte sich einmischen, ist das politisch-militärische Problem Nummer eins. Wenn das Unternehmen sich ausweitet, ist die Absicht, eine begrenzte Operation zu führen, ja schon gescheitert, vielleicht bevor sie richtig begonnen hat. Intervention kann dann nach und nach von etwas verschlungen werden, das viel größer und viel gefährlicher ist, als was ursprünglich geplant war – wie zum Beispiel Vietnam zeigt.

Um gewiß zu sein, daß die Operation in engen Grenzen gehalten werden kann und wirkliche Aussicht für raschen Erfolg besteht, sind ein tüchtiger politischer und militärischer Nachrichtendienst und eine umsichtige Auswertung der Ergebnisse, die er liefert, von größter Bedeutung, und das hier noch mehr als in anderen Konfliktsituationen. Die Lehren der französisch-britischen Intervention gegen Gamal Abdel Nasser im Jahre 1956, die versuchte Invasion Kubas an der Schweinebucht von 1961 durch Emigranten, die von den Vereinigten Staaten unterstützt worden waren, die amerikanische Intervention in Südvietnam, die sowjetische Intervention von 1968 in der Tschechoslowakei weisen alle auf die Wichtigkeit eines guten politischen Nachrichtendienstes und der richtigen politischen Beurteilung der Lage hin. In allen diesen Fällen wurde die politische Lage in der Gesellschaft, die das Ziel der Intervention werden sollte, die Haltung der Mehrheit gegenüber der Regierung, die man stürzen wollte, nicht richtig eingeschätzt. Die Beispiele weisen auch darauf hin, wie schwierig es ist, die vorliegenden Nachrichten auszuwerten und die richtigen Schlüsse daraus zu ziehen in allen Fällen, in denen eine übergroße Fülle von Berichten einläuft.

Überraschungen warten fast immer auf einen Intervenienten. Ja, so groß ist die Ungewißheit in allen Lagen, in denen ein Staat es unternimmt, die politischen Strukturen einer anderen Nation zu beeinflussen und zu ändern, daß niemandem zu raten ist, auch nur die kleinste Operation zu beginnen, wenn die intervenierende Regierung nicht bereit und in der Lage ist, sich entweder sofort wieder zurückzuziehen oder aber eine Eskalation zu ausgedehntem, wenn auch immer noch begrenztem Krieg in Kauf zu nehmen.

Das militärische Rüstzeug einer Intervention besteht aus – in den Worten der Satzung der Vereinten Nationen – »Demonstrationen, Blockade und andere Operationen von Luft-, See- oder Landstreitkräften«. Luftmacht erwies sich im Zweiten Weltkrieg als eine wichtige Waffe, aber bei weitem nicht als die entscheidende Waffe, wie sie von ihren leidenschaftlichen Anhängern wie Giulio Douhet (1869–1930), William E. Mitchell (1879–1936) oder Alexander Seversky (geb. 1894) in ihren Zukunftsvisionen geschildert worden war. Die Militärs indessen, konservativ wie sie sind, klammern sich weiter an die Vorstellung, daß Luftmacht das Mittel ist, mit dem man den Willen eines Feindes brechen kann. Daraus ergibt sich sofort der Schluß, daß sie auch das beste Mittel für eine Intervention sei. Als Südkorea 1950 von der Armee Nordkoreas angegriffen und überschwemmt wurde, mußte man schon im ersten Augenblick feststellen, daß die amerikanische Luftmacht, selbst unterstützt von einer überwältigenden Seemacht, das überfallene Land nicht wirksam schützen konnte. 1956 plante das britische Oberkommando anläßlich der Intervention in Ägypten, getreu den Vorstellungen vom »Sieg durch Luftmacht«, eine »aeropsychologische Phase« einzulegen. Sie sollte aus acht bis zehn Tage währenden Bombardierungen von Zielen in Ägypten – Basen der Luftwaffe, Punkte von militärischer und psychologischer Bedeutung, aber nicht die Armee und nicht die Bevölkerung – bestehen. Man meinte, diese Methode werde den Sturz von Abdel Nasser bewirken und den militärischen Widerstand Ägyptens zusammenbrechen lassen. Darauf könnte eine Truppenlandung stattfinden, die auf keinen Widerstand stoßen würde. Die »aeropsychologische Phase« wurde schließlich auf vier Tage verkürzt. Sie begann am 30. Oktober 1956, und die erste Landung folgte am 5. November[7]). Die Luftoperation war selbstverständlich wirkungslos und diente nur dazu, die öffentliche Meinung in der ganzen Welt gegen das Unternehmen zu mobilisieren.

In Vietnam war der Gebrauch der Luftwaffe im taktischen und operativen Sinne zwar wirkungsvoll. Ihr strategischer Gebrauch dagegen, der darauf angelegt war, die Intervention schrittweise, angemessen und begrenzt zu steigern und so die Regierung von Nordvietnam an den Verhandlungstisch zu bringen, erwies sich als zwecklos. Der Gedanke, sorgfältig nach ihrer psychologisch-militärischen Bedeutung ausgewählte Ziele zu bombardieren, die täglich von der höchsten Autorität im Weißen Haus in Washington zu genehmigen waren, führte nicht zum Ziel.

Der uneingeschränkte Gebrauch der Luftmacht im Zweiten Weltkrieg vermochte den Widerstandswillen von Regierungen und Völkern nicht zu brechen, wie die Beispiele von Großbritannien, Deutschland und Japan zeigen. Wir wissen heute sogar, daß es nicht die beiden Atombomben waren, die auf Japan abgeworfen wurden, welche eigentlich die Kapitulation herbeiführten. Ihre Wirkung war vielmehr, daß sie dem Kaiser und seinem Kreise das Argument in die Hand gaben, mit dem er den Widerstand der Kriegspartei gegen eine Kapitulation brechen konnte, die seit einiger Zeit nötig geworden und von den verantwortlichen Persönlichkeiten in Japan schon lange befürwortet worden war.

Der eingeschränkte Gebrauch der Luftmacht ist demnach noch viel weniger wirksam. Bei Interventionen kann an sich nur eine eingeschränkte Verwendung in Frage kommen, so daß in diesen Fällen das Werkzeug sicher unwirksam und der Lage nicht angepaßt ist. Der begrenzte, sorgfältig zwischen symbolisch verletzlichen Zielen wählende Luftkrieg wird der Bevölkerung bald zeigen, daß die Bombardierungen gar nicht so zerstörerisch sind, wie man gefürchtet hatte, ehe sie begannen, und gar nicht so gefährlich, wie behauptet worden war. Er wird dem einfachen Denken der meisten Menschen, die nichts von den Feinheiten strategischer Berechnungen wissen, einfach bedeuten, daß der

Angreifer unentschlossen oder schwach, kurzum ein »Papiertiger« ist. Wenn Demonstrationen der Luftmacht nicht gefolgt werden von wirklich ernstlichen und zerstörenden Schlägen – und sie können nicht von solchen gefolgt werden, weil die Intervention ja begrenzt bleiben muß –, dann werden sie den Widerstandsgeist heben und nicht brechen.

Die Luftmacht hat aber neue Dimensionen gewonnen und eine neue Bedeutung, seit ihr Nutzen für den Nachschub und für taktische und operative Truppenbewegungen voll erkannt und ausgeschöpft wird. Sie übertrifft in vielen Lagen vielleicht bereits die Bedeutung der Luftmacht als eigentliche Waffe im Kampf.

In der Funktion als Transportmittel begegnet die Luftmacht im Falle von Interventionen einer neuen Schwierigkeit, die ihrem Gebrauch gerade in diesen Fällen entgegensteht. Sie ist in der Regel abhängig von Überfliegungs- und Landerechten in neutralen oder unverpflichteten Ländern oder in solchen, die der Intervention mit offener Feindschaft begegnen. So hatten die Niederlande große Schwierigkeiten, Truppen und Nachschub nach Indonesien zu bringen, als sie 1946 und 1947 im Kampfe mit der Unabhängigkeitsbewegung standen, und wieder 1962 bei der Verteidigung von West-Neuguinea. Beide Fälle waren keine Interventionen. Aber sie illustrieren als militärische Operationen die Schwierigkeiten, der die Luftmacht bei weltweiten Unternehmungen begegnet. Dazu kommt, daß Flughäfen, die für das Landen von Nachschub für Interventionstruppen in Frage kommen, in den meisten Fällen ungenügend sind und leicht unbrauchbar gemacht werden können[8]).

Ähnliche Überlegungen gelten für die Seemacht. Sie war gewiß eine gewaltige Waffe in großen Kriegen zwischen Seemächten und im Sinne des amerikanischen Theoretikers Admiral Alfred Thayer Mahan (1840 – 1914). Sie war wirksam im Zeitalter der Kanonenbootdiplomatie. In Interventionsoperationen unserer modernen Welt aber werden Flotten die gleichen Hindernisse antreffen wie die Luftflotten, sofern man an ihre Feuerkraft denkt. Anders steht es mit ihrer Eignung für Nachschub und Rückschub; auf diesem Gebiet sind und bleiben Schiffe unschlagbar. Sie können die Straßen der hohen See benützen bis zu den Küsten der Gebiete, in denen interveniert werden soll, und keine feindselige Regierung kann sie daran hindern.

Was eigentliche militärische Operationen von Seestreitkräften im Zusammenhang mit Interventionen anbelangt, so denkt man zuerst an das Mittel der Blockade. Sie war ein wirksames Instrument im neunzehnten Jahrhundert und in der ersten Hälfte des zwanzigsten Jahrhunderts. Heute hat sie wahrscheinlich viel von ihrem Wert eingebüßt. Der erste Grund dafür ist, daß Lufttransporte Bewegungen von Personen und Sachen trotz jeder Seeblockade erlauben und die Entbehrungen vermindern helfen, die man dem Opfer der Blockade aufzuerlegen gedenkt, sofern die Blockade nicht allzu lange fortgesetzt werden kann. Der zweite Grund besteht darin, daß eine Seeblockade, die nach Völkerrecht in Friedenszeiten rechtswidrig ist, im Falle einer Intervention, die ja ohne Kriegserklärung erfolgen muß, derartige Kritik und Gegnerschaft in der Völkerfamilie wecken wird, daß sie sich dem Blockierenden schädlicher erweisen würde als dem Blockierten.

Die Blockade in Gestalt einer »Quarantäne« während der Kuba-Krise von 1962 als eine Erscheinung des begrenzten Krieges war natürlich ein ganz anderer Fall. Sie war dort Teil einer Konfrontation und die Grundlage für eine glaubhafte Drohung, es könne zu einer Eskalation der Machtentfaltung kommen. Deshalb war sie im Rahmen der damals bestehenden Lage wirksam.

Seemacht bleibt ein wirksames Werkzeug der Intervention, wenn sie gebraucht wird für eine länger dauernde, wenn auch begrenzte Entfaltung militärischer Macht in der kritischen Zone. Wenn sie als amphibische Streitkraft organisiert und ausgerüstet ist, fähig, auch gegen starken Widerstand zu landen, mit den geeigneten Landungsfahrzeugen und mit von Flugzeugträgern aus operierender Luftunterstützung, dann ist Seemacht – wenn man einmal nur die militärischen Aspekte berücksichtigt – gewiß das beste Werkzeug der Intervention in einer großen Zahl von Fällen, an die man in der heutigen internationalen Situation denken kann.

Neue Landetechniken, bei denen Container mit Helikoptern oder mit Landungsbarken von den größeren Schiffen her an die

Küste gebracht werden, machen Landungsoperationen in Zukunft fast unabhängig von bestehenden Häfen. Schnelle Transportschiffe und Versorgungsschiffe für derartige amphibische Streitkräfte, die zum voraus in strategisch wichtige Gebiete entsandt werden, verleihen amphibischen Interventionen größte Schnelligkeit und auch Anpassungsfähigkeit.

Das Marinekorps der Vereinigten Staaten von Amerika ist das am besten bekannte und auch das wirksamste und mächtigste Instrument für derartige Operationen, das bis jetzt bestanden hat. Es befindet sich weiter im Ausbau und wird auf einen Stand gebracht, in dem es drei Viertel von zwei Divisionen zusammen mit den dazugehörigen Fliegergeschwadern über eine Entfernung von fast tausend Kilometern in einem Tag transportieren kann. Diese Streitkräfte sind so ausgerüstet und zusammengesetzt, daß sie auch gegen starken Widerstand einen Landekopf oder Landeköpfe bilden können.

Die britische Flotte unterhält viel bescheidenere, aber in ihrem engen Rahmen doch schlagkräftige Verbände für amphibische Operationen. Es können in einem einzigen Transport zwei Brigaden in eine kritische Zone gebracht werden. Die Luftunterstützung wird vorläufig noch durch Flugzeugträger vermittelt. Während das amerikanische System darauf angelegt ist, starken Widerstand zu brechen, der sich der Landung entgegenstellt, ist das britische System eher so gestaltet, daß es an einer Küste, an der kein Widerstand geleistet wird, starke Streitkräfte an Land bringt – in der britischen Ausdrucksweise eine »Rote Teppich-Landung«, in amerikanischem Jargon eine »administrative Landung«. Durch ihre ganze Konzeption spiegeln die britischen Landungs- und Interventionsstreitkräfte auf der einen Seite die Grenzen, die einem wirtschaftlich schwachen Lande gesetzt sind, auf der anderen Seite eine politische Entscheidung, die davon ausgeht, daß Interventionen in Zukunft auf Grund einer Einladung erfolgen werden (und damit gar keine Interventionen im eigentlichen Sinne sind) und nicht mehr gegen den Widerstand des Intervenierten.

Als eine Antwort auf die verbesserten Vorbereitungen der Westmächte für amphibische Operationen, die so besonders gut geeignet sind für Interventionen, hat die Union der Sozialistischen Sowjetrepubliken seit 1966 und 1967 Vorkehrungen getroffen, die sie nach und nach instand setzen werden, auch in weit entfernten Gebieten zu intervenieren. Das riesige Transportflugzeug vom Typ Antonow NA-22, ein Gegenstück des amerikanischen C-5A, wurde 1967 zum erstenmal vorgeführt. An der Truppenparade zur Feier der Oktoberrevolution an deren fünfzigstem Jahrestag im November 1967 defilierten in Moskau auf dem Roten Platz zum erstenmal Marineinfanteristen. Die Flotte wurde ausgebaut und modernisiert nach einem Programm, das den heute globalen Interessen der Sowjetunion entspricht. Wie ein Artikel in der jugoslawischen *»Review of International Affairs«* ausführte, ist die verstärkte strategische Beweglichkeit der Sowjetunion dazu bestimmt, »die imperialistische Strategie der lokalen und begrenzten Kriege mit ihren eigenen Waffen zu beantworten, mit den Waffen des lokalen und begrenzten Krieges«[9]).

In den Konfrontationen über den Suezkanal von 1956, den Kongo 1960 und Kuba im Jahre 1962 fehlten der Sowjetunion ganz offensichtlich die konventionellen Streitkräfte am Ort der Auseinandersetzung, die es ihr erlaubt hätten, glaubwürdig zu drohen, die Konfrontation könne zu einer Intervention gesteigert werden. Moskau mußte sich deshalb im ersten und zweiten Fall auf Manöver der nuklearen Konfrontation beschränken. Der kubanische Zwischenfall war besonders demütigend, weil er der ganzen Welt, einschließlich der kommunistischen Regierungen, zeigte, daß die Sowjetunion, wenn sie es nicht auf die Gefahr eines nuklearen Schlagaustausches mit den Vereinigten Staaten ankommen lassen wollte, nicht in der Lage war, einem entfernten Verbündeten zu Hilfe zu kommen. Während des Sechstagekrieges im Mittleren Osten vom Juni 1967 war von Moskau wahrscheinlich nie eine Intervention beabsichtigt worden, aber, hätte es eine solche geplant, wäre sie praktisch doch unmöglich gewesen. Es fehlte an den konventionellen Streitkräften an Ort und Stelle. Im Lichte dieser Erfahrung hat Moskau seither wirksam strategische Maßnahmen entfaltet.

Der nicht gerade stabile Charakter der Regierungen, auf welche die Sowjetunion ihren Einfluß in der außereuropäischen Welt stützen muß, wie etwa die der Vereinigten Arabischen

Republik, Syriens, Libyens, Iraks, Algeriens, Nordkoreas, Nordvietnams, Kubas, zwingt zu der Annahme, daß eines Tages Interventionen nötig werden könnten, um eine der Sowjetunion freundlich gesinnte Regierung zu stützen. Deshalb kann der Entschluß der Sowjetunion nicht überraschen, größere strategische Mobilität zu gewinnen.

Der Vorteil der sich auf Seestreitkräfte und ihre strategische Beweglichkeit gründenden Interventionsmacht liegt, ganz besonders, wenn sie durch Flugzeugträger unterstützt wird, in der Tatsache, daß sie gegenüber internationaler Kritik und politischen Angriffen fast unverletzlich ist, solange sie noch nicht interveniert hat. Interventionsstreitkräfte dagegen, die sich auf Basen in fremden Ländern verlassen müssen, seien sie Land- oder Luftstreitkräfte, können in dem politischen Ambiente der modernen Welt nicht frei und willkürlich verwendet werden, wie sowohl die Briten wie die Amerikaner feststellen mußten.

Nach dem Verlust seines Kolonialreichs hat Frankreich äußerst bewegliche Luftlandetruppen aufgestellt, die besonders auf Interventionen in Afrika vorbereitet sind. Sie bestehen aus einer Division, welche die Bezeichnung *division d'intervention* trägt, die aus Fallschirm- und Marineinfanteriebrigaden und den sie unterstützenden Divisionstruppen zusammengesetzt ist. Für die enge Zusammenarbeit mit dieser Division sind die *forces d'intervention interarmées* bestimmt, die aus den amphibischen Streitkräften sowie Flotten- und taktischen Fliegerverbänden bestehen. Der bereits in Afrika befindliche Teil der Interventionskräfte besteht aus Marineinfanterie, die in Dakar an der Westspitze Afrikas, in Fort Lamy im Zentrum und in Diego Suarez auf Madagaskar, also im Osten, stationiert ist. Der Auftrag dieser Streitkräfte lautet, sich bereitzuhalten, um afrikanische Regierungen, die mit Frankreich durch Verträge zur gegenseitigen Hilfeleistung verbunden sind, zu unterstützen oder um gewisse politische Entwicklungen im französischsprechenden Afrika zu beeinflussen und zu steuern. Die Verträge zur gegenseitigen Hilfeleistung sind Überbleibsel der kolonialen Vergangenheit und im Grunde genommen Abkommen zwischen den französischen und den afrikanischen militärischen Behörden.

Diese Streitkräfte können in kürzester Zeit an jeden Punkt

des schwarzen Afrika geflogen werden, an dem eine Intervention nötig erscheint. Zu dieser ihrer ersten Aufgabe kommt eine Verwaltungsfunktion, die darin besteht, Basen und Arsenale, aus denen einige der afrikanischen Armeen mit Waffen und Munition versorgt werden, zu bewachen und zu betreiben. Aus dieser aus Waffenlieferungen bestehenden Militärhilfe kann sich, wie wir sehen werden, geradezu eine besondere Form der Intervention entwickeln.

Der Grundsatz der Nichtintervention hat im Völkerrecht der modernen Welt eine so starke Grundlage gewonnen, daß die meisten Regierungen und die öffentliche Meinung sich überall dazu bekennen oder bekennen müssen. Trotz den eindrucksvollen Werkzeugen militärischer Intervention, die in den Händen einiger Mächte erscheinen, ist deshalb selbst die kleinste Operation interventionistischen Charakters von großen politischen Gefahren für den Intervenienten umwittert.

Zu den politischen Gefahren treten, als Hindernis für jede Intervention, deren Kosten. Der hohe Preis für die Beschaffung hochentwickelter Geräte für amphibische Operationen oder für Luftlandeunternehmungen und die geradezu kolossalen Ausgaben, die einem Staat erwachsen, wenn er diese Geräte wirklich gebraucht, machen heute eine militärische Intervention zu einem doppelt gefahrvollen und in seinen Wirkungen auf die Wirtschaft und die Finanzen des sie unternehmenden Landes unberechenbaren Wagnis. Die Intervention gegen Ägypten von 1956 kostete das Vereinigte Königreich mindestens hundert Millionen Pfund, also rund eine Milliarde DM, und führte zu einer Flucht von Kapitalien aus England, die, hätte sie einige Tage länger gedauert, die Regierung Eden vielleicht gezwungen hätte, schon damals das Pfund abzuwerten[10]). Wenn wir uns daran erinnern, daß Interventionen mit einem einzigen Ziel, die Rückzahlung privater Schulden zu erzwingen, im neunzehnten und beginnenden zwanzigsten Jahrhundert häufig vorkamen, erkennen wir auch, wie sich die Dinge geändert haben. Solche Interventionen kamen so häufig vor, daß 1907 die Drago-Porter-Konvention geschlossen wurde, welche dieses Verfahren bestimmten einschränkenden Regeln unterwarf. Die enormen Kosten einer militärischen Operation in der modernen Welt, die sich aus den außerordentlich teuren Geräten ergeben, die vorhanden sind und darum auch gebraucht werden, würden in den meisten Fällen an einem einzigen Tage den Betrag der Schuld, die man eintreiben will, um ein Vielfaches übertreffen.

Aus allen diesen Gründen greifen Mächte mehr und mehr zu den Waffen der geheimen, unterirdischen Intervention, und zwar nicht nur die Sowjetunion oder andere kommunistisch orientierte Staaten, die wesensmäßig auf Subversion eingestellt sind, sondern auch Staaten, die nach ihren Traditionen eher orthodoxen und offenen Methoden zuneigen würden. Solche Interventionen werden geführt, indem Waffen in das anzugreifende Land eingeschleust werden, die dann die Anhänger oder Agenten des Intervenierenden benutzen, um von innen heraus die politische Ordnung zu verändern. Der große politische Vorteil dieser Interventionsstrategie liegt darin, daß die sie gebrauchende Macht nicht ohne weiteres darauf festgelegt werden kann. Es ist ihr leichter möglich, jede Verantwortung zurückzuweisen. Der Vorteil spezifisch militärischer Art besteht darin, daß Kräfte, die von innen operieren, den Umsturz betreiben oder einen Bürgerkrieg führen, weniger verletzlich sind durch schwere Waffen und ausgeklügelte technische oder taktische Systeme als offen kämpfende konventionelle Streitkräfte. Sie sind unter Umständen auch in der Lage, in gewissen Abschnitten des Gebietes, in das sie eingedrungen sind oder in dem sie sonst wirken, Teile der Bevölkerung für sich zu gewinnen oder doch durch Zwang gegen den Verteidiger zu mobilisieren. In allen Fällen wird eine solche Strategie wirksam sein, wenn schon eine Opposition vorhanden ist, die der Regierung feindlich und dem Intervenierenden freundlich gesinnt ist.

In einem gedankenreichen Buch hat der französische Oberst Albert Merglen dargelegt, wie vielversprechend heute diese Art der Kriegführung ist[11]). Unter dem Druck der Kräfte, die sich immer entschiedener gegen Intervention wenden, ist es wahrscheinlich, daß selbst Großmächte immer mehr geheime und unterirdische Verfahren bevorzugen werden. Unterwühlung im weitesten Sinn, die von psychologischem Krieg bis zum Terror reicht, ist vielleicht die einzige in Zukunft noch mögliche Form der Intervention.

Als Drohung kann militärische Macht in allen Fällen gebraucht werden, in denen die Intervention in Form einer Konfrontation geführt wird. Da diese Methode oft angewendet wird und gelegentlich sogar mit Erfolg, drängt sich die Frage geradezu auf, ob denn die bei weitem eindrucksvollste Drohung, die Drohung mit Nuklearwaffen, nicht auch ein praktisches Werkzeug der Intervention sein könne. Werden in Zukunft die Nuklearwaffenstaaten, sofern sie in die Angelegenheiten einer anderen Nation intervenieren wollen, sich nicht einfach dieses übermächtigen Mittels bedienen?

Die allerneueste Geschichte scheint in andere Richtung zu weisen. Nukleare Drohungen sind zwar in Konfrontationen gebraucht worden, aber nie bei Interventionen. Weder während noch vor der Intervention der Vereinten Nationen in Korea, die ja eine amerikanische Intervention war, noch während der lebensgefährlichen Krise der französischen Armeen in Indochina, noch in dem Augenblick, in dem sich die amerikanische Hilfe an Südvietnam in eine bewaffnete Intervention verwandelte, wurden atomare Drohungen gebraucht. Zwar prüfte man in Washington 1954, als die Krise in Indochina einen Höhepunkt erreicht hatte, ernstlich die Frage, ob die in Dien Bien Phu eingeschlossenen französischen Truppen mit den Atombomben von Flugzeugen der Flotte, die von Flugzeugträgern aus operierten, vielleicht befreit werden könnten. Zwar ließen sich während den Anfangsphasen des Krieges in Vietnam Stimmen vernehmen, die begrenzte nukleare »Demonstrationen« empfahlen. Aber alle derartigen Vorschläge wurden von den verantwortlichen Stellen schnell als unannehmbar und unmöglich zurückgewiesen. Weit davon entfernt, nukleare Drohungen zu verwenden, hat die amerikanische Regierung immer alles darangesetzt, die eigene öffentliche Meinung sowie die ihrer Alliierten und der übrigen Welt zu beruhigen und sie davon zu überzeugen, daß für sie der erste Gebrauch nuklearer Waffen auf keinen Fall in Frage kommt.

Solange das strategische Gleichgewicht zwischen den Vereinigten Staaten und der Sowjetunion besteht und die Grundlage bildet für die Koexistenz von zwei Supermächten, sind nukleare Drohungen gegen Dritte als Mittel, begrenzte Ziele zu erreichen, ausgeschlossen. Das ist doppelt wahr, wenn in den Gebieten, in denen eine Intervention als eine der Möglichkeiten, gewünschte Veränderungen herbeizuführen, erwogen wird, Interessen beider Weltmächte auf dem Spiele stehen. Solange sich Moskau berufen fühlt, »nationale Befreiungskriege« in aller Welt zu entfesseln, zu fördern und zu unterstützen, und solange die Vereinigten Staaten überzeugt sind, »öffentliche Sicherheit« ebenfalls in aller Welt sei eine notwendige Voraussetzung ihrer eigenen nationalen Sicherheit, dann sind die Gebiete, in denen nicht beide Mächte Interessen haben und sich verantwortlich fühlen, auf ein bedenklich kleines Maß zusammengeschrumpft. Diese Gebiete beschränken sich in Tat und Wahrheit auf das Gebiet der anderen Supermacht und ferner – auf der Sowjetseite – auf den Gürtel der Satellitenstaaten und – auf der amerikanischen Seite – auf das Gebiet der NATO oder wenigstens des westeuropäischen Sektors der NATO. Für beide Seiten kommen dazu vielleicht noch die Territorien der wenigen neutralen Staaten. Die Türkei, Griechenland und Skandinavien werden von den Sowjets dagegen gewiß nicht als Zonen des Nichtinteresses betrachtet.

Ein weiterer Wesenszug der modernen Strategie trägt dazu bei, den Gebrauch nuklearer Drohungen als Werkzeug einer Intervention stark einzuschränken oder gar auszuschließen. Es ist der sie beherrschende Begriff der Abschreckung – *deterrence*. Militärische Macht wird heute viel weniger als ein Instrument begriffen, das aktiv gebraucht werden muß, sondern als ein Mittel, andere, gegnerische Nationen davon abzuhalten, ihre militärische Macht zu gebrauchen. Eine nukleare Drohung, welche stark genug wäre, um eine Intervention zu verwirklichen, könnte kaum mehr unterschieden werden von der eigentlichen Entfaltung und vom eigentlichen Gebrauch der Waffe. Sie müßte dem tatsächlichen Waffengebrauch so nahekommen, daß es zwar vielleicht keine Zerstörungen und keine Opfer, oder nur Zerstörungen gäbe, daß die Schwelle, die den Nichtgebrauch vom Gebrauch trennt, aber doch betreten wäre. Ein Beispiel solchen Einsatzes einer Nuklearwaffe gibt es noch nicht, wenn man nicht die sowjetischen Explosionsversuche im hohen Norden im Jahre 1961 in diesem Sinne auslegen will. Aber ein solcher

Gebrauch wurde 1945 gegen Japan erwogen – es hätte sich dabei um einen Fall von Abschreckung mitten im Krieg gehandelt. Man dachte daran, die erste Nuklearbombe nicht gegen ein eigentliches Ziel in Japan, sondern gegen eine unbewohnte Insel zu gebrauchen, aber so, daß die Japaner es sehen können. Der Gedanke mußte dann aus den verschiedensten Gründen aufgegeben werden.

Wie dem auch sei – Machtgebrauch an sich steht im Gegensatz zu dem Begriff der Abschreckung und der in ihrem Dienste verwendeten Verfahren. Der tatsächliche Waffeneinsatz bricht den Bann. Nach dem Begriff der Abschreckung oder Abhaltung ist die Ungewißheit über die Entschlossenheit des Gegners und über seine tatsächliche Stärke und Bereitschaft zum Waffengebrauch eine der ins Spiel gebrachten und entscheidenden Kräfte. Der tatsächliche Einsatz der physischen Gewalt, der automatisch nach Gegengewalt ruft, wird die Ungewißheit aufheben und dabei die Wirkung der Abschreckung vermindern oder zerstören. Sogar Großmächte, deren physische Fähigkeit, eine kleinere Nation zu überwältigen, außer jeder Frage steht, bei der sie intervenieren wollen, müssen Zurückhaltung üben, zumindest auf nuklearem Gebiet, wenn ihre Abschreckungskraft erhalten bleiben soll.

Nichtmilitärische Intervention

Der Gebrauch von Waffengewalt in einer Intervention steht, wie wir im Laufe dieser Studie gesehen haben, im Gegensatz zu den geltenden Regeln des Völkerrechts und wird von einer wachsamen öffentlichen Meinung im allgemeinen scharf verurteilt. Er ist weniger und weniger geeignet, die leichten Ergebnisse zu erzielen, auf die man im neunzehnten und im beginnenden zwanzigsten Jahrhundert so zuversichtlich rechnete. Deshalb drängt sich die Frage auf, ob der Gebrauch von Werkzeugen, die sich aus der gegenseitigen technischen und wirtschaftlichen Abhängigkeit unserer modernen Welt ergeben, nicht ein eher erfolgversprechendes Mittel der Intervention sei.

Der bloße Gebrauch der Wirtschaftsmacht einer Nation, um

die politischen Strukturen und die Entschlüsse einer andern Nation zu beeinflussen, würde, das ist von Anfang an klar, der Definition der Intervention nicht entsprechen. Ein wichtiges Element, das der plötzlichen Änderung der gegenseitigen Beziehungen, fehlt. Wahrscheinlich würde in solchen Fällen auch die zeitliche Begrenztheit fehlen. Deshalb kann man die gewöhnliche Wirkung und Gegenwirkung wirtschaftlicher Macht in den gegenseitigen Beziehungen von großen und kleinen Nationen – auch wenn sie den Willen von Regierungen und ihre Entschlüsse und sogar die politischen Strukturen tief beeinflußt – gewiß nicht zum Reich der Interventionen rechnen. Wir können nur eine besondere Art wirtschaftlicher Beziehungen und ihrer Wirkungen auf die Politik als dem Begriff der Intervention entsprechend anerkennen – Wirtschaftshilfe und technische Hilfe.

Die Dekolonialisierung hat eine große Zahl neuer souveräner Staaten ins Leben gerufen, die aus naheliegenden Gründen über ihre neuerworbene Unabhängigkeit argwöhnisch wachen. Viele von ihnen sind aber wirtschaftlich noch schwach und politisch wenig gefestigt. Die wirtschaftliche Schwäche ergibt sich oft aus den geographischen Tatsachen, aus dem Volkscharakter oder aus der kolonialen Vergangenheit, in der Monokulturen und die Erzeugung von Rohstoffen einer vielseitigen Landwirtschaft und einer reich entfalteten industriellen Tätigkeit und gemischten Exporten vorgezogen wurden. Monolithische Wirtschaftsstrukturen fördern soziale Ungleichheit und Unsicherheit und tragen damit zum Fehlen rationaler politischer Haltungen und Traditionen bei. Aus diesen Gründen hängen solche Nationen von der einen oder anderen Form äußerer Unterstützung ab. Derartige Unterstützung ist an die Stelle der Investitionen von Geld, Talent und Können getreten, welche die früheren Kolonialmächte in ihren überseeischen Besitzungen zu machen pflegten, und sie ist auch ein Gegengewicht gegen den Verlust der reichen Märkte, welche die sogenannten »Mutterländer« ihren Kolonien boten. Entwicklungshilfe ist deshalb eine unerläßliche Bedingung geworden für den wirtschaftlichen und sozialen Fortschritt der neuen Nationen. In vielen Fällen, wie zum Beispiel denjenigen Indiens, Ägyptens, Algeriens, entscheiden Nahrungsmittelimporte auf einer nichtkommerziellen Grundlage sogar über Leben und Tod ganzer Bevölkerungsgruppen.

Abhängigkeit von Auslandshilfe – eher als die Auslandshilfe selber – ist das Instrument, das interventionistisch gebraucht werden kann. Wirtschaftliche und technische Hilfe kann die empfangende Regierung dazu bewegen, das zu tun, was die Nation, die gegen sie intervenieren möchte, von ihr wünscht – wie zum Beispiel einem Bündnis beizutreten, einem Bündnis mit einer anderen Regierung abzusagen, Konzessionen für die Ausbeutung von Bodenschätzen zu erteilen, Rechte zur Einrichtung von Militärbasen zuzusprechen. Geschenke und Versprechungen gehören aber im Grunde zu der gleichen Kategorie von Beweggründen wie diplomatische Überredung und diplomatisches Verhandeln, das nicht als Intervention betrachtet werden darf.

So kann zum Beispiel das Einräumen wirtschaftlicher Vorteile an Spanien, die Lieferung von Kriegsmaterial im Austausch gegen militärische Basen durch Spanien an die Vereinigten Staaten gewiß nicht als ein interventionistischer Vorgang betrachtet werden. Überall fehlt hier ein wichtiger Wesenszug der Intervention – diese Handlungen wenden sich nicht direkt an die Machtstruktur der empfangenden Gesellschaft.

Der einzige Fall, in dem wir das Leisten von wirtschaftlicher und technischer Entwicklungshilfe als interventionistisch bezeichnen dürfen, ist der Fall, in dem es sich an die Machtstrukturen wendet, nach Dauer und Ziel begrenzt ist, von früheren Beziehungen abweicht. Das alles trifft zu, wenn die Regierung, welche die Auslandshilfe empfängt, in ihrem eigenen Lande einer revolutionären Bewegung gegenübersteht oder in einen internationalen Konflikt verwickelt ist, dessen Ausgang ihr politisches System verändern wird. Auslandshilfe in einem solchen Fall kann eine Intervention darstellen. Alle Einwände und alle Kritik, mit der man Interventionen zu begegnen pflegt, können gegen Auslandshilfe vorgebracht werden, die in solchen Fällen geleistet wird. Nur eine Politik strikter Neutralität könnte dann dem Verdacht begegnen, es sei eine Intervention beabsichtigt.

Ein deutliches Beispiel für eine solche Lage bot der Bürgerkrieg in Spanien in den Jahren 1936 bis 1939. Die beiden sich bekämpfenden Parteien, und nicht nur sie als die unmittelbar

Beteiligten, antworteten auf die leichteste wirtschaftliche Diskriminierung mit der Anklage, eine auswärtige Regierung ergreife Partei und interveniere deshalb in den Konflikt. Ein anderes Beispiel bot der Bürgerkrieg in Nigeria, der zwischen 1967 und 1970 wütete. Wer immer den beiden sich bekämpfenden Parteien, Nigeria und Biafra, auch nur nahe kam und in welcher Absicht oder Funktion es auch sein mochte, auch wenn sie einfach wirtschaftlicher oder gar humanitärer Art war, wurde sofort verdächtigt, eine Intervention zu planen.

In diesen und ähnlichen Lagen ist die Trennungslinie zwischen Intervention und Nichtintervention nicht durch objektive Merkpunkte bezeichnet; der Unterschied hängt von der Absicht ab. Wir können nicht von Intervention reden, wenn die Handlung nicht geplant ist, um eine anerkannte Regel des Rechts, der Moral oder ein bestimmtes politisches System zu verteidigen oder zu fördern, oder wenn der Urheber des Aktes es gar nicht darauf abgesehen hat, die politischen Strukturen des Opfers zu verändern.

Man kann nun gewiß sagen, die Abhängigkeit einer Regierung von irgendeiner Art von Auslandshilfe begründe tatsächlich eine Lage, in der das Geben von wirtschaftlicher und technischer Hilfe gleichbedeutend mit Intervention wird. Wenn eine Regierung alle ihre Hoffnungen auf einen ehrgeizigen Entwicklungsplan gesetzt hat, der nur mit Hilfe von außen verwirklicht werden kann, wird sie gewiß verwundbar. Die Hilfeleistung wird dann zur Vorbedingung von Stabilität, Fortschritt oder wenigstens des Überlebens der an der Macht befindlichen Regierung. Wenn in einer solchen Lage die Hilfe plötzlich zurückgezogen wird, so kann das große Schwierigkeiten erzeugen und die politischen Strukturen schwächen, also gerade die Wirkung erzeugen, welche die intervenierende Macht beabsichtigt.

Die Erfahrungen mit diesem Werkzeug der Intervention sind allerdings widerspruchsvoll. Als die Vereinigten Staaten von Amerika und das Vereinigte Königreich 1956 ihr ursprüngliches Angebot zurückzogen, für Ägypten den Hochdamm bei Assuan zu bauen, wurde dadurch die Regierung von Gamal Abdel Nasser nicht gestürzt. Und als die Union der Sozialistischen Sowjetrepubliken 1960 plötzlich ihre technischen Experten aus der

Volksrepublik China zurückzog, da bewirkte die Unterbrechung in den Entwicklungsplänen des Regimes keineswegs den Sturz des Diktators Mao Tse-tung. Schwächere und ebenso ungesicherte Regierungen kleinerer Länder mögen vielleicht verletzlicher sein. Aber man würde im Falle solcher schwacher Regierungen nicht recht einsehen, warum, wenn man sie schon stürzen will, ein so subtiles und schwer zu handhabendes Instrument, wie es das Geben und Zurückziehen von Hilfe ist, gewählt werden sollte, wenn das Ergebnis viel leichter mit etwas Gewalt, vielleicht ganz im verborgenen angewendet, herbeigeführt werden kann.

Wirtschaftliche und technische Hilfe und kulturelle Propaganda sind zugegebenermaßen darauf gerichtet, dem Empfänger gewisse Werte zuzuspielen und ihn damit zu bewegen, seine politischen Strukturen und seine Lebensart und Anschauungen den Anschauungen und Idealen des Spenders anzunähern. Dieser mag ein Vertreter des Sozialismus sein oder der liberalen und demokratischen Regierungsform. Die Nation, die ihre Gaben an eine empfangende Gesellschaft verschwendet, kann so sehr begierig sein, ihr Ziel zu verwirklichen, daß sie sich selber einredet, sie greife entscheidend in die inneren Angelegenheiten des Empfängers ein. Der Empfänger seinerseits kann die von der Hilfe ausstrahlenden Einflüsse so intensiv empfinden, daß er sich selber einredet, er sei das Opfer einer Intervention. Zwischen den Amtsstellen und den Bürokraten der gebenden und der empfangenden Nation kann sich eine Beziehung von gegenseitiger Abhängigkeit, ja von gegenseitigem Vertrauen entwickeln, die sie auf beiden Seiten dem Vorwurf aussetzt, Werkzeug ausländischer Interessen zu sein. Obwohl auf beiden Seiten, beim Gebenden und beim Empfangenden, solche Eindrücke bestehen mögen, können beide sich täuschen. Vielleicht liegt in Wirklichkeit überhaupt keine Intervention vor. Die Ergebnisse von Unternehmungen, die mit Hilfeleistung arbeiten, sind nämlich so ungewiß, daß technische und wirtschaftliche Entwicklungshilfe tatsächlich nicht die Eigenschaften wirklich brauchbarer Werkzeuge für eine Intervention aufweist.

In den meisten Fällen deckt die Definition, die wir vorgeschlagen haben, um den Begriff der Intervention zu umgrenzen und um so eine nützliche Untersuchung zu ermöglichen, die Vielzahl möglicher Handlungen, die mit Auslandhilfe zusammenhängen, nicht. Die Schlußfolgerung muß deshalb lauten, daß technische und wirtschaftliche Entwicklungshilfe, die einem fremden Land gewährt wird, als solche und auf Grund der ihr eigenen Kriterien betrachtet werden muß und nicht nach den für Interventionen maßgebenden Kennzeichen.

Das Ergebnis wird anders sein, wenn wir einen Nebenzweig der technischen und wirtschaftlichen Hilfe betrachten: die Militärhilfe. Hilfe, die in der Form von Kriegsmaterial oder von militärischem Können geboten wird, also entweder als Waffen und Munition oder als Beratung bei Ausbildung und Führung, ist keine militärische Intervention, sondern vielmehr eine besondere Form technischer und wirtschaftlicher Unterstützung.

Militärhilfe in diesem Sinne ist für manche unstabile Regierung die Vorbedingung des Überlebens der an der Macht befindlichen Gruppen und Personen. Die Regierung würde gestürzt, wenn sie nicht auf eine Armee zählen könnte, die verhältnismäßig reichlich mit amerikanischen oder russischen oder tschechoslowakischen oder französischen oder britischen oder chinesischen Feuerwaffen und Lastwagen versehen ist und zufrieden mit der Regierung, die ihr die Quellen solcher Reichtümer offenhält. Es ist vor allem aus diesem Grund, daß in der ganzen Welt Militärhilfe so verschwenderisch verteilt wird.

All das ist nicht notwendigerweise Intervention. Wenn derartige Unterstützung der Streitkräfte ein dauernder Aspekt der Beziehungen der die Hilfe spendenden Nation und der sie empfangenden Nation ist, dann können wir das Beeinflussung nennen, Einmischung, Abhängigkeit, aber nicht Intervention. Zu dieser Klasse der dauernden Beziehungen gehört die traditionelle Zusammenarbeit zwischen der französischen Armee und einigen Armeen im französischsprachigen Afrika. Die eigentlichen Waffenlieferungen werden dort ergänzt durch Einrichtungen zur Ausbildung auf dem Boden der Empfängernation, die auch eine kleine fremde Besatzung aufnehmen können[12]). Diese Beziehung ist nicht interventionistischer Natur trotz der Tatsache, daß unter Umständen die Militärs beider Seiten sich darüber verständigen können, wer in dem betreffenden afrikanischen Land regieren soll.

Die gegenseitigen Beziehungen werden enger geknüpft, und die Abhängigkeit des Empfängers wächst, wenn der Nachschub für seine Streitkräfte dauernd und ausschließlich aus einer einzigen Quelle, die bei der gebenden Nation liegt, fließt. Es liegt auf der Hand, daß das die Unabhängigkeit und Bewegungsfreiheit des Empfängers erheblich einschränkt. Aus diesem Grunde pflegen souveräne Staaten zu versuchen, solche dauernde Bindungen abzuschütteln, wenn sie dazu imstande sind. So wandte sich zum Beispiel Guinea für die ihm nötige Militärhilfe von Frankreich zur Sowjetunion, und Mali von Frankreich zu den Vereinigten Staaten.

Ein anderes Verfahren, trotz aller Abhängigkeit von ausländischer Militärhilfe Souveränität und Unabhängigkeit zu wahren, besteht darin, die Hilfsgesuche an verschiedene Nationen zu richten. Ein gutes Beispiel bietet der Kongo-Kinshasa. Von 1964 an hat General Mobuto, dem klugen Ratschlag der Vereinten Nationen folgend, die Militärhilfe auf verschiedene Länder aufgeteilt. Er tat es, indem er bilaterale Abkommen mit mehreren Regierungen schloß. An Belgien wandte er sich um Beratung bei der Ausbildung der Armee und für die Einrichtung von Ausbildungszentren. Er sicherte sich Rat und Hilfe Israels bei der Aufstellung und Ausbildung seiner Fallschirmtruppen. Kanada hilft beim Aufbau der Flotte, Italien bei der Luftwaffe, und die Vereinigten Staaten von Amerika lieferten das Material für alle Wehrzweige. In ähnlicher Weise hat Äthiopien seine Unabhängigkeit geschützt, indem es seine militärischen Bedürfnisse bei verschiedenen Lieferanten deckt.

Gerade diese Bemühungen, die militärische Hilfe von verschiedenen Quellen zu beziehen, beweist, daß Militärhilfe an sich zur Intervention werden kann. So wie bei Wirtschaftshilfe und technischer Hilfe ist es weniger die Hilfe an sich, die einer Intervention gleichkommen kann, sondern das Unterbrechen der Leistungen. Die Regierung eines Entwicklungslandes, die gerade eine Polizeiaktion gegen aufrührerische Stämme führt oder mit einer inneren Opposition im Kampfe steht, würde durch das plötzliche Ausbleiben der ausländischen Gewehre, Maschinengewehre, Minenwerfer, Lastwagen und Jeeps empfindlich getroffen. Wenn die Regierung, die bis zur Stunde all das geliefert hat, sich entschließt, plötzlich nicht mehr zu liefern, so kann man sich leicht vorstellen, wie dann die Machtstruktur ins Wanken kommt. Wenn dann noch die anderen Bedingungen der Definition erfüllt sind, dann wird man sagen müssen, dieser Schritt komme einer Intervention gleich.

Man hat sich gefragt, ob der Entschluß der französischen Regierung vom Juni 1967, die 50 Mirage-Jagdbomber nicht zu liefern, die Israel gekauft und bezahlt hatte, eine Intervention gegen Israel darstellte. Eine Intervention war es vielleicht im weiten und ungenauen Wortsinn, wenn man damit nur den Versuch meint, irgendwie den Ausgang eines internationalen Konfliktes zu beeinflussen. Intervention aber im eigentlichen Sinne war es nicht, da Frankreich ja offensichtlich nicht beabsichtigte, die Regierung Israels zu stürzen oder eine ideale politische und moralische Ordnung im Mittleren Osten aufzurichten. Es handelte sich für Frankreich vielmehr um ein diplomatisches Spiel mit dem Ziel, die Beziehungen zur Sowjetunion zu verbessern, die Zuneigung der arabischen Nationen zu gewinnen und die Politik der Vereinigten Staaten zu durchkreuzen.

In Lateinamerika hängen die Armeen in hohem Maße von ausländischer Hilfe ab, und zwar viel weniger für ihre Ausbildung und Führung – dazu verfügen sie selber über ausgezeichnete Fachleute – als für die Lieferung modernsten und komplizierten Materials. Da diese Armeen kaum eine strategische Mission im eigentlichen Sinne als Wächter über die äußere Sicherheit der Nation zu erfüllen haben, sondern vor allem ein Pfeiler in der politischen, sozialen und Machtstruktur des eigenen Landes sind, wird die Lieferung von Waffensystemen oder die Weigerung, sie zu liefern, in manchen Fällen eine unmittelbare Auswirkung auf die politische Struktur des empfangenden Landes haben. Sie kann darüber entscheiden, welche Personengruppe gerade die Macht ausüben soll. Trotz der Tatsache, daß Lateinamerika noch viel empfindlicher auf Interventionen reagiert als andere Weltgegenden, wird Militärhilfe von den Ibero-Amerikanern selber kaum je als eine Strategie der Intervention empfunden. Der Grund ist, daß das nationalistischste Element der Nation, das Militär, weitgehend auf Waffenlieferungen aus dem Ausland angewiesen ist und deshalb nichts dagegen einwendet.

Und wenn die Soldaten nichts dagegen haben, wird niemand etwas dagegen sagen.

Die Folgerung lautet deshalb, daß Militärhilfe ein wirksames Werkzeug der Intervention nur in den Fällen ist, in denen vorher eine Abhängigkeit aufgebaut worden ist, und wo das Unterbrechen der Hilfeleistungen als ein Schock wirken kann für die politischen Strukturen des anvisierten Landes. Und doch können wir auch in solchen Fällen von einer Intervention mit diesem Mittel nur dann sprechen, wenn die Absicht zu intervenieren feststeht und wenn die Operation wirklich einem ganz bestimmten Ziele gehorchte. Ein skeptischer amerikanischer Beobachter bemerkt in diesem Zusammenhang:

> »Intervention kann von anderern Arten der Beeinflussung unterschieden werden durch das einfache Merkmal, ob entweder das Regime oder die Opposition das was geschieht gutheißen oder kritisieren. Was dem einen Beobachter als Hilfeleistung erscheint, mag für den anderen Intervention sein[13]).«

Schließlich müssen wir uns noch mit der Frage beschäftigen, ob Propaganda für eine politische Ideologie ein Werkzeug der Intervention und damit Teil der Strategie der Intervention ist. Nach der Definition der Intervention, die wir vorgeschlagen haben, ist es in der Tat vorstellbar, daß ein propagandistischer Angriff als ein Akt psychologischer Kriegführung eine Intervention darstellt. Ob aber Intervention tatsächlich vorliegt oder nicht vorliegt, ist im Grunde eine Frage des Maßes.

Nehmen wir an, daß Kuba plötzlich einen Propagandaangriff gegen eine Regierung in Südamerika entfesselt, indem es die Massen zum Aufstand aufruft, die Armee zum Sturze der Regierung zu überreden sucht. Das kann eine Intervention darstellen. Man wird von einer solchen vernünftigerweise aber nur reden in Fällen, in denen die angegriffene Regierung schon unsicher und erschüttert ist, sei es aus Gründen der inneren politischen und sozialen Verhältnisse oder wegen terroristischer oder revolutionärer Umtriebe von außen. Nur dann wäre der Propagandaangriff überhaupt wirksam. Dem psychologischen Angriff muß eine entscheidende Kraft innewohnen; er muß fähig sein, den Ausgang einer inneren Auseinandersetzung wirklich zu wenden, die sich aus dem Propagandaangriff entwickelt.

Nehmen wir an, die Sowjetunion sollte sich dazu entschließen, zu den ideologischen und propagandistischen Angriffen zurückzukehren, die sie jahrelang gegen die Regierung der Bundesrepublik Deutschland zu führen pflegte, und das in einem Maße, das ein deutliches Abweichen vom Üblichen und Bisherigen darstellt. Auch dann würden wir nicht von einem Akt sprechen, der mit Intervention gleichgesetzt werden kann. Der Grund wäre, daß der Akt keinerlei entscheidende Bedeutung hat. Er wäre an sich nicht geeignet, das politische Geschehen in einer so stabilen Gesellschaft, wie es die deutsche ist, entscheidend zu wenden.

Die Propagandaeinrichtungen, die so wohlbekannt und so gut eingeführt und so lebhaft tätig sind wie etwa der Informationsdienst der Vereinigten Staaten (USIS) mit seinen Bibliotheken und Zentren in aller Welt, kommen ideologischer Intervention so nahe, wie das überhaupt möglich ist. Daß sie manchmal als interventionistisch empfunden werden, ist daraus abzulesen, daß die Niederlassungen solcher Dienste regelmäßig die Zielscheibe entfesselter Mengen sind, wenn ein Konflikt zwischen dem Empfänger und der amerikanischen Regierung besteht. Und trotzdem soll man dieses Instrument der politischen und ideologischen Propaganda nicht als ein Werkzeug der Intervention einschätzen. Seine Fähigkeit, die Gesellschaft und ihre politische Struktur zu beeinflussen, ist zu gering, um politisch für den Ausgang einer Auseinandersetzung wirklich ins Gewicht zu fallen.

Ähnliches gilt für die Kommunistischen Parteien in den nichtkommunistischen Ländern. Sie sind mächtige Werkzeuge der ideologischen Propaganda. Die einen stehen mehr, die anderen weniger im Dienste der Sowjetunion, andere zeitweise gar nicht. Ihre Tätigkeit darf aber nicht als interventionistisch betrachtet werden, weil sie ja Teile der nationalen politischen Strukturen jedes Landes sind und als solche nur mittelbar Werkzeuge einer ausländischen Beeinflussung. Nur in den seltenen Fällen, in denen die Leitung der Partei durch eine ausländische Macht übernommen wird, oder wenn die Partei von außen mit Waffen versehen wird, um auf äußeren Befehl zu einem Schlag gegen die Regierungsform des Landes, dem sie angehört, verwendet zu werden, nur dann wird das Manöver eine Intervention. Das war zum Beispiel der Fall in der Endphase des Spanischen Bürgerkriegs, als die Oberaufsicht über die republikanische Regierung und das Oberkommando über ihre Armee von Moskau aus durch Vermittlung der Kommunistischen Partei wahrgenommen wurde. Und es war der Fall in der Tschechoslowakei im Jahre 1948, als deren Volksfrontregierung gestürzt wurde. In solchen extremen Fällen pflegen dann aber die Unternehmungen einer kommunistischen Partei längst die Grenzen ideologischer Kriegführung überschritten zu haben.

Zusammenfassend kann man feststellen, daß das ganze große Gebiet der nichtmilitärischen Intervention eine Vielfalt verwirrender Probleme enthält. Sie können aber gelöst werden, wenn man sorgfältig die oben vorgeschlagene Definition der Intervention anwendet und indem man sich fragt, ob die fünf entscheidenden Merkmale denn vorhanden seien oder nicht. Das ist mehr als ein semantisches Spiel. Seit das Gebot der Nichtintervention sich im Laufe der sechziger Jahre zu einer Vorschrift des Völkerrechts ausgewachsen hat und zu einem politischen Grundsatz, der weiteste Anerkennung durch die öffentliche Meinung genießt, ist es in jedem einzelnen Falle wichtig zu entscheiden, ob bei einem Konflikt die Strategie der Intervention im Spiele ist oder nicht.

Im Grunde muß man einfach feststellen, daß nichtmilitärische Interventionen nicht zur Strategie der Intervention gehören.

KAPITEL XI

KONFRONTATION, INTERVENTION UND DIE VÖLKER

Konfrontation als anerkannte Form des begrenzten Konflikts

Im politisch-militärischen Klima des letzten Drittels des zwanzigsten Jahrhunderts ist die Notwendigkeit und der Wunsch, Konflikte zu begrenzen, ein beherrschendes Anliegen geworden. Das allein bedeutet noch nicht, daß Konflikte zwischen Staaten oder innerhalb einzelner Gesellschaften nun ausgeschlossen oder auch nur weniger häufig oder weniger wahrscheinlich geworden wären. Ganz im Gegenteil. Noch nie im Laufe der Geschichte gab es so viele unabhängig voneinander organisierte und zum Handeln ermächtigte Akteure, und noch nie gab es zwischen ihnen so viele Berührungspunkte wie jetzt. Die Zahl der Fronten, an denen Interessen zusammenstoßen können, haben sich im Sinne der Geographie wie im Sinne der Ideologie vervielfacht.

Dem sprunghaften Anwachsen von Konfliktsmöglichkeiten steht kein entsprechendes Anwachsen der Kräfte gegenüber, die für Frieden, Ordnung und Stabilität sorgen. Einst gab es die Gruppe der Großmächte, die trotz allen ihren Feindschaften und Rivalitäten vom Bande einer gewissen Solidarität umschlungen waren, die sich in ihrem *sacro egoismo* einig wußten und die gemeinsam die Polizeiaufsicht in der Welt führten. Sie und ihr Wächteramt sind in dem Meer von Blut und Tränen der beiden Weltkriege untergegangen. Die Weltsicherheitsorganisation, die an die Stelle der einst die Hegemonie ausübenden Gruppe der Großmächte getreten ist, handelt zwar, aber sie handelt von einer Position der Schwäche aus. Das bestimmt ihre Methoden, schließt aber ein erfolgreiches Eingreifen nicht unbedingt aus. An Stelle einer einzigen Hegemonie, die den Gründern der Vereinigten Nationen vorschwebte, als sie dieses Gebilde mit dem Sicherheitsrat versahen und mit der Gruppe der fünf ständigen Mitglieder des Rates, sah sich die Welt dem Duopol der beiden Supermächte gegenüber, der beiden Mächte, die einander an

Größe ähnlich sind, aber grundlegend verschieden in ihrer Weltanschauung und in ihren Beziehungen zu anderen Nationen. Nicht ihr gemeinsamer Wille, sondern das ungewisse Gleichgewicht zwischen ihren antagonistischen Kräften und ihrer gegensätzlichen Politik ist die beherrschende Macht geworden, welche in der Welt die Polizeiaufsicht führt.

Beherrschend, aber schwach. So schwach und ungewiß ist diese Hegemonialmacht, daß die souveräne Nation in der ganzen Welt in überraschendem Maß an Statur gewonnen hat. Das ist einerseits auf innere Entwicklungen zurückzuführen: Das Anwachsen der Macht des zentralisierten Staates hat im Laufe des historischen Vorganges, der gegen Ende des achtzehnten Jahrhunderts begann, die Zahl und das Gewicht der Zwischenmächte vermindert, die einst zwischen dem einzelnen Menschen und dem Staate standen. Dieses Wachstum der Zentralmacht hat in unserer Zeit vielleicht den Höhe- und Endpunkt erreicht, und es ist eines der Elemente, die das Wachsen und die Organisation der neuen Nationen in der Entwicklungswelt nachhaltig beeinflußt. Die Stärkung der zentralen Machtposition in jeder einzelnen Nation muß sich auch in ihrem außenpolitischen Verhalten spiegeln: Sie ist eifersüchtig darauf bedacht, ihre Souveränitätsrechte zu wahren. Die internationalen Organisationen, die an Zahl so sehr zugenommen haben und die nach außen eine so wichtige Stellung einnehmen, sind keineswegs die Träger eines Teils dieser gesteigerten Staatsmacht geworden; sie sind vielmehr vor allem Werkzeuge zur Verteidigung der individuellen Souveränität ihrer Mitglieder.

In einer solchen Welt muß es Konflikte geben. Das ganz besonders, weil die Ordnung oder besser Unordnung, die der letzte Weltkrieg hinterlassen hat, viele anormale Lagen mit in sie eingebauter Instabilität in die Welt brachte. Zur Instabilität trägt auch die aus dem Weltkrieg entsprungene Entkolonialisierung dank ihrem umstürzenden Charakter natürlicherweise bei. Man denke an die Teilung Deutschlands, Koreas, Vietnams, Indiens, an die Teilung Jerusalems und die einst von den UN gezogenen unsinnigen Grenzen Israels, an das Gebilde Berlin, an Zypern. Die technische Umwelt, die wir uns selber gebaut haben, macht aber Konflikte so gefährlich und so zerstörerisch, daß es im höchsten Interesse der unmittelbar Beteiligten und immer auch der Menschheit als Ganzes liegt, das Lösen von Konflikten durch Krieg oder kriegsähnliche Handlungen zu vermeiden. Wenn solche sich trotzdem ereignen, dann müssen sie sowohl örtlich wie auch im Maß der dabei entfalteten Gewalt begrenzt werden.

So ist denn Konfrontation als eine Strategie, einen Konflikt auszutragen, ohne sich der Schwelle zerstörerischer, extremer Mittel zu nähern, an einen überaus wichtigen Platz der internationalen Beziehungen gerückt. Konfrontation ist eine anerkannte Form antagonistischen internationalen Verhaltens geworden. Ohne das weltweite Auditorium von mehr als hundert Nationen wäre sie nicht, was sie ist. Konfrontation löst Probleme nur insofern, als die öffentliche Meinung der einen Seite den Sieg zuspricht, der anderen die Niederlage. Und man sieht, daß die Völker dieser Erde gar nicht ungern die ihnen so zugefallene Rolle angenommen haben, Schiedsrichter in weltbewegenden Konfrontationen zu sein.

Wir werden mit Konfrontationen zusammen leben müssen, solange es überhaupt souveräne Staaten mit gegensätzlichen Interessen gibt. Alles deutet darauf hin, daß das noch eine lange Zeit sein wird. Was man erhoffen darf, ist, daß dank allgemeiner Zurückhaltung im Zeigen seiner Macht – sei es als Folge der Furcht vor einer Eskalation zum alles zerstörenden Weltkrieg, sei es aus höherer politischer Einsicht oder moralischer Reife – Konfrontation eine Probe von Mut und Geschick bleibt, von Glück und Macht, ein Weg, zu ändern, was geändert werden muß, ohne daß es dabei zum Kriege kommt.

Intervention, eine stumpfe Waffe

Die andere Form antagonistischer Beziehungen in einer Umgebung, welche die Ausdehnung und die Heftigkeit von Konflikten zu vermindern sucht, die Intervention, hat sich gründlich verwandelt. Auch das war eine Folge der Veränderung in den hegemonialen Strukturen.

Als ein politisches Instrument ist Intervention der Auffassung von der absoluten Souveränität jedes einzelnen Staates gerade entgegengesetzt. Daß dem so ist, findet Ausdruck in dem massiven Aufmarsch von Regierungen und Sektoren der öffentlichen Meinung gegen jede Intervention, wenn sie droht oder sich ereignet. Die Gegnerschaft gegen die Intervention hat auch ihren Niederschlag im Völkerrecht gefunden; der Grundsatz der Nichtintervention ist zum Rang einer der wichtigsten Vorschriften erhoben worden.

Diese Entwicklung hat allerdings auch Widerstände zu überwinden. Gegner des Grundsatzes der Nichtintervention sind die Weltmächte, weil nach gewissen Meinungen »mächtige Nationen ihm nicht anhängen und nicht anhängen können«[1]). Intervention ist für sie ein Werkzeug, mit dem sie ihre Interessen und ihre Sicherheit zu schützen suchen, und dem sie nicht entraten zu können glauben. Da sie ihre eigene individuelle Sicherheit zugleich als ein Weltproblem sehen, kann man von ihnen nicht erwarten, daß sie irgendeiner Entwicklung, die den *status quo* ändert, sei es auch in geographisch weit entfernten Zonen und sogar im Weltraum, mit Gleichmut zuschauen.

Der grundlegende Konflikt, der sich deshalb zwischen dem Grundsatz der Nichtintervention und den Interessen der Weltmächte entspinnt, findet seine Lösung darin, daß die Weltmächte, die Großmächte und die kleineren Staaten gleicherweise den Grundsatz der kollektiven Sicherheit billigen und als dessen Ausfluß das Prinzip der kollektiven Intervention.

Der Grundsatz der kollektiven Intervention findet einen charakteristischen Ausdruck in den sowjetischen Erklärungen, die wir mit dem Ausdruck »Breschnew-Doktrin« zu bezeichnen pflegen. Es heißt dort einmal:

> »Die Errungenschaften jedes einzelnen sozialistischen Landes sind unauflöslich verbunden mit den solidarischen Aktionen der sozialistischen Staaten, mit ihrer gegenseitigen Hilfe[2]).«

Präsident Lyndon B. Johnson faßte das Bekenntnis zur kollektiven Intervention, sowohl im defensiven wie im offensiven Sinne, in folgende Sätze zusammen, indem er sich an Lateinamerika wandte:

»Wir werden uns mit den anderen Nationen der OAS verbinden, um eine kommunistische Machtergreifung in dieser Hemisphäre zu verhindern. Wir werden uns auch mit anderen Nationen der OAS verbinden, um jene unter Druck zu setzen, die ein feudales System aufrechterhalten wollen[3]).«

Die Generalversammlung der Vereinten Nationen bestätigte den Grundsatz der kollektiven Intervention, indem sie das Recht der Weltsicherheitsorganisation zur Verteidigung der kollektiven Sicherheit gegen das Prinzip der Nichtintervention abgrenzte. Sie führte in einer Resolution aus:

»Nichts, was in dieser Erklärung enthalten ist, darf in einem Sinne ausgelegt werden, der in irgendeiner Weise die Anwendung der Bestimmungen der Satzung der Vereinten Nationen berühren würde, die sich der Erhaltung des Völkerfriedens und der internationalen Sicherheit widmen[4]).«

Diese drei Erklärungen stimmen in dem einen Punkte überein, daß eine multilaterale und internationale Intervention rechtmäßig ist, wenn sie im Rahmen rechtlich geregelter Verfahren und im Namen gewisser Prinzipien erfolgt – sei es zum Fördern oder Verteidigen von »sozialistischen Errungenschaften«, dem friedlichen Ändern von »feudalen Systemen« oder »der Erhaltung von Frieden und Sicherheit«.

All das ist angeblich zum Wohle der Völker bestimmt. Was ist aber die Haltung dieser Völker in unserer modernen Welt gegenüber diesen guten Vorsätzen ihrer Wohltäter, ihnen das Glück zu bringen?

Was wir finden, ist, daß Intervention jeder Art, individuell oder kollektiv, was immer ihre Ziele und Absichten sein mögen, verhaßt ist und in der Regel nicht angenommen wird. Selbst wenn sie durch eine Regierung oder sonstige Behörde angefordert oder eingeladen worden ist, wird sie immer von einem Teil der von ihr betroffenen Gesellschaft als unerwünscht betrachtet werden. Wenn wir uns die Machtstruktur des modernen Staates vor Augen halten, dann wird es immer unwahrscheinlicher, daß eine Intervention noch mit Erfolg unternommen werden kann.

Intervention kann nur, wie wir gesehen haben, von einer großen Einheit ausgehen, von einem einzelnen Staat oder einer Organisation, und nur gegen eine viel kleinere Einheit. Das ist Teil der Definition der Intervention. Im strategischen Sinne müßte eine Intervention, heute wie früher, wie eine chirurgische Operation ausgeführt werden, schnell, in aller Stille und ohne dem Organismus Zeit zu geben, zu erfassen, was ihm geschieht, und entsprechend zu reagieren. In der modernen Welt der Staaten sind aber Verhältnisse, in denen all das geschehen kann, kaum mehr anzutreffen.

Die Spielregeln sind andere

Die Spielregeln haben sich geändert. Früher konnte ein Konflikt als gelöst gelten, eine Intervention als von Erfolg gekrönt, wenn die Hauptstadt des Opfers der Aktion oder irgendein anderer geographisch festgelegter Sitz der Macht erobert und besetzt war. Dann hatte sich in manchen Fällen die Regierung einfach als gehorsamer Diener der Besetzungsmacht unterworfen und zur Verfügung gestellt, oder sie wurde durch eine andere Regierung ersetzt, die sich dem Eroberer gefügig erwies. Der Zusammenbruch Frankreichs im Jahre 1940 – hier handelte es sich natürlich nicht um eine Intervention, sondern um einen großen internationalen Krieg, aber als Beispiel ist der Fall doch bezeichnend – weist auf den Übergang hin. Die verfassungsmäßige Regierung unter Marschall Pétain hatte die Niederlage in fast klassischer Form anerkannt, nachdem Paris gefallen war, und hatte versucht, sich der neuen Lage anzupassen. Die Kräfte unter Führung von General de Gaulle aber bauten einen unorthodoxen Widerstand auf und setzten ihn fort, ohne Rücksicht auf die unmittelbaren Erfolgsaussichten.

Ganz ähnlich verhielt es sich, als die Union Sozialistischer Sowjetrepubliken sich außerstande sah, in Finnland, nachdem sie es militärisch im Winterkrieg von 1939 und 1940 geschlagen hatten, ein kommunistisches Regime zu errichten.

Die Regierung der Vereinigten Arabischen Republik brach nicht zusammen, als ihre Armee 1967 von Israel geschlagen und völlig zerstört wurde. Israel durfte einen Vorstoß auf Kairo nicht wagen, obwohl die Straße offen vor seinen Streitkräften lag. Die Vereinigte Arabische Republik gewann eine Atempause, um ihre Armee wieder aufzubauen und ihre aggressive und drohende Haltung gegen Israel erneut einzunehmen.

Der Sturz der Regierung der Tschechoslowakei im Jahre 1968 folgte keineswegs sofort auf die bewaffnete Intervention der Sowjetunion, weil die Regierung in ihrem Versuch der Liberalisierung von der überwältigenden Mehrheit des Volkes unterstützt worden war. Sie wich nur Schritt für Schritt, unter andauerndem Druck, und brach nicht eigentlich zusammen, sondern wurde nach und nach in die neue vom Eroberer gewollte Form gepreßt.

Das sind Hinweise darauf, wie zweifelhaft heute die Ergebnisse einer militärischen Aktion sein können. Ein anderes Beispiel zeigt, wie schwierig es ist, überhaupt eine solche Aktion zu unternehmen. Keine Nation in der ganzen Welt, und keine Gruppe von Nationen und keine internationale Organisation wagte zu intervenieren, um dem grausamen und unmenschlichen Bürgerkrieg in Nigeria Einhalt zu gebieten. Er war von solcher Entsetzlichkeit, daß die Grausamkeiten, die vor einem Jahrhundert gegen die Christen im Ottomanischen Reich begangen wurden, davor verblassen. Damals aber brachten sie die öffentliche Meinung der Welt in Wallung und veranlaßten die Großmächte zu schneller Intervention. Im Falle Nigeria aber mußte die Welt ohnmächtig zuschauen und sich darauf beschränken, Leiden und Schäden durch das wenig wirkungsvolle Mittel humanitärer Hilfe etwas zu vermindern.

Die Gründe dafür, daß es so schwierig ist zu intervenieren und daß die Wirkung so ungewiß ist, müssen einerseits in der Gesellschaft gesucht werden, die das Opfer ist, andererseits in der internationalen Umwelt.

Moderne Gesellschaften, ob sie demokratisch organisiert seien oder von einer Diktatur beherrscht, sind sich ihrer Identität stärker bewußt als frühere Gesellschaften, und sind mehr selbstbezogen. Ihre Mitglieder werden ständig informiert. Die Informationen, die zu ihnen gelangen, können zutreffend oder falsch sein. Aber der einzelne weiß und fühlt, daß er im Mittelpunkt eines allgemeinen Bemühens um seinen Kopf und sein Herz (und seinen Beutel) steht. Deshalb ist der einzelne Mensch geneigt, im Falle einer nationalen Katastrophe sich selber ernst und wichtig zu nehmen, Entschlüsse zu fassen, etwas zu tun. Er oder sie ist weniger geneigt, das Diktat einer höheren Autorität anzunehmen, besonders wenn diese Autorität von einem Gegner ausstrahlt. Der einzelne ist auf Grund des ihm vorher vermittelten Wissens in der Lage, den Angreifer zu erkennen und ihm zu widerstehen. Wie man Widerstand leistet, wie man einen unterirdischen Krieg führt, weiß man. Das Wissen und die nötigen Waffen sind im Laufe des Zweiten Weltkriegs und der auf ihn folgenden Konflikte und Konfrontationen, Befreiungskriege, Revolutionen und Unterdrückungsakte über die ganze Welt verstreut worden.

Ein anderer Grund ist, daß materielle Macht, einschließlich überwältigender militärischer Mittel, weniger gefürchtet werden als in früheren Zeiten. Das dürfte eine Folge der weiten Verbreitung technischen Wissens sein. Wenn vor achtzig Jahren ein Kriegsschiff seine Geschütze auf die Häuserreihen einer Hafenstadt richtete, zitterten die Menschen in Erwartung furchtbarer Zerstörungen und konnten leicht überredet werden, einzulenken. Wenn der kleine Dampfer auf dem Kongo-Fluß seine Dampfpfeife ertönen ließ, wurden die Afrikaner in bedingungslose Unterwerfung geschreckt. Heute sind wir, dank Information und Propaganda, daran gewöhnt, nur die Atombombe als Träger völliger Zerstörung und der letzten Schrecken anzuerkennen. Was nicht gerade nukleare Vernichtung ist, scheint den Menschen heute keinen besonderen Eindruck mehr zu machen.

Eine internationale Umwelt, in der alle Ereignisse untereinander eng verknüpft sind, macht eine chirurgische Operation, die nur auf ein bestimmtes unangenehmes Gewächs gerichtet ist, zu einem gewagten Unterfangen. Es ist schwierig oder unmöglich geworden, die Nebenwirkungen und die denkbaren Weiterungen vorauszusagen. Wie groß auch die militärische Macht eines Staates sein mag, der eine Intervention plant oder ausführt, ihre Wirkung ist zweifelhaft. Größte Zurückhaltung ist wegen der Gefahr der Eskalation und Ausweitung erforderlich. Der Ausgang wird mehr und mehr entschieden nicht durch die Macht, die man hat, sondern durch die Macht, die man gebrauchen kann. Soviel über die Wirksamkeit militärischer Streitkräfte.

Gleiche Überlegungen gelten für wirtschaftliche und militärische Hilfe, wenn sie als Methode gebraucht wird, in einem andern Lande zu intervenieren. Auslandshilfe kann eine bestimmte soziale Gruppe für den Spender einnehmen, die in den Genuß der Spenden kommt. Andere Gruppen aber, die übergangen werden, gelangen zu einer negativen Einstellung zur Quelle der Hilfe, wenn sie der Meinung sind, daß sie keinen oder keinen genügenden Vorteil daraus ziehen.

Werden Geschenke und ehrlicher Wille, einer anderen Nation zu helfen, durch Gefühle der Dankbarkeit vergolten? Wir wissen, daß das nicht oder nur selten der Fall ist. Entwicklungshilfe erzeugt Abhängigkeit, und Abhängigkeit erzeugt nicht Freundschaft, sondern Reizbarkeit oder Haß. Was sind vollends die sozialen Wirkungen von Wirtschaftshilfe? Die Wirkung kann sehr verschieden sein, und auf jeden Fall ist es unmöglich, sie mit Gewißheit vorauszusagen. Wie wir nach zwanzig Jahren des wirtschaftlichen und sozialen Fortschritts in fast allen Ländern der Erde gelernt haben, pflegen verbesserte Lebensbedingungen die Völker nicht zu ruhiger Zufriedenheit zu verleiten, sondern eher ihre Wünsche nach noch mehr zu wecken und ihre revolutionären Neigungen anzustacheln, nicht zu dämpfen.

Es besteht kein Anlaß zu glauben, daß Beistand zur Verbesserung der militärischen Ausrüstung und Hilfe bei der Ausbildung einer modernen Armee einen günstigen Einfluß auf die Stabilität eines Landes hat. Beides ist im Falle eines Entwicklungslandes eher geeignet, eine neue Militärklasse entstehen zu lassen, die vielleicht anderen Ansichten anhängt als die verfassungsmäßige Regierung. Zu gleicher Zeit liefert man ihr die Werkzeuge zum Sturz der verfassungsmäßigen Behörden. Afrika liefert Dutzende von Beispielen einer solchen unglücklichen Entwicklung.

Der Schluß muß deshalb lauten, daß Wirtschaftshilfe und technische Entwicklungshilfe, einschließlich der so besonderen Form der militärischen Hilfe, wenn sie als Mittel einer Intervention gebraucht werden, nur höchst ungewisse und unvorhersehbare Wirkungen entfalten. Wie wir gesehen haben, sind in den allermeisten Fällen solche Operationen überhaupt gar keine

Interventionen. In den wenigen besonderen Fällen, in denen sie sich als Werkzeuge einer Intervention erweisen und in den Lagen und unter Bedingungen eingesetzt werden, auf welche die Definition der Intervention zutrifft, bleibt ihre Wirkung ungewiß. Sie pflegen in der Regel die Hoffnungen des Intervenierenden nicht zu erfüllen. Neueste Erfahrungen unterstreichen, wie schon das Studium der neueren Geschichte zeigt, die für alle Beteiligten enttäuschenden Ergebnisse von Interventionen jeder Art, die unternommen werden, um die Lebensformen und die politischen Einrichtungen eines Volkes zu ändern. Die Nationen haben nämlich in der Regel die Regierungen, die zu ihnen passen und die sie verdienen. Die bestgemeinte Beeinflussung von außen zielt meistens ins Leere.

Wie wir gesehen haben, ist es der Triumph der nationalen Souveränität, die Entwicklung des Völkerrechts, die Tendenz der öffentlichen Meinung, die internationale Umwelt und das Ungenügen aller für Interventionen noch zur Verfügung stehenden Werkzeuge, was die Intervention zu einer stumpfen Waffe gemacht hat. Es wird immer unwahrscheinlicher, daß mächtige Staaten fähig sein werden, in einem einzelnen Staate Recht und Gesetz und Ordnung wiederherzustellen oder das, was sie selber als solches betrachten. Es ist schon den Großmächten einzeln nicht möglich, das Gesetz in die eigene Hand zu nehmen. Kollektive Aktionen, die eine Verständigung unter ihnen voraussetzen, auch wenn sie sich organisierter internationaler Körperschaften bedienen und im Rahmen allgemein anerkannter Regeln vor sich gehen sollen, sind nicht leichter auszuführen als individuelle Aktionen.

Die Möglichkeiten, in der Welt eine Polizeiaufsicht zu führen, haben sich vermindert. Sind wir deshalb verurteilt, in eine chaotische und anarchistische Geschichtsperiode hineinzutreiben? Viele Erscheinungen unserer Tage lassen das befürchten. Und doch muß es nicht notwendigerweise so sein. Interventionen wurden unternommen, wie wir gesehen haben, und werden immer noch unternommen, wo sie als ein Institut der internationalen Beziehungen überleben, um im Namen einer Gemeinschaft, die in ihren Interessen und Vorstellungen übereinstimmt, einzeln oder kollektiv die Vorstellungen dieser Gemeinschaft auszubreiten, indem man sie anderen Nationen aufzwingt. Heute ist die menschliche Gemeinschaft der Interessen und Vorstellungen unaufhaltsam im Wachsen begriffen. Das ergibt sich aus dem technischen, wirtschaftlichen, kulturellen und menschlichen Austausch, aus der dramatischen Entwicklung der Informationsmöglichkeiten, die heute sogar imstande sind, die künstlichen Grenzen zu überqueren, die von den kommunistischen Regimen gegen ausländische Einflüsse aufgerichtet worden sind. Es gibt also immer weniger Anlaß – weil die Verschiedenheiten schwinden, die Gemeinsamkeiten sich ausbreiten –, eine Botschaft mit den Waffen in die Welt zu tragen.

Wir sind immer noch weit entfernt von »einer Welt«. Aber die Rivalitäten, Konvulsionen, Konflikte, Revolutionen, Konfrontationen, deren Zeugen wir sind, und die wohl auch die nächsten Generationen beschäftigen werden, stehen alle im Zeichen der Universalität. Unter diesem Zeichen verflüchtigt sich die politische, die philosophische und moralische Rechtfertigung der Intervention. Zwischen Gleichen kann sie nicht wirksam werden. Sie ist dort nicht nötig. Sie ist allgemein nicht vertrauenswert. Sie ist nicht richtig.

In neuester Zeit haben sich gewaltsame Interventionen ereignet. Eine von ihnen hat den Gang der Entwicklung eines hochzivilisierten und kulturell hochstehenden europäischen Volkes tief beeinflußt: In der Tschechoslowakei. Eine andere gewaltsame Intervention hat die Form eines großen Krieges angenommen, der weite Teile Asiens in seinem Banne hält: in Vietnam. Die wirklichen und dauernden Ergebnisse der einen wie der anderen Operation werden erst zu überblicken sein, wenn ihre Geschichte und die der folgenden Jahre vollständig geschrieben werden kann. Die Ungewißheit über das, was erreicht worden ist oder noch erreicht wird, ist so groß für die Urheber und Planer und die zum Entschluß Berufenen wie für die übrige Welt, die nur Zeuge der Ereignisse ist.

Der Schluß, der aus diesen zwei besonderen Ereignissen gezogen werden muß, bestätigt das Ergebnis der politischen, strategischen, juristischen Untersuchung von Interventionen der Vergangenheit und der Gegenwart: Intervention muß von der internationalen Bühne verbannt werden. Sogar internationale kollektive Aktionen werden beschränkt werden auf die mehr formelle Tätigkeit von Sicherheitskräften zur Erhaltung des internationalen Friedens und werden nicht imstande sein, die materielle Lösung von Konflikten herbeizuführen. Andere Kräfte werden solche Konflikte lösen müssen.

ANMERKUNGEN

KAPITEL I: ABKEHR VON DER GEWALT

1) David Wood, *Conflict in the Twentieth Century*, Adelphi Paper No 48 (London: Institute for Strategic Studies, 1968).

2) Dietrich Schindler, »*Aspects contemporains de la neutralité*«, Académie de droit international, Recueil des cours, II, 1967 (Leiden, 1967), 283.

3) Thomas W. Adams & Alvin J. Cottrell, *Cyprus Between East and West*, Robert E. Osgood im Vorwort (Baltimore: Washington Center of Foreign Policy Research, 1968), vii.

4) Karl Jaspers, *Die Atombombe und die Zukunft des Menschen, Politisches Bewußtsein in unserer Zeit* (München, 1962), 100.

5) Albert & Roberta Wohlstetter, *Controlling the Risks in Cuba*, Adelphi Paper No 17 (London, 1965), 15.

6) Robert E. Osgood & Robert W. Tucker, *Force, Order and Justice* (Baltimore, 1967), 225.

KAPITEL II: KONFRONTATION ALS BEGRENZTER KONFLIKT

1) Herman Kahn, *On Escalation, Metaphors and Scenarios* (New York, 1965), 74.

2) *Documents on American Foreign Relations 1961* (New York: Council on Foreign Relations, 1962), 97.

3) Alastair Buchan, *Crisis Management, The New Diplomacy*, Atlantic Paper (Paris, 1966), 40.

4) Louis J. Halle, *Der Kalte Krieg* (Frankfurt, 1969), 172.

5) Lieutenant Commander Charles W. Koburger, Jr., »*Komer's War. The Indirect Strategy in Action*«. Military Review, Vol. 49. No 8 (Fort Leavenworth, Kansas, 1969), 19.

6) Thomas C. Schelling, *The Strategy of Conflict* (New York, 1963), 70.

7) George F. Kennan, *Memoiren eines Diplomaten* (Stuttgart, 1968), 361, 366.

8) Curt Gasteyger, »*Krieg und Abrüstung in sowjetischer Sicht*«, *Strategie und Abrüstungspolitik der Sowjetunion*, Ausgewählte sowjetische Studien und Reden (Frankfurt a. M.: Forschungsinstitut der Deutschen Gesellschaft für Auswärtige Politik, 1964), 46.

9) W. A. Sorin, P. F. Schachow, A. N. Schewtschenko, »*Die Unhaltbarkeit der westlichen Abschreckungstheorie*«, ibid., 200.

KAPITEL III: KONFRONTATION: BERLIN, SUEZ, KONGO

1) Gerhard Wettig, *Entmilitarisierung und Wiederbewaffnung in Deutschland 1943–1955* (München, 1967), 219.

2) Von Präsident Harry S. Truman am 23. September 1949 mitgeteilt.

3) Arnold A. Rogow, *James Forrestal, A Study of Personality, Politics and Policy* (New York, 1963), 207.

4) Thomas C. Schelling, *The Strategy of Conflict* (New York, 1963), 75.

5) Ibid., 80.
6) Louis J. Halle, *Der Kalte Krieg* (Frankfurt, 1969), 336.
7) Ibid., 360.
8) Auf jeder Basis befanden sich 8 Lenkwaffen. Thor war eine Flüssigkeitslenkwaffe, Reichweite 2400 km, Jupiter ebenfalls mit flüssigem Treibstoff versehen und mit gleicher Reichweite.
9) *United Nations Yearbook 1960* (New York), 55.

KAPITEL IV: BERLINER EPILOG, KONFRONTATION IN ASIEN UND CYPERN

1) Theodore C. Sorensen, *Kennedy* (München, 1966), 551.
2) Arthur M. Schlesinger, Jr., *Die tausend Tage Kennedys* (Bern, 1966), 350.
3) Ibid., 352.
4) *Documents on American Foreign Relations 1961* (New York: Council on Foreign Relations, 1962), 95.
5) Arthur M. Schlesinger, Jr., *op. cit.*, 376.
6) *»Geneva Conference on the Discontinuance of Nuclear Weapons Tests«*, U. S. Disarmament Administration, Department of State (Washington, 1961), 375.
7) David E. Mark, *Die Einstellung der Kernwaffenversuche* (Frankfurt a. M., 1965), 87.
8) *»Geneva Conference on the Discontinuance of Nuclear Weapons Tests«*, loc. cit., 616.
9) Ibid., 620.
10) Albert & Roberta Wohlstetter, *Controlling the Risks in Cuba*, Adelphi Paper No 17 (London, 1965), 4.
11) Theodore C. Sorensen, *op. cit.*, 637.
12) Albert & Roberta Wohlstetter, *op. cit.*, 12.
13) Unter den besten Darstellungen sind zu erwähnen:
Claude Delmas, *Histoire de la bombe atomique* (Paris, 1967), 263; *»Cuba Missile Confrontation«*, The New York Times, 6. November 1962 (New York, 1962); Survival, vol. V., No 1 (London: Institute for Strategic Studies, 1963); Robert Kennedy, *Dreizehn Tage. Die Verhinderung des Dritten Weltkriegs durch die Brüder Kennedy* (Bern, 1969).
14) *Documents on American Foreign Relations 1962* (New York, 1963), 376.
15) Robert Kennedy, *op. cit.*, 21.
16) Herman Kahn, *On Escalation, Metaphors and Scenarios* (New York, 1965), 249.
17) Urs Schwarz, *Strategie Gestern, Heute, Morgen, Die Entwicklung des politisch-militärischen Denkens in Amerika* (Düsseldorf, 1965), 258.
18) Bosko Siljegovic, *»Communists and Conflicts«*, Review of International Affairs, 20. April 1969 (Belgrad, 1969), Übersetzung in Survival, vol. XI, No 7 (London, 1969), 218.
19) T. W. Adam & Alvin J. Cottrell, *Cyprus between East and West* (Baltimore, 1968), 37.
20) Ibid., 71.
21) Ibid., vii.

KAPITEL V: INTERVENTION ALS BEGRENZTER GEWALTGEBRAUCH

1) Paul Guggenheim, *Lehrbuch des Völkerrechts* (Basel, 1951), 807.
2) James N. Rosenau, »*The Concept of Intervention*«, Journal of International Affairs, Vol. XXII, No 2 (New York: School of International Affairs, Columbia University, 1968), 165.
3) Oran R. Young, »*Intervention and International Systems*«, loc. cit., 178.
4) Martens, Nouveau Recueil, Vol. V, 644.
5) *The State of the Union Messages of the Presidents 1790–1966* (New York, 1966), 2134.
6) Ellery C. Stowell, *Intervention in International Law* (Washington, D. C., 1921), 306.
7) Ibid., 30.
8) Sergei Kovalyov, »*Sovereignty and International Duties*«, Pravda, 26. September 1968, Übersetzung *Survival,* vol. X, No 11 (London, 1968), 375.
9) A. B. Hart & H. R. Ferleger, *Theodore Roosevelt Cyclopaedia* (New York, 1941), 551.
10) »*The Corfu Channel Case: Merits,* Judgment of April 9, 1949«, International Court of Justice Reports 1949, 35.
11) The State of the Union Messages, 2062.

KAPITEL VI: FRÜHERE INTERVENTIONEN

1) Resolution of the Congress of the U. S. April 22, 1914, 38 U. S. Statutes at Large, 770.
2) A. de Lapradelle & N. Politis, *Recueil des Arbitrages internationaux,* vol. I (Paris, 1905), 581.
3) »*Perrin v. United States*«, 4 Court of Claims Reports, 543.
4) David F. Haley, *The United States in Cuba 1898–1902* (Madison, Wisconsin, 1963), 150.
5) Andres Davila, *Humanitarian Intervention in Public International Law* (Genf: Institut Universitaire de Hautes Etudes Internationales Dipl. No 96, 1967).
6) Pierre Renouvin, *La Question d'Extrème Orient 1840–1940* (Paris, 1946).
7) Ellery C. Stowell, *Intervention in International Law* (Washington, D. C., 1921), 179.
8) Richard H. Ullmann, *Intervention and the War, Anglo–Soviet* Relations 1917–1921 (Princeton, New Jersey, 1961).
9) Herbert S. Dinerstein, *Intervention Against Communism* (Baltimore: Washington Center of Foreign Policy Research, 1967), 6.
10) Charles Rousseau, *La Non-Intervention en Espagne* (Paris, 1939), 223.
11) Hugh Thomas, *The Spanish Civil War* (London, 1961), 338.

KAPITEL VII: INTERVENTION HEUTE: TRUMAN-DOKTRIN BIS SAN DOMINGO

1) *Documents on American Foreign Relations 1947* (Princeton, N. J.; World Peace Foundation, 1949), 6, 7.
2) George F. Kennan, *Memoiren eines Diplomaten* (Stuttgart, 1968) 325.
3) Urs Schwarz, *Strategie Gestern, Heute, Morgen* (Düsseldorf, 1965), 80.
4) Samuel P. Huntington, *The Common Defense: Strategic Programs in National Politics* (New York, 1961), 40.
5) Louis J. Halle, *Der Kalte Krieg* (Frankfurt, 1969), 208.
6) Ibid., 226.
7) W. D. Sokolowski, *Militär-Strategie* (Frauenfeld, 1965), 263.
8) Thomas W. Wolfe, *Sowjetische Militärstrategie* (Köln, 1967), 136.
9) Le Monde, Nr. 7642, 9. August 1969 (Paris, 1969).
10) I. William Zartman, »*Intervention Among Developing States*«, Journal of International Affairs, Vol. XXII, No 2 (New York, 1968), 195.
11) Donald H. Humphries, *The East African Liberation Movement*, Adelphi Paper No 16 (London, 1965).
12) Charles W. Koburger, »*Komer's War. The Indirect Strategy in Action*«, Military Review, vol. 49, No 8 (Fort Leavenworth, Kansas, 1969), 18.
13) Adam Yarmolinsky, »*American Foreign Policy and the Decision to Intervene*«, Journal of International Affairs, loc. cit., 235.
14) Hans J. Morgenthau, »*To Intervene or not to Intervene*«, Foreign Affairs, vol. 45, No 3 (New York: The Council on Foreign Relations, 1967), 436.
15) Von Robert E. Osgood zitiert, vergl. Fußnote 6, Kapitel VIII.
16) Richard J. Barnet, *Intervention and Revolution. The United States in the Third World* (New York, 1968).
17) Ibid., 284.
18) *Documents on American Foreign Relations 1957*, 206.
19) Neville Brown, *Strategic Mobility* (London, 1963), 73.
20) *General Assembly Resolution 1237* (ES-III), United Nations Yearbook 1958, 46.
21) Arthur M. Schlesinger, Jr., *Die tausend Tage Kennedys* (Bern, 1966), 766.
22) *Documents on American Foreign Relations 1965*, 261.

KAPITEL VIII: INTERVENTION HEUTE: KONGO, VIETNAM, BRESCHNJEW-DOKTRIN

1) General Beaufre, *Die Suez-Expedition, Analyse eines verlorenen Sieges* (Berlin, 1968), 182.
2) Neville Brown, *Strategic Mobility* (London, 1963), 68.
3) Ibid., 80.
4) Finn Seyersted, *United Nations Forces in the Law of Peace and War* (Leiden, 1966), 83.
5) Urs Schwarz, *Die Angst in der Politik* (Düsseldorf, 1967).
6) Arthur M. Schlesinger, Jr., *Die tausend Tage Kennedys* (Bern, 1966), 490.
7) Robert E. Osgood, »*The Reappraisal of Limited War*«, Problems of Modern Strategy, Adelphi Paper No 54 (London, 1969), 50.
8) Sergei Kovalyov, »*Sovereingty and International Duties*«, Pravda, September 26, 1968.

9) Neue Zürcher Zeitung, 24. Juli 1969, Nr. 447 (Zürich, 1969).
10) Neue Zürcher Zeitung, 6. August 1969, Nr. 475 (Zürich, 1969).
11) Archiv der Gegenwart (Bonn, 1969), 14 846; Keesing's Contemporary Archives (London, 1969), 23 509.
12) The Department of State Bulletin, Vol. LXI, No 1574 (Washington, D. C., 1969), 154.
13) International Herald Tribune, 23. Januar 1970, Nr. 27 067 (Paris, 1970).

KAPITEL IX: VÖLKERRECHT UND INTERVENTION

1) Paul Guggenheim, *Lehrbuch des Völkerrechts* (Basel, 1952), 604.
2) James Brown Scott, *The Hague Peace Conferences of 1899 and 1907*, Vol. II (Baltimore, 1909), 357.
3) »*The Ethics of the Panama Question*«, Senate Document 471, 63rd Congress, 2nd Session (Washington, D. C., 1904), 39.
4) David F. Healy, *The United States in Cuba 1898–1902* (Madison, Wisconsin, 1963), 150; Robert F. Smith, *The United States and Cuba, Business and Diplomacy 1917–1960* (New York, 1960), 156.
5) U. S. Government White Paper of July 7, 1960 (London, 1960).
6) 146.
7) Carlo Cereti, *Panamericanismo e diritto internazionale* (Mailand, 1939).
8) Publications de la Société des Nations, Ass. 1923, première commission, 17.
9) Publications de la Société des Nations, Ass. 1923, première Commission, 17.
10) Gen. Ass. Res. A/380 (V).
11) Finn Seyersted, *United Nations Forces in the Law of Peace and War* (Leiden, 1966), 151 ff.
12) Security Council Res., U. N. Documents, S/4300 (1960).
13) Gen. Ass. Res. 2151 (XXI); Security Council Res. 232 (1966).
14) Europa-Archiv, 1968, 16. Folge (Bonn, 1968), D. 364.
15) Ibid., 1968, 21. Folge, D. 533.
16) Swidbert Schnippenkoetter, »*Gewaltverbot als Mittel der Friedenssicherung*«, Münchener Akademie-Schriften, Band 51 (München, 1968), 136.
17) Europa-Archiv, 1970, 2. Folge (Bonn, 1970), D. 21.
Allgemein zu dem Problem: Dietrich Frenzke, »*Gewaltverzicht und Feindstaatenklausel*«, loc. cit., 49.
18) Gen. Ass. Res. 2131 (XX).
19) Krzystof J. Skubiszewski, »*Use of Force by States*«, Manual of Public International Law, ed. Max Sørensen (London, 1968), 758.
20) Andrew M. Scott, »*Nonintervention and Conditional Intervention*«, Journal of International Affairs, vol. XXII, No 2 (New York, 1968), 209.

KAPITEL X: DIE STRATEGIE VON INTERVENTION UND KONFRONTATION

1) *The Military Balance*, eine jährliche Publikation des Institute for Strategic Studies, London.
2) Thomas C. Schelling, *The Strategy of Conflict* (New York, 1963), 75, 77.
3) Ibid., 75.

4) Fred Charles Iklé, *How Nations Negotiate* (New York, 1962), 83.
5) Ibid., 85.
6) Joseph Conrad, *Heart of Darkness* (London, 1902).
7) General Beaufre, *Die Suez-Expedition, Analyse eines verlorenen Sieges* (Berlin, 1968), 81.
8) Neville Brown, *Strategic Mobility* (London, 1963), 159.
9) Andro Gabelic, »*New Accent in Soviet Strategy*«, Review of International Affairs, 20. November 1967 (Belgrade, 1967), Übers. Survival, vol. X, No 2 (London, 1968), 46.
10) Neville Brown, op. cit., 67.
11) Albert Merglen, *La guerre de l'inattendu* (Paris, 1966).
12) J. M. Lee, *African Armies and Civil Order* (London, 1969), 115.
13) Howard Wriggins, »*Political Outcomes of Foreign Assistance: Influence, Involvement or Intervention?*«, Journal of International Affairs, Vol. XXII, No 2 (New York, 1968), 219.

KAPITEL XI: KONFRONTATION, INTERVENTION UND DIE VÖLKER

1) Andrew M. Scott, »*Nonintervention and Condiational Intervention*«, Journal of International Affairs, Vol. XXII, No 2 (New York, 1968), 109.
2) Rede in Warschau, 21. Juli 1969.
3) Rede an der Baylor-Universität, 28. Mai 1965.
4) Erklärung vom 21. Dezember 1965.

NAMEN- UND SACHREGISTER